公共预算绩效管理：理论与实践

马蔡琛　编著

南開大學出版社

天　津

图书在版编目(CIP)数据

公共预算绩效管理：理论与实践 / 马蔡琛编著. —
天津：南开大学出版社，2023.10
ISBN 978-7-310-06469-4

Ⅰ.①公… Ⅱ.①马… Ⅲ.①国家预算－经济绩效－
预算管理－研究－中国 Ⅳ.①F812.3

中国国家版本馆 CIP 数据核字(2023)第 186908 号

公共预算绩效管理：理论与实践
GONGGONG YUSUAN JIXIAO GUANLI：LILUN YU SHIJIAN

南开大学出版社出版发行
出版人：陈　敬
地址：天津市南开区卫津路 94 号　　邮政编码：300071
营销部电话：(022)23508339　营销部传真：(022)23508542
https://nkup.nankai.edu.cn

天津泰宇印务有限公司印刷　全国各地新华书店经销
2023 年 10 月第 1 版　　2023 年 10 月第 1 次印刷
230×170 毫米　16 开本　14.25 印张　1 插页　232 千字
定价：50.00 元

如遇图书印装质量问题,请与本社营销部联系调换,电话：(022)23508339

　　本书得到南开大学教材建设改革项目和南开大学经济行为与政策模拟实验室资助。

目　录

第一章

导论

"当今世界正处于百年未有之大变局"，这一重大论断深刻揭示了当今世界新的时代特征。在新时代中，国家竞争力主要体现为国家治理体系和治理能力的现代化。财政为庶政之母，预算乃邦国之本。财政是国家治理的基础和重要支柱，顺应新时代的发展潮流，有效提升公共财政资源的配置和使用效率，全面推进预算绩效管理改革，已成为实现国家治理体系和治理能力现代化的重要时代命题。

在当前的全面深化改革中，财税体制改革成为各方关注的焦点。而现代财政制度的作用基础具体表现为现代预算制度，全面规范、公开透明的预算制度，构成了国家治理体系和治理能力现代化的基础性制度载体。

本章从公共预算的基本概念与管理原则出发，重点考察了现代预算制度的主要特征和全球公共预算改革的最新演化趋势，在此基础上阐释了全面实施预算绩效管理的时代意义。通过本章的学习，应了解公共预算管理的基本概念，对公共预算的发展变革趋势形成理性认知，深刻认识全面实施预算绩效管理的必要性与重要性。

第一节　公共预算的基本概念与管理原则

财政，顾名思义，就是理财之政或政府理财、以财行政。就一般意义而言，财政是国家为了维持其存在和实现政府职能的需要，凭借政治权力对社会产品进行的分配。马克思、恩格斯对财政与国家的关系都有明确的论述："为了维持这种公共权力，就需要公民缴纳费用——捐税……随着文明时代的向前进展，甚至捐税也不够了；国家就发行期票，借债，即发行公债。"①"赋税是政府机器的经济基础"。②财政作为以政府为主体的收支活动，从收入角度分析，国家通过参与国民经济的分配过程，筹集国家财政资金；就收入形式而言，主要包括税收、国有企业上缴利润等。从支出角度分析，国家通过对集中起来的财政资金进行有计划的分配，以满足整个社会再生产和国家机器运转等各方面对资金的需要，从而为实现政府职能服务。就支出投向而言，按照支出功能划分，主要包括一般公共服务、外交、国防、公共安全、教育、科学技术、文化体育和传媒、社会保障和就业、医疗卫生、环境保护等方面；按照支出经济性质，可以划分为工资福利支出、商品和服务支出、转移性支出、债务利息和还本支出等内容。政府预算作为政府的基本财政收支计划，所有上述财政收支活动集中反映在政府预算安排之中。因此，了解了政府预算，也就基本了解了政府公共部门的运行轨迹。

从形式上考察，预算体现为一个有关收支计划的报表或报表体系，它涉及组织（可以是政府，也可以是企业和家庭）的财务收支及其平衡情况。预算报表与会计报表的区别在于，预算报表是前瞻性的，涉及未来时期的预期收入、支出及业绩；而会计报表是回顾性的，涉及已过去的历史情形。

预算原则是整个预算过程的重要依据，指导预算的编制、审批、执行、调整、决算等各个环境的顺利进行。③我国《预算法》明确规定，各级预算应当遵循统筹兼顾、勤俭节约、量力而行、讲求绩效和收支平衡的原则。

1. 统筹兼顾

预算资金应当由各级政府根据经济社会发展情况、事业发展需要和财政状况等因素，统筹安排使用，不宜过多地限定专项用途，一般不采取与国民生产总值或经常性收支挂钩的方式确定支出规模和方向。④《预算法》第三十七条第三款对此作出进一步规定，要求"各级一般公共预算支出的编制，应当统筹兼顾，在保证基本公共服务合理需要的前提下，优先安排

---

① 马克思，恩格斯. 马克思恩格斯全集：第21卷[M]. 中共中央马克思恩格斯列宁斯大林著作编译局，译. 北京：人民出版社，1965：195.

② 马克思，恩格斯. 马克思恩格斯全集：第19卷[M]. 中共中央马克思恩格斯列宁斯大林著作编译局，译. 北京：人民出版社，1965：32.

③ 朱大旗. 中华人民共和国预算法释义[M]. 北京：中国法制出版社，2015：51.

④ 全国人大常委会法制工作委员会，全国人大常委会预算工作委员会，中华人民共和国财政部. 中华人民共和国预算法释义[M]. 北京：中国财政经济出版社，2015：37.

国家确定的重点支出"。统筹兼顾原则有利于保证政府控制、调节各类财政性资金流向和流量的顺利进行。

2. 勤俭节约,量力而行

预算过程应厉行节约,严格控制一般性支出,降低行政运行成本,反对铺张浪费,同时预算的编制和执行必须与政府的财政收入相匹配,以政府财力为基础安排预算,有多少钱办多少事。①《预算法》第三十七条第二款要求"严格控制各部门、各单位的机关运行经费和楼堂馆所等基本建设支出"。

3. 讲求绩效

通过绩效预算管理的动态反馈和追踪问效机制,规范预算管理,完善预算编制,优化绩效结果与预算资源配置结构,加强部门管理,不断提升财政资金使用效益,进一步提升公共资源使用效果。②《预算法》第三十二条、第四十九条、第五十七条和第七十九条均对讲求绩效原则作出了具体的规定。

4. 收支平衡

在预算年度内,预算收入和预算支出在总量上基本相等,结构上合理协调。坚持预算收支平衡原则,并不是说不能有赤字,而是指要严格控制财政赤字。③收支平衡原则有利于政府合理安排预算收支,防范财政风险,增强财政可持续性。

第二节　现代预算制度的演化特征

一、预算目标的渐进演化:从"控制取向"到"绩效导向"

综观现代政府预算的演化进程,总体上呈现出从"控制取向"逐步走向"绩效导向"的发展趋势。政府预算早期阶段的功能设计是"控制取向"的,强调古典预算原则所倡导的"明确"与"约束"原则,注重通过控制

---

① 朱大旗. 中华人民共和国预算法释义[M]. 北京:中国法制出版社,2015:52-53.

② 马蔡琛. 政府预算:第二版[M].大连:东北财经大学出版社,2018:227.

③ 全国人大常委会法制工作委员会,全国人大常委会预算工作委员会,中华人民共和国财政部. 中华人民共和国预算法释义[M]. 北京:中国财政经济出版社,2015:37.

预算收支，实现立法机构对行政机关的有效控制。然而，随着政府职能与规模的不断拓展，国家干预逐渐成为一种社会思潮，客观上要求行政机构在预算问题上更具主动性。于是，在 20 世纪 50 年代前后，出现了以加强政府财政权为主导思想的现代预算原则。

尽管不断提升预算资源的配置与使用绩效始终是现代预算制度不懈追求的目标，但就控制取向与绩效导向的现实应用而言，在不同国家的特定历史时期，结合自身的国情特点和经济社会发展阶段，又往往有所侧重和取舍，二者甚至呈现"鱼与熊掌不可兼得"的关系。这正如艾伦·希克对发展中国家推行绩效预算改革提出的忠告："发达国家只有在已经建立起可靠的控制制度之后（而不是之前），才赋予管理者运作的自由，将先后顺序颠倒就要冒这样的风险，即在有效的制度建立以前，就给予管理者随心所欲地支配财政资金的权力。"①在预算决策过程中，独立的预算编制传统的缺失，也成为大多数转型国家的制度障碍（尤其在转型初期）。②

二、预算合约的两难取舍：理性决策的追求与现实过程的妥协

从表现形式来看，预算体现为贴有价格标签的一系列公共政策目标，但在更深层面上，则可以将预算当成一份合同，③即一种以公法为基础的合约结构。④预算决策与执行也更多体现为一个预算合同的制定和实施过程。在预算决策中，由于信息交换的不对称性以及利益相关者逆向选择和道德风险的存在，这种合约结构往往呈现为不完全信息动态博弈。不同组织在实施预算合约时，采取的机会主义行为策略也有所不同。

近半个多世纪以来的全球公共预算改革，总体上呈现出追求预算决策理性化的发展趋势，从而试图正面回应 20 世纪 40 年代由科依（Key）提出的经典预算命题："将有限的预算资源配置给活动 A，而不是活动 B，作出这一预算决策的基础何在？"⑤第二次世界大战以来，发达市场经济国家的

---

① 艾伦·希克. 当代公共支出管理方法[M]. 王卫星，译. 北京：经济管理出版社，2000：34.

② Jorge Matinez-Vazquez, Jameson Boex. Budgeting and Fiscal Management in Transitional Economies[J]. Journal of Public Budget, Accounting & Financial Management, 2001(03): 353-396.

③ 阿伦·威尔达夫斯基，内奥米·凯顿. 预算过程中的新政治学：第四版[M]. 邓淑莲，魏陆，译. 上海：上海财经大学出版社，2006：2.

④ 程瑜. 政府预算契约论——一种委托—代理理论的研究视角[M]. 北京：经济科学出版社，2008：4.

⑤ Key O. The Lack of Budgetary Theory[J]. American Political Science Review, 1940(06): 1137-1144.

预算管理，以早期的分行列支预算（Line-item Budget）为基础，①先后开展了多种模式的管理制度创新，以期提升预算决策的理性化与科学化水平。

无论是关注产出的绩效预算（Performance Budget）、强调长期计划性的计划—规划—预算系统（Planning-Program-Budget System，PPBS）、突出个体自主性的目标管理预算（MBO）、强调项目优先次序的零基预算（ZBB），还是融合企业管理思想的新绩效预算（New Performance Budget），②均试图提供某种理想的预算模式，将有限的财政资源配置给更具价值和使用价值的方向或活动。然而，可以普遍观察到的是，发达经济体的预算合约确定与执行过程，却更多体现出各相关方的利益交换与妥协。

其实，现代公共财政确实呈现出某种市场与政府妥协的结果。③政府预算作为一个集体选择过程，不论是预算总规模，还是具体部门或项目的资金分配，都不同程度体现了利益交换的倾向。④在现实预算资源配置过程中，来自受益方的支持往往相对分散，而那些受到负面影响的群体，包括行政部门，则会强烈抵制预算资源的重新分配。现实预算决策过程，体现为多数人长远利益与少数人既得利益之间的互动博弈，其最终结果的达成在某种程度上意味着双方讨价还价的交易结果。⑤回顾数百年的预算发展史，预算管理原则从"古典"到"现代"的逐渐演变，尽管具有一定的行政机构与立法机构之间相互交易与妥协折中的色彩，但这并不妨碍将提升预算决策科学化与理性化水平，作为引导各国预算改革的一个方向性目标。

三、预算问责的纵深推进：从合规控制到公民参与的渐推渐进

倘若公共预算就是"聚众人之财，办众人之事"，那么，众人之事就当由众人来议定，让众人皆知晓，并受众人之监督，这本是一个不言自明的问题。然而，在各国预算实践中，建设"以天下之财，利天下之人"的责

---

① 分行列支预算，也称分行排列预算、线性预算、条目预算或逐项预算，通常根据每一开支对象的成本来分配公共资源，这是最基本的预算组织形式。进一步论述可以参阅：马蔡琛. 政府预算：第二版[M].大连：东北财经大学出版社，2018：60-64.

② 尼古拉斯·亨利. 公共行政与公共事务：第七版[M]. 项龙，译. 北京：华夏出版社，2002：209-225.

③ 吕炜. 我们离公共财政有多远[M]. 北京：经济科学出版社，2005：33.

④ 马蔡琛. 初论公共预算过程的交易特征[J]. 河北学刊，2006（05）：156-159.

⑤ 马蔡琛. 变革世界中的政府预算管理——一种利益相关方视角的考察[M]. 北京：中国社会科学出版社，2010：54-55.

任政府，仍旧是一个屡经波折的过程。

现代预算史的演进脉络显示，早期的预算问责着重强调议会的外部监督，预算成为对政府实施普遍控制的一种工具。20 世纪 80 年代以来，全球预算改革的浪潮则更为注重将预算作为赋权公民参与的工具。①通过广泛运用公共服务调查、预算对话、预算听证等技术手段，促使现代预算的功能从原先偏重合规性控制，逐步拓展为向公民赋权的一种公共治理工具，从而进一步提升了现代政府的合法性基础。

其中，较具代表性的当属在拉丁美洲、亚洲、非洲和欧洲诸国广泛兴起的参与式预算（Participatory Budgeting）。自 1990 年参与式预算的原型在巴西的阿雷格里港市面世以来，世界范围内有记录的实施案例已达 1000 多个，②我国浙江省温岭市、上海市闵行区、河南省焦作市、云南省盐津县等地，也曾相应开展了不同形式的参与式预算改革试点。参与式预算通过预算过程中的公共学习，可以进一步促进政府与民众的和谐互动。

四、预算周期的逐步拓展：从年度预算走向中期财政规划

预算程序中反复发生且交叉重叠的事件构成了预算周期（Budget Cycle），其涵盖了预算编制、执行到决算的全过程。与企业会计准则采用"会计分期假设"类似，各国的预算管理也通常以年度性原则作为预算周期的划分依据。年度性原则意味着预算必须每年重新编制一次，且只能覆盖某一特定时期。然而，在 20 世纪的预算发展史中，由于年度性预算周期的假定增加了预算决策的成本，不仅无法满足跨年度资本性支出的需要，也难以反映预算安排与社会经济发展规划之间的有机联系，因此颇受质疑。

与此同时，传统年度预算的决策模式容易助长某些短期行为倾向，而忽视了中长期财政收支安排的可持续性，限制了政府对未来更为长远的考虑。在现实预算管理中，预算决策所覆盖的时间维度过短，也导致了预算调整过于频繁的"年年预算、预算一年"现象。③近年来，年终突击花钱等问题日益受到社会的普遍关注，其中不乏预算决策过程与公共政策制定过

---

① 王雍君. 公共预算管理：第二版[M]. 北京：经济科学出版社，2010：426.

② 伊夫·辛多默，鲁道夫·特劳普-梅茨，张俊华. 亚欧参与式预算：民主参与的核心挑战[M]. 上海，上海人民出版社，2012：1.

③ 马蔡琛，黄凤羽. 国家治理视野中的现代财政制度[J]. 理论与现代化，2014（03）：5-9.

程分离、预算编制规范化程度有待提升等管理因素的影响。

在"为将来而预算"的理念引导下，多数经济合作与发展组织（Organization for Economic Cooperation and Development，简称 OECD）成员国已采用了包括未来3—5年的多年期预算框架，以弥补年度预算的不足。[①] 在那些因各种因素制约而难以全面实施中期财政规划的国家，[②] 也针对养老金等公民权益性支出的长期需求、资本性支出的未来成本、政府担保等隐性负债，采用了某种方式的中长期展望与估计。

值得注意的是，越是长时间的预算决策，在预测精度上面临的挑战也越大。根据亚洲开发银行的观点，建立中期财政规划应具备以下条件，即经济运行稳定、可靠的宏观经济及收支预测能力、良好的预算纪律性、严格的决策过程等。[③] 从发展中国家和转轨国家的经验来看，由于上述条件的不完备，致使这些国家成功引入中期财政规划的案例并不多见。[④]

第三节　全球公共预算改革的演化趋势

公共预算制度并非一成不变，而是一个与特定时空环境相联系的历史现象，需要将其置于全球视野和历史演化中加以考察。传统意义上的预算制度，更加强调通过严格控制政府收支，以实现立法机构对行政部门的有效监督和控制。自 20 世纪下半叶以来，政府预算管理改革渐成一种政府治理变革的发展潮流。不论是中期预算框架（medium-term budget framework），还是绩效预算（performance budget），在一些国家的推广已有数十年之久。

进入 21 世纪以来，公共预算面临着诸多新的挑战，如预算项目和结构的复杂化与多样化、财政压力与日俱增、金融危机的影响、年度项目向多年期项目的转变等。[⑤] 为了应对这些挑战，公共预算领域涌现出众多理念创

① 王雍君. 公共预算管理：第二版[M]. 北京：经济科学出版社，2010：50.

② 在国内外文献中，关于中期财政规划的类似称谓有很多，主要包括中期支出框架、中期财政框架、多年期预算、中长期预算、中期基础预算、滚动预算等，具体含义大致相同。

③ 萨尔瓦托雷·斯基亚沃-坎波，丹尼尔·托马西. 公共支出管理[M]. 张通，译校. 北京：中国财政经济出版社，2001.

④ 马蔡琛，袁娇. 中期预算改革的国际经验与中国现实[J]. 经济纵横，2016（04）：114-120.

⑤ Rubin I. Past and Future Budget Classics: A Research Agenda[J]. Public Administration Review, 2015(01): 25-35.

新和相应的改革实践。譬如，为了将预算决策的重点由资金的多少，转移至项目的效果上来，各国引入了绩效预算；为应对金融危机带来的财政不确定性，各国进一步将风险管理技术引入预算领域。①现代预算管理进一步呈现由"控制导向"转向"绩效导向"的发展趋势。从目前来看，各国针对将绩效信息融入预算过程这一点已达成共识，只是具体如何实现二者的有效融合，仍有待进一步的多元探索与实践。

现代预算制度的演进历史表明，公共预算有三个层次的基本目标：优化资源配置、加强财政总额控制、提高运作绩效。总的来说，近年来预算制度更加侧重于管理和计划，财政的可持续性问题得到了重点关注。

这一时期的相关改革在公共预算的三大目标领域均有所突破，主要集中体现在以下三个方面：为优化资源配置而推进绩效预算改革；为加强财政总额控制而注重财政风险管理；为提高运作效率而组建独立财政委员会。其中，绩效预算改革在预算过程中注入了更多的理性决策因素，以期更加合理地解决资金分配问题，体现了预算决策机制科学化的内在要求。相对而言，注重财政风险管理和组建独立财政委员会则受外部经济环境的影响较大，与经济形势的冲击性因素更为紧密。

一、以结果为导向的绩效预算改革

20 世纪 90 年代以来，受新公共管理理论所倡导的政府再造运动影响，澳大利亚、新西兰、英国等发达经济体开展了以结果为导向的绩效预算改革（为了与 20 世纪 60 年代的传统绩效预算改革相区别，也称为新绩效预算改革②）。③在过去的二十多年间，绩效预算在世界范围内不断拓展。对于绩效预算的定义，研究者大多强调绩效信息和预算决策之间的关系。例如，经济合作与发展组织（OECD）将其界定为一种将资金分配与可测量的结果

---

① Cangiano M, T. Curristin, M Lazare. Public Financial Management and its Emerging Architecture[M]. International Monetary Fund, 2013: 1-21, 175-211.

② 传统绩效预算和新绩效预算均强调基于绩效手段来分配财政资源，但二者最大的区别在于使用的绩效手段不同。传统绩效预算更关注投入（input）和产出（output），而新绩效预算更加强调预算决策的效率和产出结果（outcome）的有效性。详细参见：Lu H. Performance Budgeting Resuscitated：Why is It Still Inviable?[J]. American Journal of Hospital Pharmacy，1998（11）：151-172；马蔡琛，童晓晴. 公共支出绩效管理的国际比较与借鉴[J]. 广东社会科学，2006（02）：30-34.

③ Robinson M, J Brumby. Does Performance Budgeting Work?: An Analytical Review of the Empirical Literature[J]. IMF, 2005(5): 1-76.

相联系的预算模式。①更有一些研究者直接将绩效预算表述为公共服务的绩效信息。例如，苏利特等（Soulet et al.，2003）认为，绩效预算体现为包含行政机构运用公共资金做了什么（或计划做什么）的信息的预算形态。②根据各国的预算管理实践，绩效预算大体可以划分为三类：③第一类仅在预算文件中体现绩效信息；第二类在预算编制过程中会考虑绩效信息，但并未将绩效信息与预算决策联系起来；第三类则依据绩效结果进行预算资金分配。

在各国实践中，绩效预算更多被视为一种行政手段，不仅会影响公共财政资源的分配，还对预算项目管理、预算的结构和进程、不同机构间以及行政机构与立法机构间的关系等造成影响。当然，绩效预算的施行效果会受到多重因素的影响，如测量系统（如何衡量项目结果、如何收集绩效信息、如何选择绩效手段等）、政府推行绩效管理的能力（法律制度、员工能力、信息系统的构建等）。此外，城市（人口）规模也会显著影响绩效预算的施行效果，一些国家的大城市在预算过程中更多地运用绩效手段，④而在一些小城市（特别是人口少于 50000 人的城市），其预算过程中很少采用绩效手段。⑤总体而言，绩效预算有效实施的条件主要包括：较小的预算执行偏差、有效的内部控制系统、高技能的员工、较强的公民参与意识等。这些条件比绩效预算的具体模式选择更为重要。这也解释了为什么高效率的政府更容易成功推行绩效预算。经过多年的发展，绩效预算逐渐走向成熟，但仍面临着许多挑战（如缺乏精确且及时的数据、尚未形成绩效文化、绩效信息超载或低相关）。尽管各国绩效预算的实践不尽相同，但"确定支出优先顺序"和"有效使用绩效信息"则体现为颇具共性的重要核心环节。

（一）确定支出优先顺序

所谓确定支出优先顺序是指，依据政府的战略目标和政策重点，在预算编制之前确定支出次序，尽可能将资金配置到关键领域，提高资金的使

---

① OECD. Modernising Government: The Way Forward[R]. OECD, 2005: 59.

② Soulet A, B Crémilleux, F Rioult. The Performing State: Reflection on an Idea Whose Time Has Come but Whose Implementation Has Not[J]. OECD Journal on Budgeting, 2003(02): 71-103.

③ Curristine T. Performance Information in the Budget Process: Results of the OECD 2005 Questionnaire[J]. OECD Journal on Budgeting, 2006(02): 87-131.

④ Ho A T, A Y Ni. Have Cities Shifted to Outcome-Oriented Performance Reporting?—A Content Analysis of City Budgets[J]. Public Budgeting & Finance, 2005(02): 61-83.

⑤ Rivenbark W C, J M Kelly. Performance Budgeting in Municipal Government[J]. Public Performance & Management Review, 2006(01): 35-46.

用效率。在近二十年的各国实践中，确定支出优先顺序的方法有很多种，其中较具代表性的当属中期支出框架和支出审查。

中期支出框架（MTEF）体现为将战略目标与预算资金联系起来的多年期预算规划，一般涵盖 3 至 5 个财政年度。中期支出框架采用一种前瞻性的战略方法，确立支出的优先次序并配置资源，从而保证公共支出水平和结构均由新的需求决定。中期支出框架发展至今，已然不仅局限于发达国家，在拉丁美洲、欧洲新兴经济体以及东部和南部非洲等地区均有所应用，俨然成为一种世界性的发展潮流。研究表明，中期支出框架可以引导更多的资源投入优先序较高的支出项目中去。①此外，该框架还有利于强化财政纪律，控制预算赤字和公共债务的非理性扩张。②

此外，支出审查（spending review）在确定支出优先次序方面的作用也非常显著。国际货币基金组织（IMF）和经济合作与发展组织（OECD）均将其视为绩效预算的组成部分，用于对现有项目的有效性和适当性进行审查，并运用绩效信息鉴别应该削减哪些项目，以此拓展财政空间。③2012年经济合作与发展组织（OECD）的调查显示，一半的成员国已经采用了支出审查。支出审查可细分为功能性审查和战略性审查，前者主要对现有项目的投入和执行进行审查，以运用最少的资源达到最好的效果（如韩国、芬兰）；而后者除了对项目的效率加以审查外，还依据政策目标和绩效信息对项目进行排序，以确定支出重点（如加拿大、澳大利亚）。④可见，支出审查能够为削减支出提供依据，从而保证财政支出聚焦于重点领域，其功能的发挥依赖于审查人员的能力、绩效预算的支持、中期预算框架的构建等一系列支撑条件。⑤

（二）有效使用绩效信息

在经济合作与发展组织（OECD）成员国中，发展绩效信息已经成为一

① World Bank. Beyond the Annual Budget:Global Experience with Medium-Term Expenditure Frameworks[R]. World Bank Publications, 2013.

② Lundbäck E J. Medium-Term Budgetary Frameworks-Lessons for Austria from International Experience[R]. IMF Working Paper, 2008.

③ Robinson M., D. Last. A Basic Model of Performance-Based Budgeting[M]. IMF 2009(01).

④ OECD. Achieving Public Sector Agility at Times of Fiscal Consolidation[M]. OECD Publishing, 2015.

⑤ OECD Conference Centre. Budgeting Levers, Strategic Agility and the Use of Performance Budgeting in 2011/12[R]. OECD Conference Centre, 2012.

个普遍的趋势。①有效使用绩效信息能够使公共预算事半功倍，主要体现在以下三个方面：一是帮助确定支出次序，提高资金的配置效率；二是督促各支出部门完善预算编制，改进预算项目；三是保证公共服务的数量和质量，提高财政资金的使用效率。②因此，各国均强调绩效信息在预算过程中的应用，譬如南非财政部就强调绩效信息在计划、预算和报告中的作用。③除财务类绩效信息外，约 3/4 的经济合作与发展组织（OECD）成员国的预算文件中还包含非财务类绩效信息，但其在预算谈判中的作用相对较小，主要提供给相关机构（如审计机关、立法机构、行政首脑办公室等）作为参考。④

从各国实践来看，绩效信息往往并未真正应用于预算决策，特别是那些绩效预算起步较晚的国家，更倾向于将绩效信息作为背景性信息，而非决定性信息。一些研究者对绩效预算也提出了质疑。吉尔摩和路易斯（Gilmour & Lewis，2006）认为，尽管绩效预算在美国联邦、州、地方政府的实施热情很高，但仍存在一个巨大的挑战，那就是缺乏一种自动或公平的方式，直接将绩效信息与预算分配联系起来。⑤ 罗拉德（Raudla，2012）以爱沙尼亚为例，调查了立法人员对绩效信息的使用情况，由于预算本身的政治性、立法人员不相信绩效信息的质量等原因，绩效信息在预算过程中的使用频率并不高，⑥主要原因在于，缺乏合理有效的机制来说明怎样使用绩效信息。此外，绩效信息的质量、及时性、相关度欠佳，也是制约其作用发挥的重要因素。

基于绩效信息，可以生成有效且可行的绩效目标，以衡量资金的使用情况。在理论研究与实践中，各国在绩效目标的选择上存在较大差异，主要体

---

① OECD 认为绩效信息包括"评估"和"绩效指标"，详细参见：OECD. Modernising Government: The Way Forward[R]. OECD, 2005.

② Robinson M. Connecting Evaluation and Budgeting[R]. Independent Evalution Group, The World Bank Group, Washington DC, 2014.

③ Republic of South Africa National Treasury. Framework for Managing Programme Performance Information[R]. Republic of South Africa National Treasury, 2007.

④ OECD. Greening Public Budgets in Eastern Europe, Caucasus and Central Asia[R]. OECD, 2011.

⑤ John B Gilmour and David E Lewis. Does Performance Budgeting Work? An Examination of the Office of Management and Budget's PART Scores[J]. Public Administration Review, 2006(05): 742-752.

⑥ Ringa Raudla. The Use of Performance Information in Budgeting Decision-Making by Legislators: is Estonia any Different?[J]. Public Administration, 2012(04): 1000-1015.

现在绩效目标的数量上。在绩效目标的设定上，目前有两种主要模式：一是通过制定年度绩效计划来体现绩效目标；二是采用"公共服务合同"（public service agreement）的形式来明确绩效目标。比较而言，后者更加强调绩效目标与多年期预算的结合，其与预算过程的联系更加紧密。①

二、强化财政风险的管理

根据国际货币基金组织的界定，财政风险是指在短期到中期的时间跨度内，财政变量与政府预算或其他财政预测中之预测值相偏离的可能性，②其成因包括偏离预期的经济增长、贸易冲击、自然灾害、政府担保等。

进入 21 世纪以来，各国政府开始重视财政风险评估，并将其引入预算管理体系，主要举措包括如下几个方面：

第一，提高财政透明度，充分披露财政风险的相关信息。金融危机暴露了这样一种情况：即使在发达经济体中，政府对其当前财政状况的了解，也是不够充分且客观的，这表现为未能充分披露的财政赤字和政府债务，以及政府隐性债务向金融部门的转移。如果政策目标和工具能够被公众适当知晓，且公共政策部门能够作出可信的承诺来实现这一目标，财政风险管理的有效性就能够得到增强。③现有的财政风险披露是不完整、碎片化和定性为主的，通过财政压力测试的方式，④对潜在风险进行综合评估，有助于准确预测外部冲击对偿付能力的影响。⑤

第二，准确地识别并控制风险来源。财政风险可以分为短期和中长期两类，短期压力来自总体融资需求、市场对违约风险的预期以及风险的外溢性；中长期压力则来自财政预算的调整需要，以及债务对经济增长与利

---

① Robinson M. Performance Budgeting Models and Mechanisms[M]. Performance Budgeting. Palgrave Macmillan UK, 2007: 211-234.

② IMF. Fiscal Risks:Sources, Disclosure, and Management[R]. IMF, 2008.

③ IMF, World Bank. Guidelines for Public Debt Management[R]. IMF Policy Paper, 2001.

④ 财政压力测试包括两个关键要素：一是宏观经济风险，主要通过建立详尽的财政模型，解释宏观经济波动作用于税收侧中时带来的非线性影响，或预算刚性导致支出侧的财政调整减缓；二是或有负债，主要考虑显性或隐性或有负债的范围和可能性，以及与经济波动之间的联系，可以通过财政透明度报告、或有债权分析报告等获得相关信息。详细参见：IMF. Analyzing and Managing Fiscal Risks Best Practice[R]. IMF, 2016.

⑤ IMF. Analyzing and Managing Fiscal Risks Best Practice[R]. IMF Policy Paper, 2016.

率冲击的敏感性。①财政可持续性分析是识别财政风险的重要手段，包括动态模拟、敏感性分析等多种测度方法。在对风险进行有效识别的基础上，可以针对不同风险类型选择不同的管理方式。例如，通过限制个体和机构的市场活动，来直接控制财政风险敞口；通过规制手段来减少市场实施冒险行为的激励，或通过避险工具、对冲工具等实现财政风险的转移。②

第三，加强对政府或有债务的风险管理。或有债务是指当且仅当出现特殊事件时才需要偿付的义务。当宏观经济框架、监管体系和市场信息披露弱化时，或有债务便会非正常增长。或有负债的隐蔽性较强，很容易被忽略。在现实中，公共部门往往缺乏有效管理风险的能力和动力，故应当对担保设置上限。但由于大量刚性兑付的存在，对或有债务的监督和管理权限应当集中于财政政策的实施部门。此外，为有效降低或有债务转化为现实的概率，应该减少公共部门的直接风险敞口，并要求政府担保的受益者追加抵押物。③因此，各国政府的预算改革也更加强调财政的可持续性，为应对危机的财政政策预留出财政空间。

第四节　全面实施预算绩效管理的时代意义

党的十九大报告从全局和战略的高度强调加快建立现代财政制度，明确了深化财税体制改革的目标要求和主要任务。党的二十大进一步强调了健全现代预算制度的重要性。全面实施预算绩效管理是推进国家治理体系和治理能力现代化的内在要求，是深化财税体制改革、健全现代预算制度的重要内容，是优化财政资源配置、提升公共服务质量的关键举措。2014年修订的《中华人民共和国预算法》充分体现了未来预算改革的绩效导向，其中第十二条、第三十二条、第四十九条、第五十七条和第七十九条，共5次提到绩效问题。2018年9月颁布的《中共中央 国务院关于全面实施预算

---

① Alper C E, Arbatli E C, Caceres C, et al. A Toolkit for Assessing Fiscal Vulnerabilities and Risks in Advanced Economies[J]. Applied Economics, 2012(11): 21-50.

② IMF. Analyzing and Managing Fiscal Risks: Best Practice[R]. IMF Policy Paper, 2016.

③ Bova E, Ruizarranz M, Toscani F G, et al. The Fiscal Costs of Contingent Liabilities: A New Dataset[R]. Social Science Electronic Publishing, 2016.

绩效管理的意见》中进一步明确要求，"力争用 3—5 年时间基本建成全方位、全过程、全覆盖的预算绩效管理体系"。

1. 全面实施预算绩效管理是推进国家治理体系和治理能力现代化的内在要求

预算是政府的血液，如果我们不说政府应该怎样做，而说政府预算应该怎样做，就可以更加清晰地看出预算在国家治理中的重要作用。政府预算集中体现政府活动的范围和方向，诠释了政府公共受托责任的履行与实现情况。而作为衡量政府职责履行与实现程度的重要尺度，就是公共财政所提供的公共产品和服务的效率与质量。从这个意义上讲，凡现代国家必有财政预算，凡财政预算必须要讲求绩效。因此，全面实施预算绩效管理体现了不断优化政府治理体系与提升政府治理能力的时代要求。

2. 全面实施预算绩效管理是深化财税体制改革、建立现代财政制度的重要内容

在党的十八届三中全会发布的《中共中央关于全面深化改革若干重大问题的决定》中，明确了建立现代财政制度的财税改革总体方向。在党的十九大报告中，针对现代预算制度进一步强调指出，建立全面规范透明、标准科学、约束有力的预算制度，全面实施绩效管理。党的二十大报告提出"健全现代预算制度"，讲求绩效成为现代预算制度的重点要求。现代各国的预算改革与制度建设，在追求决策理性化的过程中，逐渐演化出一系列更具绩效导向性与财政问责性的管理工具。全面实施预算绩效管理改革方略的提出，恰逢中国预算改革处于从"控制取向"走向"绩效导向"的关键转换节点，从而构成了全面深化财税体制改革、建设现代财政制度的重要内容。

3. 全面实施预算绩效管理是优化财政资源配置、提升公共服务质量的关键举措

尽管对于政府预算绩效是否可以通过考核评价来加以测度，在预算发展史上，也曾存在某些分歧，但随着政府会计和财务报告系统的改进，现代信息与通信技术在预算和财政系统中的良好应用，预算绩效是可以数量化测度的，这日益成为广泛的共识。进入 21 世纪以来，中国政府预算收支规模不断迈上新台阶，2011 年全国财政收入就已突破 10 万亿元大关，2017 年全国一般公共预算支出首次突破 20 万亿元。面对规模如此庞大的公共预

算资金，如何才能做到"好钢用在刀刃上"？如何有效避免预算执行中的"跑冒滴漏"现象？如何最大限度地提升公共资源的边际配置效率和实现政府行政成本的有效约束？这些颇难回答却必须作出正面回应的现实问题，将有望在全面实施预算绩效管理的改革方略中找到答案，这无疑是优化财政资源配置、提升公共服务质量的关键举措。

重点术语

现代预算制度 预算管理原则 绩效预算 中期支出框架 财政风险管理全面实施预算绩效管理

思政专栏

思政专栏 1

深入学习贯彻习近平新时代中国特色社会主义思想
准确把握健全现代预算制度的基本原则

习近平新时代中国特色社会主义思想体系严整、逻辑严密、内涵丰富、博大精深，是当代中国马克思主义、21 世纪马克思主义。健全现代预算制度必须坚持以党的创新理论为指导，运用贯穿其中的马克思主义立场观点方法，重点把握以下基本原则：

1. 坚持党中央集中统一领导，确保预算制度改革正确方向。习近平总书记强调，中国共产党领导是中国特色社会主义最本质的特征，是中国特色社会主义制度的最大优势，是党和国家的根本所在、命脉所在。党中央治国理政、当家理财，财政部门做具体服务保障工作，必须不断提高政治判断力、政治领悟力、政治执行力，把党的领导贯彻到健全现代预算制度全过程，确保预算制度安排体现党中央战略意图，更好发挥财政在国家治理中的基础和重要支柱作用。

2. 坚持以人民为中心的发展思想，推动现代化建设成果更多更公平惠及全体人民。习近平总书记强调，我们谋划推进工作，一定要坚持全心全意为人民服务的根本宗旨。预算安排涉及"蛋糕"分配，关系民生福祉，必须把实现好、维护好、发展好最广大人民根本利益作为健全现代预算制度的出发点和落脚点，取之于民、用之于民，健全民生领域投入保障机制，着力解决地区差距、城乡差距、收入分配差距，促进全体人民共同富裕。

3. 坚持艰苦奋斗、勤俭节约，建立可持续的财政保障机制。习近平总书记强调，要提倡艰苦奋斗、勤俭节约，坚决反对铺张浪费，在全社会营造浪费可耻、节约光荣的浓厚氛围。健全现代预算制度，要把艰苦奋斗、勤俭节约作为预算收支安排的基本原则，党政机关坚持过紧日子，勤俭办一切事业。要尽力而为、量力而行，把保障和改善民生建立在经济发展和财力可持续的基础之上，重点加强基础性、普惠性、兜底性民生保障建设。

4. 坚持高质量发展，全面提升预算管理现代化水平。习近平总书记强调，高质量发展是"十四五"乃至更长时期我国经济社会发展的主题，关系我国社会主义现代化建设全局。健全现代预算制度，要按照高质量发展的要求，运用先进的理念方法深化改革创新，着力构建涵盖预算编制、预算执行、预算监督和基础支撑等科学规范的现代预算制度，促进财政支出结构优化、财政政策效能提升。

5. 坚持统筹发展和安全，牢牢守住不发生系统性风险的底线。习近平总书记强调，统筹发展和安全，增强忧患意识，做到居安思危，是我们党治国理政的一个重大原则。健全现代预算制度，要深刻把握我国经济社会发展面临的复杂性和艰巨性，牢固树立底线思维，平衡好促发展和防风险的关系，既注重壮大财政实力，为宏观调控提供充足资源保障，也把握好预算支出时度效，增强风险防范化解能力。

资料来源：刘昆. 健全现代预算制度[N]. 人民日报，2022-12-12（007）.

课后思考题

1. 简要论述公共预算的主要管理原则。
2. 论述现代预算制度的主要特征。
3. 讨论全球公共预算改革的最新演化趋势。
4. 简要说明全面实施预算绩效管理的时代意义。

推荐阅读

1. 本书编写组. 党的二十大报告辅导读本[M]. 北京：人民出版社，2022.

2. 刘昆. 健全现代预算制度[N]. 人民日报，2022-12-12（007）.

3. 马蔡琛，赵早早. 新中国预算建设 70 年[M]. 北京：中国财政经济出版社，2020.

4. 马蔡琛. 现代预算制度的演化特征与路径选择[J]. 中国人民大学学报，2014（05）：27-34.

5. 马蔡琛. 政府预算：第二版[M]. 大连：东北财经大学出版社，2018.

第二章
公共预算绩效管理的理论基础

本章对公共预算绩效管理所涉及的一些基本概念进行了区分与界定，总结归纳了公共预算绩效管理的重要理论基础，并探讨了传统绩效预算的兴衰与新绩效预算的兴起。通过本章的学习，应厘清公共预算绩效管理的基本概念，了解公共预算绩效管理的理论基础，掌握传统绩效预算与新绩效预算的主要区别。

第一节　公共预算绩效管理的基本概念

绩效并非实体概念，而是一个相对抽象的管理词汇，而管理词汇是人们为管理需要而创制的。①绩效管理（performance management）作为一个现代管理学词汇大约首次出现于 1976 年，由贝尔（Beer）和鲁赫（Ruh）共同提出，他们将绩效管理定义为一个持续性过程，在这一过程中管理、度量、改进个人和团队绩效，并且使这些绩效与组织的战略目标保持一致。②从管理学的角度看，绩效是组织期望的结果，是组织为实现目标而展现在不同层面上的有效输出。③绩效管理早先是企业人力资源管理中的一个核心概念，包括绩效计划、绩效实施、绩效评价、绩效反馈及绩效改进等多方面的内容。随着绩效管理在企业中应用的巨大成就，这种管理现象和管理技巧引发了公共管理领域改革者的关注和思考，20 世纪 70 年代末，绩效管

---

① 马国贤. 政府绩效管理与绩效指标研究：兼论政府绩效管理"德州模式"[M]. 北京：经济科学出版社，2017：8.
② 毛太田. 地方政府公共财政支出绩效评价研究[M]. 北京：光明日报出版社，2015：21.
③ 朱春奎. 公共部门绩效评估方法与应用[M]. 北京：中国财政经济出版社，2007：3.

理被引入各国公共部门，并逐步由效率评估走向结果评估。①

一、预算绩效管理、政府绩效管理与绩效预算

自 20 世纪 80 年代以来，"绩效管理"这一概念逐渐被政府公共部门采用，政府绩效管理形成一种新型的行政管理模式。与之类似，预算作为政府治理中最重要的手段之一，也引入了绩效管理的概念，绩效预算在全球范围内扩展开来。进入 21 世纪以来，各国政府面临着持续的预算压力，寻求为公共预算过程注入有效、可靠的成本和绩效数据，以及测量和考察政府以活动结果为导向的努力成效，对于加强公共部门财政的未来可持续性而言，是至关重要的。②

在阅读相关文献和实际工作中，我们时常会发现政府绩效管理、绩效预算等与预算绩效管理相近的概念。正确理解这几者之间的区别与联系，对于把握预算绩效管理的基本理论是十分重要的。

（一）预算绩效管理与政府绩效管理

2018 年 9 月颁布的《中共中央 国务院关于全面实施预算绩效管理的意见》，对预算绩效管理的全面推行作出了总体部署。《中共中央 国务院关于全面实施预算绩效管理的意见》围绕"全面"和"绩效"两个关键点，将预算绩效管理界定为全方位、全过程、全覆盖的预算绩效管理体系，并提出了要创新预算管理方式，更加注重结果导向、强调成本效益、硬化责任约束，力争用 3—5 年时间基本建成全方位、全过程、全覆盖的预算绩效管理体系，实现预算和绩效管理一体化，着力提高财政资源配置效率和使用效益，改变预算资金分配的固化格局，提高预算管理水平和政策实施效果，为经济社会发展提供有力保障。

财政部 2011 年发布的《关于推进预算绩效管理的指导意见》和基层财政干部培训教材《全过程预算绩效管理基本知识问答》等，将预算绩效管理定义为一种以支出结果为导向的预算管理模式，并指出预算绩效管理强化了政府预算为民服务的理念，强调预算支出的责任和效率，要求在预算编制、执行、监督的全过程中更加关注预算资金的产出和结果，要求政府

---

① 马海涛，曹堂哲，王红梅. 预算绩效管理理论与实践[M]. 北京：中国财政经济出版社，2020：8.
② 陆毅，凯瑟琳·威洛比. 公共绩效预算：原则与实践[M]. 马蔡琛，等译. 大连：东北财经大学出版社，2020：1.

部门不断改进服务水平，花尽量少的资金、办尽量多的实事，向社会公众提供更多、更好的公共产品和服务，使政府行为更加务实和高效。具体地，《全过程预算绩效管理基本知识问答》对"预算绩效管理"的内涵进行了更加详细的界定，如表 2-1 所示。在实践中，预算绩效管理呈现为一个复杂的项目工程，其运作过程如图 2-1 所示。

表 2-1   预算绩效管理的内涵界定

	内　　容
本质	利用绩效管理理念、绩效管理方法等对现有预算管理模式的改革和完善
主线	结果导向
核心	强化支出责任
特征	全过程
表现形式	绩效目标管理、绩效运行监控、绩效评价实施、评价结果应用四个环节的紧密相连
目的	改进预算管理，控制节约成本，优化资源配置，为社会提供更多、更好的公共产品和服务，提高预算资金的使用效益
定位	政府绩效管理的重要组成部分，属于政府绩效管理的范畴，在政府绩效管理的整体框架下展开

资料来源：财政部基层财政干部培训教材编审委员会. 全过程预算绩效管理基本知识问答[M]. 北京：经济科学出版社，2013：2-3.

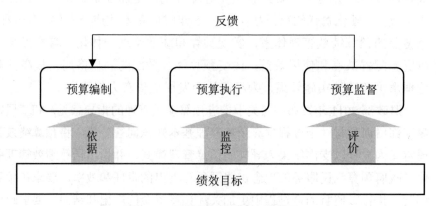

图 2-1   预算绩效管理系统示意图

资料来源：中华人民共和国财政部预算司. 中国预算绩效管理探索与实践[M]. 北京：经济科学出版社，2013：76-77.

在对国内外相关文献的检索中，我们发现一个与预算绩效管理关系密切的概念——政府绩效管理。从字面来看，这两个概念是有所不同的，一个侧重于预算过程的绩效管理，一个侧重于政府行为的绩效管理，但二者之间有着密不可分的联系。

政府绩效，顾名思义，是指政府及其部门履行自身职责的行为及其产出的结果和社会经济影响。值得注意的是，这不仅是一个政绩层面的概念，还是一个涵盖了政府成本、政府效率、政治稳定、社会进步、发展预期等方面的概念。[①]（参见专栏2-1）

专栏 2-1

关于政府绩效改革的有关会议及内容

党的十六届三中全会（2003 年）提出"建立预算绩效评价体系"。

党的十七届二中全会（2008 年）提出"推行政府绩效管理和行政问责制度"。

党的十七届五中全会（2010 年）提出"完善政府绩效评估制度"。

党的十八大（2012 年）提出"创新行政管理方式，提高政府公信力和执行力，推进政府绩效管理"。

党的十八届三中全会（2013 年）提出"要提高财政支出效率"。

党的十九大（2017 年）提出"建立全面规范透明、标准科学、约束有力的预算制度，全面实施绩效管理"。

党的二十大（2022 年）提出"转变政府职能，优化政府职责体系和组织结构，推进机构、职能、权限、程序、责任法定化，提高行政效率和公信力"。

资料来源：中国发展研究基金会.全面预算绩效管理读本[M]. 北京：中国发展出版社，2020：19.

诸多研究者曾给出"政府绩效管理"这一概念的具体含义，但侧重点有所不同，主要包含以下几个分析维度：

第一，从本质与核心的角度出发。马国贤（2017）将政府绩效管理视为公共部门为提高资金使用绩效，以绩效指标和运作成本为核心，以部门

[①] 中华人民共和国财政部预算司. 中国预算绩效管理探索与实践[M]. 北京：经济科学出版社，2013：81.

绩效管理和预算绩效管理为基本形式的管理模式。[①]而包国宪（2012）则认为，政府绩效管理应该体现基本的公共价值追求，并由此对公共行政过程实施管理。[②]

第二，从导向的角度出发。这一视角主要包含两种不同的释义，一种是"目标导向"的释义，如夏书章（2008）指出，政府绩效管理是在设定公共服务绩效目标的基础上，对政府提供公共服务的全过程进行追踪监测，并作出系统的绩效评估。[③]另一种是"结果导向"的释义，如凯瑟琳·纽科默（Kathryn Newcomer，2003）认为，以结果为导向的管理（或基于绩效的管理），是指有目的地对资源与信息加以利用，以获取和显示在达到结果导向型（outcome-oriented）机构与项目的目标方面所呈现的显著进步。[④]

第三，从作用地位的角度出发。欧文·休斯（2015）将绩效管理视为政府想要维持对政策执行的控制，又要监督日常责任的一种基本工具。[⑤]OECD（1997）则认为，绩效管理包含绩效衡量和决策制定及问责两个部分，是公共部门绩效治理（performance governance）的重要组成部分。[⑥]

综合来看，政府绩效管理是一种新型的公共管理模式，即通过建立科学合理的政府绩效评估指标体系和评估机制，对政府及其工作人员履行职能、完成工作任务及实现经济社会发展目标的过程、实绩和效果实行综合考核评价，并依据考评结果改进政府工作，是降低行政成本、提高政府效能的一种管理活动。[⑦]

在分析政府绩效管理与预算绩效管理二者的关系时，我们不妨从管理内容的角度出发，首先考察预算绩效和政府绩效的关系。一方面，现代预算制度体现了政府的主要职能和施政理念，是现代政府治理的核心内容，

---

① 马国贤. 政府绩效管理与绩效指标研究——兼论政府绩效管理"德州模式"[M]. 北京：经济科学出版社，2017：46.

② 包国宪，王学军. 以公共价值为基础的政府绩效治理——源起、架构与研究问题[J]. 公共管理学报，2012（02）：89-97.

③ 夏书章. 行政管理学[M]. 北京：高等教育出版社. 广州：中山大学出版社，2008：453.

④ 凯瑟琳·纽科默. 迎接业绩型政府的挑战[M]. 张梦中，李文星，译. 广州：中山大学出版社，2003：14-15.

⑤ 欧文·E 休斯. 公共管理导论[M]. 张成福，马子博，译. 北京：中国人民大学出版社，2015.

⑥ OECD. In Search of Results: Performance Management Practices[R]. OECD, 1997.

⑦ 中华人民共和国财政部预算司. 中国预算绩效管理探索与实践[M]. 北京：经济科学出版社，2013：81.

因此，预算绩效也是衡量政府绩效的主要指标。另一方面，高效透明地使用预算资金是提高政府绩效的前提，预算绩效亦是影响政府绩效的关键因素。而预算绩效与政府绩效的关系也在相当程度上决定了预算绩效管理和政府绩效管理的关系，即预算绩效管理是政府绩效管理的一部分，其依托于政府绩效管理，是为政府绩效管理服务的，但考虑到其重要性，也可以将其视为政府绩效管理的核心命题之一。

（二）预算绩效管理与绩效预算

在阅读国内外相关文献时，我们不难发现另外一个与预算绩效管理意义相近（甚至容易产生混淆）的概念——绩效预算。这两个概念在研究客体方面似乎并没有显著的差别，但近些年国内文献更多采用了"预算绩效管理"的概念，而国外文献则更多地使用"绩效预算"的概念。

何为绩效预算？从时间维度来看，绩效预算有新老之分（更规范的称谓是传统绩效预算与新绩效预算），且在不同时期，其内涵也发生了变化。通常认为，绩效预算的概念可以追溯至胡佛委员会 1949 年的一份报告，该报告指出绩效预算通过测量政府机构管理和项目管理的效率，对提高效率的贡献颇大，并建议"应通过采纳将预算建立在职能、活动及项目基础上的观念，来重新界定政府的整体预算概念"。[①]早期的绩效预算定义认为："绩效预算是这样一种预算：它必须提交资金使用的目的和目标，以及达到这些目标所使用项目的成本，并且测量每个项目执行和完成的定量数据。"[②]随后，由于具体实施中的诸多问题，绩效预算的概念逐渐淡出了人们的视野，直至 20 世纪 90 年代，它再一次回归。著名已故财政学者米克塞尔（Mikesell）将 20 世纪 90 年代的预算改革定义为"新绩效预算"（new performance budget），以与之前的传统绩效预算（traditional performance budget）加以区分。[③]新绩效预算的主要目标在于，测量政府机构及其运作的项目在多大程度上完成了使命，达到了最初的绩效目标。新绩效预算具

---

① 刘昆. 绩效预算：国外经验与借鉴[M]. 北京：中国财政经济出版社，2007：2.

② Axelrod D. Budgeting for Modern Government[M]. New York:ST. Martin's Press, 1988: 266.

③ 约翰·L 米克塞尔. 公共财政管理：分析与应用：第九版[M]. 苟燕楠，马蔡琛，译. 北京：中国人民大学出版社，2020：210-234.

有三个主要特征，即包含产出预算的全部特征，①包含明确的绩效指标和绩效评估体系，包含较为清晰的问责制度（以及相应的奖励和惩罚措施）。②相较而言，新老绩效预算最大的区别在于侧重点不同，老绩效预算更多地侧重于管理效率，而新绩效预算更多地侧重于运作效率和项目效率。当前阶段，绩效预算的概念更多地指向新绩效预算，即通过系统科学地使用绩效信息，加强资金与结果（产出与效果）之间的联系，从而提高公共支出配置效率的一种预算机制。③

值得注意的是，国内外文献中也会涉及一个与绩效预算意义相近的概念——绩效导向型预算（performance-based budgeting）。所谓绩效导向型预算，也称绩效基础预算，主要是指通过整合绩效信息与项目目标（如测量产出和效率之间的关系），以帮助实现预算决策。尽管同样是将绩效信息应用于预算过程之中，但绩效导向型预算并不等同于绩效预算。④绩效导向型预算这一概念的覆盖面更广，各种涉及绩效信息的预算制度均可以视为绩效导向型预算，例如，"计划—规划—预算"系统（PPBS）、零基预算（ZBB）等均属于绩效导向型预算。因此，严格说来，绩效预算是绩效导向型预算的一个子概念，是绩效导向型预算的一种类型，也是当前比较先进且流行的绩效导向型预算。

预算绩效管理与绩效预算这两个概念之间究竟存在何种差别与联系呢？是语言表述的差异，还是有着更加深层次的差别呢？

首先，从概念来看，绩效预算是指在预算管理高度规范的条件下，给予资金使用者更多的自由裁量权。一些国家采取了适度放权、以契约方式明确预算目标及产出结果等方式，促使支出部门提高预算绩效。而预算绩效管理则是在预算管理法治化、规范化的推进过程中，引入绩效管理的理念和方法，并通过逐步建立贯穿预算编制、执行、监督全过程的绩效管理

---

① 产出预算（output budgeting）具有四个特征：第一，不考虑参与的机构数量，将为达到某一个特定产出所产生的全部成本聚集在一起；第二，强调完全成本核算；第三，依据可衡量的指标来确定产出，并参照私人部门的做法来评估提供的公共产品和服务的质量；第四，与实际产出相比较，以衡量效率性和有效性。

② Jack Diamond. From Program to Performance Budgeting: The Challenge for Emerging Market Economics[R]. IMF Working Paper, 2003.

③ Marc Robinson. Performance Budgeting Models and Mechanisms[M]. IMF, 2007: 1.

④ 刘昆. 绩效预算：国外经验与借鉴[M]. 北京：中国财政经济出版社，2007：134.

机制，规范预算管理、提升财政资金的使用绩效。①

其次，从实施条件来看，绩效预算的实施需要相应的制度支撑。例如，较小的预算执行偏差、有效的内部控制系统、高技能的员工、较强的公民参与意识等，这些条件比绩效预算的具体模式选择更为重要。这也解释了为什么高效率的政府往往更容易成功地推行绩效预算。②此外，绩效信息的质量、财政部门和支出部门的管理能力均会对绩效预算的实施产生影响，因而，绩效预算在实际操作中的难度远高于理论研究。③

最后，从内涵来看，二者在改革对象、路径模式、预算主线、技术工具、侧重点等方面也均有所不同，如表 2-2 所示。

表 2-2　预算绩效管理与绩效预算的内涵差异

内涵	预算绩效管理	绩效预算
改革对象	预算过程中的绩效	绩效导向的预算制度
路径模式	以绩效评价为重点的渐次推进	涵盖预算编制、执行、监督的全过程管理
预算主线	项目资金的分配管理	绩效信息的紧密衔接
技术工具	单一的绩效评价	完备有效的工具群
侧重点	事后效益评价	事前预测性评估

资料来源：高志立. 从"预算绩效"到"绩效预算"——河北省绩效预算改革的实践与思考[J]. 财政研究，2015（08）：57-64；崔方珍. 中西方预算绩效管理的比较[J]. 财政监督，2016（02）：53-55.

综合来看，预算绩效管理和绩效预算一脉相承，具有内在的一致性，均强调绩效信息在预算过程中的运用。同时，预算绩效管理又是基于绩效预算的经验，适应具体国情的预算管理制度，是绩效预算的传承和创新。

二、绩效监测、绩效评价与绩效审计

预算绩效管理涉及许多方法和术语，较具代表性的有绩效评价、绩效评估、绩效测量、绩效监测、绩效审计等。在预算绩效管理实践中，这些

---

① 高志立. 从"预算绩效"到"绩效预算"——河北省绩效预算改革的实践与思考[J]. 财政研究，2015（08）：57-64.

② Schick A. The Metamorphoses of Performance Budgeting[J]. OECD Journal on Budgeting, 2013(02): 49-79.

③ OECD. Performance Budgeting in OECD Countries[R]. OECD, 2007.

词汇受到语言环境差异的影响，一度呈现出彼此模糊不清的状态。如何准确区分这些概念已然成为一项重要任务。2002 年，经济合作与发展组织发展援助委员会（OECD/DAC）在《评估和面向结果管理的关键术语》中曾对部分词汇的翻译规范和含义进行了界定。据此，本书对预算绩效管理方法的中英互译进行了区分，如表 2-3 所示。

表 2-3 预算绩效管理方法的相关术语

英文	中文
Performance Appraisal	绩效评价
Performance Evaluation	绩效评估
Performance Monitoring	绩效监测
Performance Measurement	绩效测量
Performance Audit	绩效审计

资料来源：OECD. Glossary of Key Terms in Evaluation and Results Based Management[R]. OECD, 2002.

根据《现代汉语词典》的解释，评估是一个动词，其含义是"评议估计，评价"。评价则有两种含义，一为动词，是指"评定价值高低"；二为名词，是指"评定的价值"。[①]如果进一步推敲估与价这两个字的异同，在《古代汉语词典》中，估的含义有三：一为物价。韩愈《曹成王碑》："恒平物估，贱敛贵出。"曾巩《本朝政要策·管榷》："有司尝欲重新茶之估以出于民。"二为估量价值或数目。《新五代史·王章传》："命有司高估其价。"三为行商，商人。《北史·邢峦传》："商估交入。"价的含义亦有三：一为价值，价格。《韩非子·外储说左下》："郑县人卖豚，人问其价。"《后汉书·西域传》："其人质直，市无二价。"二为身价，名声。《抱朴子·勤求》："唯欲专擅华名，独聚徒众，外求声价。"苏颋《敬和崔尚书大明朝堂雨后望终南山见示之作》："价重三台俊，名超百郡良。"[②]综合来看，在汉语语境下，估与价这两个字的区分度，确实不是很大。

在《评估和面向结果管理的关键术语》中，对评价（appraisal）和评估（evaluation）这两个概念进一步做了相对细致的界定：评价是指在投资决策

---

① 中国社会科学院语言研究所词典编辑室. 现代汉语词典：第六版[M]. 北京：商务印书馆，2012：1003.

② 商务印书馆辞书研究中心. 古代汉语词典：第二版[M]. 北京：商务印书馆，2014：446，688-689.

之前，对一项活动的目标相关性、可行性和潜在的可持续性展开的全面评价，重点在于事前评价。评估是指系统和客观地评价一个正在实施的或已完成的项目、计划或政策，包括设计、实施和结果，重点在于事中和事后的评估。总的来看，这两个概念只是在侧重点上略有差别，但在本质上是相同的，故仍可以将二者视为一个概念。另外，通过检索国内文献，发现国内研究者在涉及这一概念时，采用绩效评价一词的居多，因此，考虑到研究的连贯性，本书将 performance appraisal 和 performance evaluation 统一译为绩效评价。值得注意的是，一些文献中还使用了绩效考评、绩效考核、预算评审的概念，前两个概念更多地运用于人力资源管理、企业绩效管理之中，而预算评审虽与绩效监测、绩效评价等概念存在一定的交叉，但其维度不同，预算评审更多地侧重于对预算项目进行评价和监测（参见专栏2-2）。

专栏 2-2

预算评审

预算评审主要是对预算项目进行评价审核，是预算管理的重要组成部分，是提高预算编制质量，优化资源配置的重要手段。近年来，预算评审发展迅速，在强化预算管理和提高财政资金使用效益方面发挥了积极效用。2022 年全国各级财政评审机构的预算（含概算）评审业务涉及财政资金总额 64507.12 亿元。其中，财政部预算评审中心的业务量为 1653.75 亿元，审减率超 30%；省本级（含计划单列市）财政评审机构的业务量为 7773.86 亿元，比上年增长 36.86%，审减资金 986.90 亿元，平均审减率为 12.7%；省级以下财政评审机构评审业务量为 55079.51 亿元，比上年上升 9.6%，审减资金 6682.73 亿元，平均审减率为 12.13%。同时，全国各级财政评审机构积极开展绩效评价工作，业务涉及资金达 29806.09 亿元。

1. 范围

预算评审的范围为财政部门项目库中拟纳入年度预算安排的项目和预算执行中拟追加的预算项目。其中，每年新增项目中拟纳入预算安排的重大项目、财政专项安排的基本建设项目、专业性强或技术复杂的项目优先纳入预算评审范围。

2. 主体

中央部门（即直接向财政部报送部门预算的一级预算单位）和财政部按照部门预算管理权限，分别组织开展预算评审工作。财政部负责制定预算评审的管理制度，对各部门评审工作进行指导，对纳入财政部项目库的项目组织评审，运用评审结果。就中央财政而言，预算评审主要由财政部预算评审中心完成。

3. 流程

财政部门项目库中的项目遵循"先预算评审后安排预算"的原则，在预算编制阶段，就中央财政而言，部门司对各部门申报的项目进行初步审核，确定拟纳入预算安排的项目，属于评审范围的，由预算司审核汇总后确定需要进行评审的项目，并安排预算评审中心开展评审工作。预算评审中心在规定的时间内完成评审工作，提出具体评审意见，作为各部门司审核安排预算的重要依据。在预算执行阶段，部门司对中央部门提出的预算追加事项进行审核，对其中拟追加预算的项目，属于评审范围的，转预算司统一安排预算评审中心进行评审，提出具体评审意见，作为各部门司审核安排追加预算的重要依据。

4. 方式

根据预算管理级次的不同，各部门可实行集中评审或分级评审，具体形式由部门自行确定。

5. 结果运用

将评审结果作为项目入库、申报和调整的重要依据。要把预算评审的总体情况作为确定所属单位预算规模的参考因素之一，引导各单位如实申报项目和预算。财政部门将评审结果作为预算安排的重要依据，同时建立激励约束机制，对申报不实、预算审减率较高的部门，根据审减的额度直接扣减部门项目支出预算，并以此作为确定以后年度部门预算规模的参考依据。

资料来源：预算评审中心. 2022 年数字看评审：评审业务量大幅提升 促预算管理提质增效 [EB/OL]. http://tzps.mof.gov.cn/shujudongtai/202303/t20230330_3876286.htm.（2023-03-30）[2023-04-19]；中华人民共和国财政部. 财政部办公厅关于充分发挥预算评审中心职能作用切实加强预算管理的通知 [EB/OL]. http://www.pkulaw.cn/fulltext_form.aspx?Gid=289913.（2015-05-20）[2018-09-30].

　　经济合作与发展组织（OECD）将绩效测量（performance measurement）定义为一个用来评价开发活动相对于既定目标绩效的系统，将绩效监测（performance monitoring）定义为一个收集与分析数据的持续过程，可以将正在执行的项目、计划或政策的状况和预期的结果进行比较。①绩效测量是对项目或服务的完成情况（特别是针对预定目标的实现情况）进行持续的监控和报告，②也是一个持续地收集和分析与关键绩效指标相关信息的过程。一方面，绩效监测对比了实际结果与期望结果之间的差距，从而考核项目、计划或政策是否得到了良好实施；另一方面，绩效监测通过对指标的跟踪，来反映该项目、计划或政策在短期、中期和长期的实施进程。③

　　如此看来，虽然绩效测量和绩效监测在词汇表达上有所区别，但其本质内容是大体相仿的，即持续收集和报告与项目、计划或政策实施情况相关的绩效信息，以反映预期目标的实现情况。尽管有些研究者运用绩效测量来表示绩效数据的定义和选择，用绩效监测来表示绩效数据在管理和决策系统中的应用。这似乎有些牵强，其实这两个术语还是可以相互替换的。④综合国内外文献来看，美国的文献中更多涉及绩效测量，而以世界银行为代表的国际组织多采用绩效监测，并将其与绩效评价融合在一起，提出了监测与评价体系（Monitoring and Evaluation，简称 M&E）的概念。考虑到词语的通用性，我们采用国际组织的用法，将绩效监测和绩效测量统一为绩效监测。因此，在本节中，我们主要对绩效监测、绩效评价、绩效审计这几个概念来加以比较分析。

　　（一）绩效监测（Performance Monitoring）

　　绩效监测并不是一个新的概念。早在 20 世纪早期，绩效监测的概念便受到了政府改革者的推崇，并随着 20 世纪 60 年代的"计划—规划—预算系统"（Planning-Programming-Budgeting-System，PPBS）扩展至更广的范围。但到了 80 年代，研究者和政府部门对绩效监测的热情逐渐褪去，

---

① OECD. Glossary of Key Terms in Evaluation and Results Based Management[R]. OECD, 2002.

② 尼古拉斯·亨利. 公共行政与公共事务：第十版[M]. 孙迎春，译. 北京：中国人民大学出版社，2011：56.

③ Linda G Morra Imas, Ray C Rist. The Road to Results: Designing and Conducting Effective Development Evaluations[R]. World Bank, 2009.

④ 西奥多·H 波伊斯特. 公共与非营利组织绩效考评：方法与应用[M]. 肖鸣政，译. 北京：中国人民大学出版社，2005：4.

一些公共组织出现了 DRIP 综合征，即数据丰富但信息贫乏（Data Rich but Information Poor，DRIP），认为花费大量的时间和精力去进行绩效监测是不值得的。

经济合作与发展组织（OECD，2001）认为，绩效监测是一种工具，在已知战略目标的情况下，评估相对于项目目标而言的实际进展情况。它主要由两部分组成：一是记录生产过程，即将投入转化为产出的进程和活动；二是评估结果，即将政策或项目的经济社会影响同预先设定的目标进行比较。[①]

从内容构成来看，作为一个绩效信息反馈系统，绩效监测是由多个环节组成的。一个良好的绩效监测系统应该包含界定所要测量的项目、陈述项目目标并确定所需结果、选择测量标准或指标、设定绩效和结果标准、绩效监测、绩效报告、结果应用七个环节。[②]绩效监测系统除了一般的管理功能之外，还包括三个组成部分——数据的选择处理、数据分析及后续活动或决策的制定，如图 2-2 所示。[③]

从原则和分类来看，绩效监测需要遵循几个关键原则，即项目、计划和政策层面均需要结果信息；组织中横向和纵向都需要绩效信息；确定项目、计划和政策层面的结果信息需求；明确各个层面的责任。世界银行将绩效监测分为两种类型：实施情况监测和结果监测。其中，实施情况监测侧重于监测实现某个特定成效的手段和方法，而结果监测侧重于最终的目标、成效和影响，如图 2-3 所示。[④]

---

① Richard Allen, Daniel Tommasi. Managing Public Expenditure: A Reference Book for Transition Countries[M]. OECD, 2001: 359.

② 阿里·哈拉契米. 政府业绩与质量测评——问题与经验[M]. 张梦中, 丁煌, 译. 广州: 中山大学出版社, 2003: 36-39.

③ 西奥多·H 波伊斯特. 公共与非营利组织绩效考评: 方法与应用[M]. 肖鸣政, 译. 北京: 中国人民大学出版社, 2005: 16.

④ 乔迪·扎尔·库塞克, 雷·C 瑞斯特. 十步法: 以结果为导向的监测与评价体系[M]. 梁素萍, 韦兵项, 译. 北京: 中国财政经济出版社, 2011: 107-117.

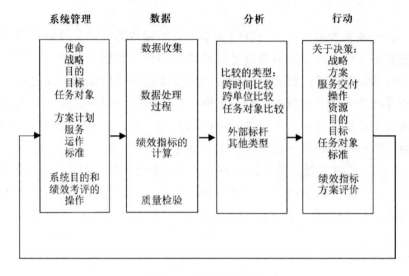

图 2-2 绩效监测系统

资料来源：西奥多·H 波伊斯特. 公共与非营利组织绩效考评：方法与应用[M]. 肖鸣政，译. 北京：中国人民大学出版社，2005：16.

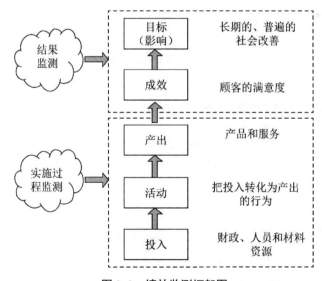

图 2-3 绩效监测框架图

资料来源：乔迪·扎尔·库塞克，雷·C 瑞斯特. 十步法：以结果为导向的监测与评价体系[M]. 梁素萍，韦兵项，译. 北京：中国财政经济出版社，2011：108.

　　从与绩效预算、绩效管理的关系来看，绩效监测是有效施行绩效预算的前提条件，而绩效信息则是绩效预算的核心和根本。因此，若想有效地实施绩效预算，需要一个并行的制度来区分绩效指标，并收集、报告预算周期内的各种数据。绩效监测可以完成这个艰巨的任务，因而，在绩效预算实施之前，需要先开展绩效监测工作。值得注意的是，绩效监测需要与现行政府会计实践和会计体系的协调，以达到更好的效果。[①]同时，绩效监测亦是绩效管理的前提条件。通过对绩效测量结果的分析，绩效管理找到了改进的方向，建立新的系统，随后再对新的系统进行绩效测量，从而形成一个完整的闭合回路，实现系统的不断完善升级。如图 2-4 所示。

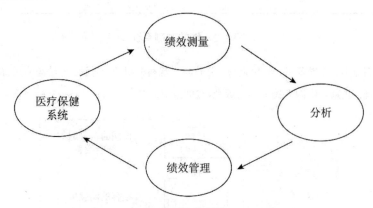

图 2-4　绩效测量与绩效管理循环图（以 OECD 健康系统为例）

　　资料来源：Jeremy Hurst, Melissa Jee-Hughes. Performance Measurement and Performance Management in OECD Health Systems[R]. OECD, 2001.

（二）绩效评价（Performance Appraisal/Evaluation）

　　绩效监测能够在一定程度上反映政策和项目的效果，但并不能说明为什么会出现这种结果，或者需要如何改进才能达到项目目标。[②]欲达到这一

---

　　① 西奥多·H 波伊斯特. 公共与非营利组织绩效考评：方法与应用[M]. 肖鸣政，译. 北京：中国人民大学出版社，2005：193-195.

　　② Richard Allen, Daniel Tommasi. Managing Public Expenditure: A Reference Book for Transition Countries[M]. OECD, 2001: 359.

目标，我们还需要更深层次的评估——绩效评价。绩效评价，即通过绩效信息对项目（政策）进行分析，以期为决策制定和资源配置提供参考。在政府文件中，各部门依据职责的不同，赋予了绩效评价不同的含义。例如，财政部国际司将其定义为：运用一定的评价准则、指标和方法，结合国际金融组织贷款赠款项目预先设定的绩效目标，对项目绩效进行科学、客观、公正的评价。①财政部预算司将其定义为：财政支出绩效评价是指财政部门和预算部门（单位）根据设定的绩效目标，运用科学、合理的绩效评价指标、评价标准和评价方法，对财政支出的经济性、效率性和效益性进行客观、公正的评价。②

绩效评价贯穿项目（政策）的全过程，但在不同阶段的侧重点和作用不尽相同。例如，事后评价（ex-post evaluation）用于考察项目（政策）的有效性和价值，其作用在于为资源配置提供依据，并强化问责。因而，结果情况和整个项目（政策）的关联是事后评价较为关注的节点。而事中评价（intermediate evaluation）的目的在于支持和提升项目的执行和管理状况，因此更加关注运行指标。③

绩效评价模型后来逐步发展成为 3E 模型和 IOO 模型，如今，诸多研究者仍致力于完善绩效评价模型。3E 模型，即经济性（Economy）、效率性（Efficiency）和有效性（Effectiveness）源于 1979 年的英国"雷纳评审"运动，随后，英国将其应用于地方政府及国家健康服务系统的管理实践。④在之后的研究中，亦有研究者试图在这一模型中加入公平（Equity）或电子化（Electric），构成 4E 模型乃至 5E 模型，但其影响力远不如 3E 模型。在后来的实践中，又感觉到仅具有效性是不够的，进而扩展成为投入（Input）、产出（Output）和结果（Outcome）的 IOO 模型，如图 2-5 所示。⑤随后，

---

① 财政部. 国际金融组织贷款赠款项目绩效评价管理办法[Z]. 2013-02-08.

② 财政部. 财政支出绩效评价管理暂行办法[Z]. 2011-04-02.

③ Richard Allen, Daniel Tommasi. Managing Public Expenditure: A Reference Book for Transition Countries[M]. OECD, 2001: 369.

④ 戴维·奥斯本，彼德·普拉斯特里克. 政府改革手册：战略与工具[M]. 谭功荣，译. 北京：中国人民大学出版社，2004：23-28.

⑤ George A Boyne. Concepts and Indicators of Local Authority Performance: An Evaluation of the Statutory Frameworks in England and Wales[J]. Public Money & Management, 2002(02): 17-24.

诸多研究者为 IOO 模型的完善和发展作出了贡献，如布卡莱特（Bouckaert，2008）在 IOO 模型前部加入了需要、环境和目标三个方面，后面增加了公信力作为政府活动的目标，从而使该模型与现实更加接近。①目前看来，IOO 模型已然成为财政支出绩效评价的标准模型，广泛应用于经济合作与发展组织（OECD）成员国的绩效评价实践中。同样，我国财政部在 2009 年和 2011 年颁布的《财政支出绩效评价管理暂行办法》中，均体现了这一模型的核心思想。

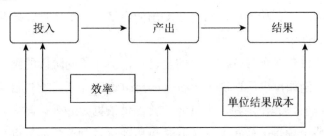

图 2-5 IOO 模型

资料来源：George A Boyne. Concepts and Indicators of Local Authority Performance: An Evaluation of the Statutory Frameworks in England and Wales[J]. Public Money & Management, 2002(02): 17-24.

在绩效评价模型中，我们应该采用何种方法进行绩效评价呢？世界银行曾介绍了十余种绩效评价方法，譬如，前瞻性评价（prospective evaluation）、目标导向评价（goal-based evaluation）、非目标导向评价（goal-free evaluation）、多点评价（multisite evaluation）、集群评价（cluster evaluation）、参与式评价（participatory evaluation）等，如表 2-4 所示。这些评价方法有的已经沿用多年，有的刚刚起步。各评价方法之间并不互相排斥，有时是可以互相补充的。选用何种评价方法取决于具体评价内容，有时在评价过程中也会运用两种或多种评价方法。但这些评价方法多用于

---

① Bouckaert G, J Halligan. Managing Performance: International Comparisons[M]. Oxon, Routledge, 2008: 16.

单一活动的层面，随着参与者的增多，评价范围的扩大，评价的复杂程度不断提高，这时就需要采用诸如联合评价、国家计划评价、主题评价等更加复杂的评价方法。

表 2-4　部分绩效评价方法的比较分析

方法	目的	特点	优势	挑战
前瞻性评价	在活动开始前进行评价，回答与成功可能性相关的前瞻性问题	提供项目、计划或政策的背景分析；回顾已完成的相关评估，以确认经验教训；预测成败，并提出建议（如果项目继续进行）	使用二手资料分析，降低了评价成本；能够在项目开始前发现并解决问题，改进计划	依赖于相关的评价报告
目标导向评价	测量是否实现了目标，作为大多数捐赠项目评价的基础服务	确定目标，评估是否实现了目标（规范评价）	采用明确的方法比较实际值与标准值，简化评价	可能会忽略没有列入目标的重要影响
非目标导向评价	不受限制地收集信息	防止评价人员在进行评价时受制于目标	可能发现预期之外的可能性	允许与项目成员进行有限的接触，评价人员很难在评价中不受目标的影响
多点评价	对在不同地点实施的活动进行评价，考虑位置、气候、文化、地理、经济等因素	建立利益相关者的参与机制，获得更深层次的信息，存在系统性差异，可以提供不同情况下的经验教训和策略计划	相对于单点而言，结果更有效；能够进行点内和点际分析	需要标准化的信息收集，需要高素质的员工，能够发现不具代表性的特殊值
集群评价	对相似或相关群体的评价	建立利益相关者的参与机制，不强调可复制性和普遍性，正视特殊点，运用多元案例分析并实现案例间的信息共享	注重学习，而不只是得出关于活动的质量和价值的结论	展现综合结果，而非单个的结果

方法	目的	特点	优势	挑战
参与式评价	与利益相关者共同进行绩效评价；利益相关者的参与不仅是此次评价的目标，也是衡量其是否成功的指标之一	利益相关者参与目标设定、优先性设定、问题设定、数据分析及报告的全过程；推动团队合作和自我问责；评价人员作为指导者和协调者，利益相关者作为决策制定者和评价执行者	提高评价的可信度和采用的可能性；赋予利益相关者参与的权利，并锻炼了其能力	评价人员需要对利益相关者就评价要点进行培训

资料来源：Linda G Morra Imas, Ray C Rist. The Road to Results: Designing and Conducting Effective Development Evaluations[R]. World Bank, 2009.

　　绩效监测和绩效评价作为绩效管理的重要手段，在目的、关注点、方法、主导者、时间、使用效果等方面均有所不同，如表 2-5 所示；同时，二者亦是相互联系、相互补充的。绩效监测更多地被视为绩效评价的前提条件，为绩效评价提供翔实的绩效信息，从而保证绩效评价的有效实施。绩效评价是绩效测量的延伸和拓展，更深层次地挖掘绩效测量所反映出的达到目标或未达到目标的原因，并提出相应的改进建议。二者相辅相成，共同推动项目、计划或政策的顺利实施。因此，一些国际组织倾向于将绩效监测和绩效评价放在一起，构成监测和评价体系（Monitoring and Evaluation System，M&E）。

表 2-5　绩效评价与绩效监测的区别

	绩效监测	绩效评价
目的	追踪从基线（baseline）条件到期望结果的变化	验证实现的结果，并说明达到或未达到预期结果的原因和方式
关注点	重点关注项目、计划等的产出及其对结果的贡献	重点关注产出和战略影响结果实现的原因和方式，关注相关性、有效性、可持续性和变化问题
方法	通过对指标的分析和比较，追踪和评估项目进展	通过比较项目前后的指标来评估效果的实现程度，依赖于监测信息
主导者	项目负责人或合伙人	外部评价主体

	绩效监测	绩效评价
时间	持续且系统的行为	有时限的，定期的行为
使用效果	作为预警系统	提供战略或政策选择

资料来源：UNDP. Handbook on Monitoring and Evaluating for Results[R]. UNDP, 2002.

（三）绩效审计（Performance Audit）

随着政府计划的规模和复杂程度不断增加，公共部门审计逐步发展，其范围从单纯的财务或合规性审计逐步扩展至绩效审计，从关注投入控制转向关注对产出和结果的问责。绩效审计主要依据最高审计机关国际组织（INTOSAI）的国际审计准则，在适当考虑经济状况的条件下，对活动、计划或公共部门运行的经济性、效率性和有效性进行独立客观的评估或审查，并逐渐成为纳税人或议会监督公共部门行为的重要手段之一。[1]由于各国对公共问责的要求越来越高，绩效审计在政府部门中扮演着越来越重要的角色。同时，各国际组织也对绩效审计表现出浓厚的兴趣，例如，经济合作与发展组织（OECD）早在1995年就曾召开过主题为绩效审计的研讨会。

绩效审计作为一种新兴的审计模式，与传统审计之间存在着明显的差异。巴泽莱（Barzelay，1996）从政府职能、有效性的含义、审查的主要目标、审查的主要模式以及审查者的角色五个方面，区分了传统审计、项目评价和绩效审计，如表2-6所示。

表 2-6　传统审计、绩效审计和项目评价的区别

	政府职能	有效性的含义	审查的主要目标	审查的主要模式	审查者的角色
传统审计	机械型组织（machine bureaucracy）	对交易和任务绩效进行有效监管	合规问责	审计	核实信息，发现实践和一般情况的错配，推断影响，报告结果

---

① Adriana Tiron Tudor. Performance Audit in Public Sector Entities: A New Challenge for Eastern European Countries[J]. Transylvanian Review of Administrative Sciences, 2007(19): 126-141.

	政府职能	有效性的含义	审查的主要目标	审查的主要模式	审查者的角色
绩效审计	跨越组织和部门界限的投入—过程—产出—结果	在既定目标和约束条件下，使组织和生产实践达到最优	绩效问责	检查	评估项目和组织的相关方面，报告结果
项目评价	为改善集体问题的政府导向的措施	项目达到目标，公共政策使社会福利达到最优	提供政策和项目有效性的真实反馈	调查研究	评估有效性

资料来源：Barzelay Michael. Performance Auditing and the New Public Management: Changing Roles and Strategies of Central Audit Institutions[R]. Performance Auditing and the Modernisation of Governmen, PUMA, 1996.

在实践中，虽然不同国家、不同组织采用不同的绩效审计方法，且对审计结果的报告方式也不尽相同，但绩效审计大多经历了三个阶段——计划[①]、审计和报告[②]。对于绩效审计而言，数据的收集和分析是极为重要的。一般情况下，审计人员会将收集的信息划分为四类，即证明性信息、文件性信息、分析性信息和物理性信息。在审计过程中，审计人员需要充分考虑信息的类型，并确保其与审计目标密切相关，能够为审计结论提供有力的支持。[③]

综合来看，绩效监测、绩效评价和绩效审计在目的、时间、主体、与逻辑层次的关系等方面均存在一定的差异（参见表2-7），但三者之间是相互联系、互为补充的，统一于绩效管理的框架之下，构成了完整的绩效管理链条。

---

① 在计划阶段，审计人员需要提交一份详尽的报告，以说明过程、时间表及所需资源。这份计划主要包含五个方面的内容：（1）获取信息；（2）进行风险评估；（3）评估项目重大风险的缺陷；（4）确定/重新确定审计目标；（5）确定审计范围、审计方法、工作计划和审计预算。

② 审计结果的报告形式，应在审计开始之前，依据使用者的需求制定。所有的审计结果报告必须包含对审计的起源或原因的介绍、审计背景、审计目标、审计范围和方法、审计结果、结论等部分。

③ Colleen G Waring, Stephen l Morgan. Public Sector Performance Auditing in Developing Countries [EB/OL]. http://siteresources.worldbank.org/PSGLP/Resources/33Performanceauditing.pdf. [2018-09-15].

表 2-7 绩效监测、绩效评价和绩效审计的区别

	绩效监测	绩效评价	绩效审计
目的	检查进程，确定决策和补救措施，更新项目计划，为问责提供支持	评估进程和价值，为长期计划和组织学习提供经验和建议，进行问责	确保合规性并提供保证和问责
时间	项目/计划进行的过程中	项目/计划进行前或完成后	依据需求者的要求
主体	内部，包括项目/计划的执行者	组织的内部或外部均可	通常为组织内部，但不是项目/计划的参与者
与逻辑层次的关系	关注投入、活动、产出和短期的效果	关注效果和整体目标	关注投入、活动和产出

资料来源：White Graham, Wiles Peter. Monitoring Templates for Humanitarian Organizations [R]. DG ECHO, 2008.

第二节 公共预算绩效管理的基本理论

一、马克思主义的预算绩效观

马克思主义从人民的立场出发，对预算的功能定位有着更为科学民主的认识。马克思希望人民一旦夺取政权后，就建立"工人阶级的预算"。预算的收和支实质上就是国家参与剩余产品的分配与再分配，以国民经济的协调发展、社会总生产的顺利进行为原则来安排预算，并将集中起来的社会财富用在全体劳动人民最需要的地方，体现了"为民理财"的功能定位。

以马克思主义预算观为指导，新时代的人民预算内嵌于以人为本的社会主义制度逻辑中，集中体现在人民通过选举的人大代表来管好预算以及人民主动参与预算两个方面。作为"为民理财"的坚实载体和重要抓手，人大审查监督预算就是代表人民管理监督"人民财政"。作为"为民理财"的重要实现形式，参与式预算能够在很大程度上调动人民参与预算过程的积极性，发挥人民首创精神，凸显以人民为主体的人民预算的巨大优越性。以上两方面也契合列宁对于"建立工人阶级的预算"的设想："应使工人进入一切国家机关，让他们监督整个国家机构。尽量把工人和农民输送到这

种机关中去……学会自己管理。"①列宁所倡导的发挥人民代表在预算全过程中的主体作用，是实现实体正义与程序正义并重的一次理论飞跃，也应当成为新时代人民预算的重点建设内容。马克思对财政支出效率的关注，同样蕴含着丰富的绩效管理思想。

首先，马克思非常关注预算支出的效率。他在《资本论》中就曾指出，"社会总产品的分配已经包含在资本的循环中，它同任何单个商品资本的产品的特殊分配一样，一方面为个人消费基金，另一方面为再生产基金"。②正是循着这一思路，马克思主义财政学家在考察财政支出的经济绩效时，将其引入资本总公式，以价值理论为基础，分析不同类型的支出在社会再生产各个领域和环节的作用，以此将支出分为生产性和消费性两大类。③对于以扩大再生产为目的的生产性支出，提高预算资金的筹集与拨付效率，提升资金周转速度，能够为扩大再生产提供必要的社会生产条件，也有助于提高宏观资本循环的运转效率。对于公共医疗卫生支出、文化教育支出等消费性支出，其目的是为人民提供尽可能多的公共产品（或服务）的使用价值，同时降低劳动者的生活成本，提高生活质量。资本有机构成越高，则劳动者获得一定使用价值所需花费的预算支出就越少，也即花费一定预算支出能提供的使用价值越大。从宏观资本循环视角入手，抓住预算支出的本质，考察其参与社会总资本循环 $W'-G'$ 阶段的效率，是马克思主义预算绩效管理理念的核心。

其次，马克思主义预算绩效观强调兼顾公平，重点关注支出投向的公平正义。在评价资本主义国家的公共福利时，马克思就曾指出，"在现存的生产关系中，资产阶级的财富已经增长并继续增长，至于工人阶级，那就有大问题；他们的状况是不是因所谓的社会财富的增加得到改善还是疑问"。④政府所提供的公共产品与服务之于劳动者状况改善的效果，是马克思主义预算绩效理念所关心的问题。目前对扶贫专项资金的绩效评估，就有意识

---

① 列宁. 列宁全集：第 38 卷[M]. 中共中央马克思恩格斯列宁斯大林著作编译局，译. 北京：人民出版社，1986：140.

② 马克思. 资本论：第 2 卷[M]. 中共中央马克思恩格斯列宁斯大林著作编译局，译. 北京：人民出版社，2018：109.

③ 何振一. 理论财政学[M]. 北京：中国社会科学出版社，2015：217.

④ 马克思，恩格斯. 马克思恩格斯全集：第 4 卷[M]. 中共中央马克思恩格斯列宁斯大林著作编译局，译. 北京：人民出版社，1958：136.

地将分配公平与使用效率两个维度同时纳入绩效考核指标中。公共预算资源为劳动人民所创造，所以要花好人民的每一分钱，将"好钢用在刀刃上"。新时代的人民预算，是马克思主义关于人的解放和自由全面发展学说的继承和发展，须在确保基本公共服务投入的前提下，进一步提升预算资金的配置效率和使用绩效，也是我国新时代预算绩效管理的重点内容。

二、委托—代理理论与预算绩效管理

现代管理学意义上的委托—代理理论，最早是由罗斯（Ross）于 20 世纪 70 年代提出的："如果当事人双方，其中代理人一方代表委托人一方的利益行使某些决策权，则代理关系也就随之产生了。"①该理论于 20 世纪 80 年代进一步发展演化，逐步实现了模型化。委托—代理理论（principal-agent theory）是现代公司治理催生的产物，最初被用于解释在信息不对称情况下所有权与经营权分离所造成的委托人利益受损现象，是制度经济学之契约理论的重要内容之一，当前已然成为信息经济学的主要研究方向。在非对称信息的情况下，双方必然存在信息优势与信息劣势之分。委托—代理关系中，信息优势方为代理方，而信息劣势方即为委托方。② 传统意义上的委托—代理理论认为，参与者之间存在层次关系，委托方和代理方之间存在目标冲突，且代理方具有信息优势。目前委托—代理理论被广泛应用于财政学、经济学、公共管理学、政治学等不同学科领域。

在委托—代理理论框架下，政府预算是委托人与代理人交换信息和订立契约的过程，政府预算在某种程度上可视为一份合同或一本综合性契约。③立法机构与政府部门之间、政府各部门之间以及不同层级政府之间的关系，都受到预算过程的深刻影响。具体到预算绩效管理方面，社会公众作为初始委托人，可以行使其监督权，即形成预算绩效监督体系中的社会监督；人大拥有社会公众赋予的监督权，形成人大绩效监督；立法机构将部分监督权委托给财政部门，形成财政部门绩效评价，并将部分监督权委托给审计部门，形成审计绩效监督。此外，人大、财政部门或预算单位还

---

① Ross S A. The Economic Theory of Agency, the Principal's Problems[J]. American Economic Review, 1973(02): 134-139.

② 马费成. 信息经济学[M]. 武汉：武汉大学出版社，2012：65.

③ Khan A, W B Hildreth. Budget Theory in the Public Sector[M]. Westport: Greenwood Publishing Group Inc., 2002: 124.

可以委托第三方机构来展开绩效评价。

三、利益相关者理论与预算绩效管理

利益相关者作为一个明确的概念是 1963 年由斯坦福研究所首次提出的，是指可以影响公司目标的实现或受公司目标是否实现影响的利益群体。[①]总体上看，利益相关者理论是关于拥有一定专用性资源，为了获取合作剩余而达成一系列契约的签约人，如何分享契约联盟（企业）的剩余索取权和剩余控制权，以及如何共同完成组织目标的公司治理理论。[②]利益相关者理论作为一种企业管理思想，从理论上阐述了企业绩效评价和管理的中心思想，为绩效评价理论奠定了基础。

鉴于现代公共部门绩效管理日益呈现考评主体多元化的趋势，利益相关者理论目前已广泛应用于政府预算绩效管理之中。结合预算绩效管理改革的现实，可以将绩效考评主体划分为内部和外部两个维度来加以考察，而内部考评主体与外部考评主体具有不同的利益诉求。从内部考评主体角度来看，需要充分考虑决策权、执行权和监督权（内部控制系统）的三权分立，也就是说应该按照这一要求进一步细分预算绩效管理方式。同样，对于外部考评主体而言，立法监督、社会监督、公众监督也是三个不可或缺的方面，在设计预算绩效管理与绩效指标框架时，应该兼顾各方的利益诉求。

四、目标管理理论与预算绩效管理

目标管理（Management-By-Objective，MBO）是绩效管理中最主要、最传统的方法。所谓目标管理，是在依据 SMART[③]原则设定之目标的基础上，进行决策制定和目标反馈。[④]其关键在于，由上下级共同制定绩效目标，并以目标的实现作为最终绩效考核的标准。目标管理理论最初由管理学家彼得·德鲁克（Peter F Drucker）于 1954 年在其著作《管理的实践》一书

---

① 弗里曼. 战略管理: 利益相关者方法[M]. 王彦华, 梁豪, 译. 上海: 上海译文出版社, 2006: 37-58

② 伍伟. 基于利益相关者理论的商业银行公司治理研究[M]. 北京: 经济科学出版社, 2014: 62.

③ 所谓 SMART 原则是指，具体化（Specific）、可测量（Measurable）、可实现（Attainable）、相关性（Relevant）、时限性（Time-bound）这样一套呈现为五位一体的预算绩效管理体系。

④ Poister T H. Measuring Performance in Public and Nonprofit Organizations[M]. San Francisco, cop: Jossey-Bass, 2003.

中提出，早期主要应用于私人部门的管理，后来逐渐扩展至公共部门。参与决策制定、目标设定和目标反馈是良好政府治理的三大要素，而目标管理恰恰将这三个要素融合在一起，这就从本质上决定了其在公共部门的适用性。一些实证研究指出，目标管理在公共部门中的运用效果，如同其在私人部门的运用效果一样，都是非常优秀的。[①]早在 20 世纪 70 年代，受当时全球经济危机的影响，各国政府亟待提高行政效率，目标管理便在这一背景下广泛应用于公共部门管理，特别是教育、医疗、环境等政策领域。[②]

　　随着预算绩效管理的纵深推进，目标管理理论与预算绩效管理得到了较好的融合。绩效目标是绩效管理的基础和起点，直接影响绩效自评乃至整体绩效管理工作的质量和效果。财政部于 2015 年印发的《中央部门预算绩效目标管理办法》以及 2021 年印发的《中央部门项目支出核心绩效目标和指标设置及取值指引（试行）》，均体现了对绩效目标管理的重视。

五、公共产品理论与预算绩效管理

　　公共产品理论模型最早是由瑞典经济学家林达尔提出的，他认为每个人为政府提供的公共产品支付的税款份额应等于其获得的利益份额，这样的支付规模不仅公正公平，还会达到政府提供的最佳水平。[③]1954 年，保罗·萨缪尔森明确界定了公共产品的概念，将其定义为所有集体成员集体享用的集体消费品，社会成员可以同时享用该物品，并且每个人对公共产品的消费不会造成其他人对此种物品消费的减少。[④]事实上，公共产品理论揭示了税收是公民为获得政府提供的公共产品而支付的价格。[⑤]

　　纳税人缴纳税金给政府，是为了"购买"自己所需的公共产品，税收价格代表和体现了纳税人作为购买者的根本权益。为此，作为公共产品提供方的政府，对税收如何安排使用，应当提供什么样的公共服务，其决定

　　① Rodgers R, J E Hunter. A Foundation of Good Management Practice in Government: Management by Objectives[J]. Public Administration Review, 1992(01): 27-29.

　　② Edvardsson K, S O Hansson. When is a Goal Rational? [J]. Social Choice and Welfare, 2005(02): 343-361.

　　③ Lindahl E R. The Justness of Taxation[D]. University of Lund, 1919.

　　④ Paul A. Samuelson. Diagrammatic Exposition of a Theory of Public Expenditure.[J]. The Review of Economics and Statistics, 1955(04): 52-65.

　　⑤ 中华人民共和国财政部预算司. 中国预算绩效管理探索与实践[M]. 北京:经济科学出版社,2013: 39.

权也同样属于作为价格支付者的纳税人，也必须由纳税人来决定。以市场、顾客为导向，促使公共部门与私人部门、公共部门各机构之间展开有序竞争，可以出现市场检验、优胜劣汰的局面，以此促进绩效评价结果的更好应用，使得纳税人能够获得更高质量的公共产品和服务。

第三节　传统绩效预算与新绩效预算

回顾现代预算发展史，就绩效预算改革而言，存在着 20 世纪 50—60 年代的传统绩效预算（traditional performance budgeting）与 20 世纪 90 年代以来的新绩效预算（new performance budgeting）的区别。

关于两类绩效预算的对比分析以及新绩效预算的最新进展，近年来研究者的关注日渐增多。在绩效预算的对比分析上，有的研究者认为，绩效预算分为新旧两种形式，旧形式与新形式之间的相似之处在于，二者都试图根据绩效指标来分配资源，而主要区别在于各自强调不同类型的绩效指标：传统绩效预算侧重于使用投入指标和产出指标，新绩效预算则致力于将效率指标、有效性指标和成果指标（即所谓"3E"标准）与预算决策挂钩。[①]基于绩效预算的实施条件，新绩效预算在对立法部门的重视程度、对机构的权力下放、对各类型绩效指标的使用等方面，均优于传统的绩效预算。[②]早期的绩效预算注重工作量的测量，这些指标关注于支出机构的内部世界，而新绩效预算尝试使用有效性指标和成果指标，关注了机构的客户及其他利益相关者，试图评估客户满意度等互动性效果。

一、传统绩效预算的兴衰及成因

（一）绩效预算的缘起

自 20 世纪中叶以来，各国政府的规模大幅扩张，强调资金使用的合规性以及防止资金滥用的分行列支预算（line-item budgeting）显然不足以支撑政府的高效运转。分行列支预算的主要功能是控制政府预算开支，其主

---

① Lu H. Performance Budgeting Resuscitated: Why Is It Still Inviable?[J]. American Journal of Hospital Pharmacy, 1998(11): 151-172.

② Wang X H. Conditions to Implement Outcome-Oriented Performance Budgeting: Some Empirical Evidence[J]. Journal of Public Budgeting Accounting & Financial Management, 1999(04): 533.

要控制措施包括：分项、详细地记录政府购买的商品或劳务；采用标准化的政府会计控制系统；利用统一的政府采购制度和竞争性招标制度，增强政府购买性支出的透明度，力求节约公共开支。就形式而言，分行列支预算基本上是一种对机构投入加以具体说明的"家庭预算"形式，如人员经费、设备支出、办公用品和交通费用等。[①]不妨做一个简单的类比，传统的分行列支预算就像一个面包师，虽然他购买了面粉、牛奶和糖，却没有考虑所要出售的蛋糕、甜点和面包的数量，以及可以制作这些产品的其他配方。[②]

预算改革者们认为，公共部门应借鉴企业的运行模式，更加强调管理效率，而强调以产出或结果为导向的绩效预算可以较好地实现这一目标。绩效预算可以回答预算过程中涉及的一系列重要问题，诸如要完成什么样的工作或服务、应该如何进行工作以及资金如何支出等。

（二）传统绩效预算失败的原因

在公共部门中推行绩效预算本来是一个很好的倡议，然而，早期的传统绩效预算在实施过程中却遇到了各种各样的问题：政治上的阻力、相关技术支持的缺乏、绩效结果难以与资金分配决策挂钩等。锡克（Schick A，1971）对美国 48 个州从 1961 年到 1965 年预算实践的调查显示，州预算官员和立法者并未对绩效预算给予高度评价。他们认为编制绩效预算是一回事，而如何实施又是另一回事，故许多州都采用"旧酒装新瓶"的方式来实施绩效预算。他们致力于在预算编制领域展示其绩效预算，然而预算决策在实质上并未受到绩效指标和绩效评估的影响。由于绩效预算未能真正影响预算决策，许多州后来放弃或修改了其绩效预算。[③]概括而言，可以将传统绩效预算的失败归因于以下几个方面：

1. 缺乏广泛的立法机构支持

在现代财政制度下，立法机构在预算决策中扮演着重要的角色。1993年，美国审计总署（GAO）在回应绩效预算时就曾指出，组织目标与相关的绩效指标在立法和行政上都能得到确定，这是绩效预算有效实施的必要

---

① 马蔡琛. 政府预算：第二版[M].大连：东北财经大学出版社，2018：60-64.

② 约翰·L 米克塞尔. 公共财政管理：分析与应用：第九版[M]. 苟燕楠，马蔡琛，译. 北京：中国人民大学出版社，2020：208.

③ Schick A. Budget Innovation in the States[M]. Washington, DC: The Brookings Institution, 1971: 66-67.

条件。然而，在 1950 年的《预算和会计程序法案》（Budget and Accounting Procedures Act）中，对绩效预算尚没有明确的定义，这是因为国会认为绩效预算的表述过于死板和严苛，对未来的预算改进缺少帮助。从这个意义上讲，传统绩效预算在当时并没有得到立法机构的支持与认可。

胡佛委员会倡导的绩效预算是以提高行政部门的管理效率为动机，这项预算改革被视为行政部门的内部管理举措，忽略了立法机构的介入。在预算方面，立法机构关注的是其监督角色，强调的是项目的短期绩效、信息的前后一致性以及政府的问责制，而行政部门则关注长期目标、需求转变的可适应性以及执行的灵活性。①也就是说，传统的绩效预算中缺乏调节立法机构和行政部门的内在机制。

立法监督机构致力于控制公共资源和相关支出，更关注诸如平衡预算、控制政府支出等问题，更乐意使用以控制为导向的传统预算模式，这样可以逐项对预算收入与支出进行监控。绩效预算改变了预算的组织模式，从投入预算转为产出预算，这一改变未必符合立法机构的利益取向。行政部门未能就绩效预算问题与立法机构进行充分的讨论和谈判，也没有采取措施加深立法机构对绩效预算的理解。缺乏立法机构的支持，是传统绩效预算失败的一个重要原因。

2. 政府会计改革的滞后

绩效预算的推行需要有适当的政府会计制度。绩效预算要求支出机构制定各项绩效指标，以此衡量项目目标的完成情况，并运用绩效指标来决定资金的分配。如果想要将结果与资源分配结合起来，那么在各个项目之间以统一的成本计量方式来核算绩效目标的相关成本，是非常重要的。将可靠的成本会计信息整合纳入预算程序中，是绩效预算的关键环节。②绩效指标的制定以及项目完成情况的衡量均需要大量的数据支撑，政府会计体系关于资产、负债、成本、现金流等信息的披露，对绩效预算的推行尤为重要。权责发生制会计可以提供更多及时且不易受年末现金操纵的信息，对于跨期成本分摊而言更是如此。当公共管理从注重合规性目标扩展到更高层次的绩效目标时，收付实现制核算基础的局限性便愈益明显。

---

① GAO. Performance Budgeting: Past Initiatives Offer Insights for GPRA[R]. GAO, 1997.
② GAO. Performance Budgeting: Opportunities and Challenges[R]. GAO, 2002.

3. 绩效指标的设计不合理

绩效指标的设计是绩效预算的关键。绩效预算主要包括五种绩效指标：投入（input）、产出或工作量（output or workload）、效率（efficiency）、有效性（effectiveness）、成果（outcome）。传统绩效预算关注的是投入指标、产出指标以及效率指标，忽略了成果指标的使用。[①]与成果和有效性指标相比，传统的投入和产出指标相对容易量化、收集和理解，它们通常不需要复杂的成本会计核算系统，不需要花费大量资源来收集信息，并且可控性较大。然而，投入、产出以及效率指标关注的是机构本身，反映的是机构内部的运行及其成本。产出指标并不能反映项目目标的完成情况，它与项目的目标不一定存在因果关系。

绩效预算是以结果为导向的预算，要求公共部门将更多注意力放在项目或服务的效果上，关注公共服务的质量。传统绩效预算的失败，有一部分要归因于政府机构对成果指标的忽略。例如，对于公共安全部门来说，其目标是减少犯罪的发生，而产出指标（如逮捕人数、巡逻情况等）都不能全面反映机构目标的实现情况。

二、新绩效预算的兴起

与传统绩效预算相比，新绩效预算在实施基础、配套改革、绩效评价、信息应用等方面发生了很大的改变。

（一）更加重视立法机关的参与

绩效预算的成功实施，不仅要靠行政机关的推行，还需要其他利益相关主体的配合。经济合作与发展组织（OECD）在各国绩效预算的实践和进程报告中指出：行政部门通常是绩效预算的发起部门，可以推动绩效预算的具体实施，但具体推行还会受到外部压力的影响。[②]如前所述，缺少立法机关的支持和参与，是传统绩效预算失败的原因之一，所以各国实施新绩效预算时不约而同地注意到了这一因素。

首先，立法机关在绩效信息方面发挥了至关重要的作用。例如在加拿

---

① Ronald McGill. Performance Budgeting[J]. International Journal of Public Sector Management, 2001(05): 376-390.

② Trevor Shaw. Performance Budgeting Practices and Procedures[J]. OECD Journal on Budgeting, 2016(03): 65-136.

大，国会对于更多信息的需求，反过来促进了行政部门监督结构的改善。因而，立法机关对绩效信息需求的压力，会在一定程度上推动绩效预算的实施。

其次，在实施新绩效预算的过程中，大多数国家日益重视加强绩效预算和绩效评价的立法工作。法国于 2001 年颁布了新的《财政组织法》，提出了以结果为导向的预算模式，并规定从 2006 年开始全面实施。①新的《财政组织法》通过以任务（missions）（第一层次——议会投票）和项目群（programmes）（第二层次——与结果的目标和指标相关联的主要管理体系）的设计，实现国家预算的现代化。以目标取代了投入导向，以零基预算、结果导向预算取代了增量预算。150 个项目群（programmes）替代了原有的大约 850 个明细支出项目（line items of expenditure）。②波兰绩效预算的法律基础是由 2009 年的《公共财政法案》奠定的，该法案要求审查机构监督绩效计划的实施情况，并规定内阁在提交年度绩效报告的同时，还要引入三年期财政框架。③

成功实施新绩效预算的国家，几乎都有相应的法律基础。新西兰的预算绩效改革始于 20 世纪 80 年代末，一个突出特点就是通过一系列立法来推动改革的进程，如《国家部门法案》《公共财政法案》《财政责任法案》等。④澳大利亚通过《预算诚实宪章》和《财政管理及问责法案》等法律法规，规范了支出机构的预算管理。⑤土耳其 2003 年颁布了《公共财政管理与控制法》，标志着其绩效预算的引入。⑥此外，丹麦政府绩效管理的实践也证明，必须得到法律的支持，绩效管理和绩效预算才能取得实效。⑦

最后，各国立法机构在预算过程中的积极参与，进一步推动了绩效预算的实施。例如，英国的国家审计署每年进行物有所值审计（Monetary Value

---

① Performance Forum. The Genesis of the LOLF[EB/OL]. https://www.performance-publique.budget. gouv.fr/performance-gestion-publiques/gestion-publique-axee-performance/essentiel/fondamentaux/genese-lolf#.WnMcs3aWaUk.(2012-07-25)[2018-01-30].

② 伊恩·利纳特，郑茂京. 预算制度的法律框架：国际比较视角[M]. 马蔡琛，等译. 北京：经济科学出版社，2021：156.

③ World Bank Group. Toward Next-Generation Performance Budgeting[R]. World Bank Group, 2016.

④ 苟燕楠. 绩效预算：模式与路径[M]. 北京：中国财政经济出版社，2011：73-75.

⑤ Lewis Hawke. Performance Budgeting in Australia[J]. OECD Journal on Budgeting, 2008(03): 1-15.

⑥ OECD. Performance Budgeting in Turkey[R]. OECD, 2010.

⑦ Rikke Ginnerup, Niels Refslund. Performance Budgeting in Denmark[J]. OECD Journal on Budgeting, 2008(04): 1-24.

Audit），检查公共支出的主要领域，进而促进政府部门改善服务。[①]

（二）更加注重政府成本会计改革

对成本的精确核算是开展预算绩效管理的前提。如前所述，收付实现制会计并不能准确计量政府活动的全部成本。政府会计改革的滞后，也是传统绩效预算失败的重要原因。在推进新绩效预算改革中，大部分国家进行了与之配套的政府会计改革，将权责发生制计量原则引入政府会计。权责发生制会计更为关注成本分摊和资源的使用，由此可以得到应用于绩效预算的信息。

（三）促进绩效评价指标体系的完善

传统绩效预算提供的绩效信息主要是单位成本和工作量分析，政府各机构倾向于使用投入指标和产出指标进行绩效评估。产出是定量指标，并不能说明政府活动（提供公共产品或服务）的影响是好还是坏，并且受技术的限制，产出指标和成果指标也往往难以得到很好的测量。而新绩效预算更重视结果，强调以结果为导向，反映政府机构完成目标的情况，说明了政府活动产生的各种影响。例如，法国中央政府在 2005 年公布的绩效指标，主要包括三类：一是对公众的社会影响（更加重视效果而不仅是产出）；二是对使用者的服务质量；三是对纳税人的效率。[②]

（四）致力于绩效信息的提供和使用

海量的绩效指标和绩效信息并不是绩效预算改革的终点，绩效预算的核心是要将绩效和预算联系起来，利用绩效信息实现资源的有效配置，并运用评价结果展开预算决策。如果在预算决策时不使用绩效信息，那么绩效预算的实施也就难以获得成功。因而实施新绩效预算的国家，在促进绩效信息的使用方面更是竭尽全力。

1. 以中期预算框架突出公共资源的战略性配置

促进绩效信息的使用，首先体现在提倡将绩效信息贯穿于预算的全过程。将绩效信息和部门的战略决策联系起来，然后通过确定政策目标及实现目标所需要的资源，使得资源配置与部门使命和战略目标相适应。年度预算的一个主要缺陷就是忽略了潜在的财政风险。许多当前的政策或政府

---

① United Kingdom Comptroller and Auditor General. Progress with VFM Savings and Lessons for Cost Reduction Programs[R]. NAO: London, 2010.

② World Bank Group. Toward Next-Generation Performance Budgeting[R]. World Bank Group, 2016.

承诺隐含着导致未来开支或损失剧增的财政风险，但在年度预算框架下，由于这些开支不能在预算中体现出来，从而忽略了这些可能造成高昂代价的潜在风险，一旦注意到这一点则为时已晚，从而无法使决策者在早期阶段就鉴别风险，并采取相应的措施防患未然。①

中期预算的思想可以上溯到 20 世纪 40 年代经济学家阿尔文·汉森（Alvin Hansen）提出的周期预算平衡政策或长期预算平衡理论。②中期预算框架也可追溯至 20 世纪 50 年代关于发展计划的系列文献。20 世纪 80 年代澳大利亚的预算改革大致可以算作当代中期支出框架（Medium-Term Expenditure Framework，简称 MTEF）的雏形。③MTEF 通常是一个为期 3—5 年的滚动且具有约束力的支出框架。早在 20 世纪 60 年代，著名预算学者阿伦·威尔达夫斯基就曾指出，中期支出框架已逐渐成为预算编制和弥补年度预算缺陷的一种方法，有望解决诸如短视、保守主义（预算僵化）、狭隘主义（争夺预算资源）、年终突击花钱等问题。④目前，全球已有超过 2/3 的国家实行了某种形式的中期支出框架，其中，较为普遍的是处于初级阶段的中期财政框架。但近年来已开始转向更高阶段的中期预算框架和中期绩效框架，有的国家则直接采用后两者，而不再经过中期财政框架的过渡。⑤

从实践来看，许多国家建立了中期预算框架。例如，澳大利亚政府每届任期三年，各部门都要制定相应期限的中期财政计划；爱沙尼亚国家预算局需要提交四年期的财政计划；英国政府每隔五年会对政府政策和支出进行全面审查，确定未来五年的政策和支出重点，并在此基础上制定部门战略规划和目标。

2. 建立综合绩效信息与预算分配的联系

随着绩效预算的实施，绩效信息得以不断丰富，然而庞杂的绩效信息，

---

① 王雍君. 公共预算管理：第二版[M]. 北京：经济科学出版社，2010：50.

② 马海涛，安秀梅. 公共财政概论[M]. 北京：中国财政经济出版社，2003：295.

③ World Bank. Beyond the Annual Budget-Global Experience with Medium-Term Expenditure Frameworks[R]. International Bank for Reconstruction and Development, 2013: 27.

④ 威尔达夫斯基 A. 预算：比较理论[M]. 苟燕楠，译. 上海：上海财经大学出版社，2009：258.

⑤ MTFF、MTBF 和 MTPF 各自的侧重点不同，依次强调财政纪律、分配效率和技术效率，属于一个逐渐递进的过程。由于三者只是中期预算改革的不同手段和方法，因此，本书不作过于严格的区分，统一用"中期预算"来表述。进一步论述可以参阅：马蔡琛. 政府预算：第二版[M]. 大连：东北财经大学出版社，2018：139-147.

又对行政人员和立法人员的信息使用提出了挑战。立法机构的相关人员往往没有足够的时间和精力去分析绩效信息。为了促进国会对绩效信息的使用，法国预算部门一直在致力于减少绩效指标的数量，促进效率指标的使用，试图将结果与资源分配联系起来，2015—2017 年，绩效指标减少了 24%，已降至 118 个项目、635 个指标。①波兰将绩效预算子任务的数量从 698 个减少到 353 个；荷兰将绩效指标减少了 30%—50%。②缩减绩效指标的数量，提高绩效信息的质量和有用性，使其在预算协商和预算分配时，能够被充分考虑。

（五）企业管理的思想和方法

20 世纪 80 年代以来，许多企业管理的方法被引入政府部门，以完善政府绩效管理，如平衡计分卡、标杆管理、作业成本法等。平衡计分卡（Balanced Scorecard）最早是用于企业绩效管理的，许多公共部门利用平衡计分卡来构建绩效评价体系。有研究者曾对一些国家的地方政府绩效测量和平衡计分卡的使用情况进行调查，在收回的 184 份反馈中，大多数政府部门在构建绩效指标体系时借鉴了平衡计分卡的思想；40% 的管理者对平衡计分卡特别熟悉，部分引用了平衡计分卡；7.5% 的地方政府完全引入了平衡计分卡，其管理者对平衡计分卡给予了充分的肯定。③此外，企业用于归集成本的作业成本法（Activity Based Costing，ABC）也被引入政府部门。作业成本法的引入可以更精确地核算公共部门和公共支出项目的直接成本和间接成本，促进预算绩效控制指标的构建，同时提高了绩效指标的可信度。④

相较于传统绩效预算，新绩效预算不仅取得了立法机关的支持、有匹配的政府会计制度，还致力于建立内部市场结构（internal market），这也恰恰是新绩效预算的"新"之所在。内部市场结构的建立，促使公共部门与私人部门、公共部门各机构之间展开竞争，可以出现市场检验、优胜劣汰

---

① Performance Forum. Mission, Programs, Objectives, Indicators[EB/OL]. https://www.performance-publique.budget.gouv.fr/sites/performance_publique/files/farandole/ressources/2017/DOFP/DOFP_2017_Tome_02.pdf.(2016-07-07)[2018-01-20].

② World Bank Group. Toward Next-Generation Performance Budgeting[R]. World Bank Group, 2016.

③ Yee-Ching Lilian Chan. Performance Measurement and Adoption of Balanced Scorecards: A Survey of Municipal Governments in the USA and Canada[J]. International Journal of Public Sector Management, 2004(03): 204-221.

④ 马蔡琛，李明穗. 作业成本法在政府预算绩效评价中的应用[J]. 会计之友，2017（02）：25-28.

的局面，以此进一步促进绩效评价结果的应用。

重点术语

预算绩效管理　政府绩效管理　绩效监测　绩效评价　绩效审计　传统绩效预算　新绩效预算

思政专栏

思政专栏 2

党中央重大会议中关于预算绩效管理的论述

全面实施预算绩效管理是党中央、国务院作出的重大战略部署，是政府治理和预算管理的深刻变革。党中央重大会议中多次提及"预算绩效"。

党的十六届三中全会提出"建立预算绩效评价体系"，党的十七届二中全会、五中全会提出"推行政府绩效管理和行政问责制度""加强行政问责制""完善政府绩效评估制度"。党的十七大提出"深化预算制度改革，强化预算管理和监督"，党的十八大明确提出"创新行政管理方式，提高政府公信力和执行力，推进政府绩效管理"。党的十九大正式提出"建立全面规范透明、标准科学、约束有力的预算制度，全面实施绩效管理"。党的二十大报告从战略和全局的高度，提出"健全现代预算制度"。

2018 年 7 月 6 日，中央全面深化改革委员会第三次会议审议通过了《关于全面实施预算绩效管理的意见》。会议指出，"全面实施预算绩效管理是政府治理方式的深刻变革"。为此，"要牢固树立正确政绩观，创新预算管理方式，突出绩效导向，落实主体责任，通过全方位、全过程、全覆盖实施预算绩效管理，实现预算和绩效管理一体化，着力提高财政资源配置效率和使用效益"。

2020 年 12 月 30 日，中央全面深化改革委员会第十七次会议审议通过了《关于进一步深化预算管理制度改革的意见》。会议指出，"深化预算管理制度改革，要坚持和加强党的全面领导，坚持预算法定，发挥集中财力办大事的体制优势，加强财政资源统筹，突出保基本、守底线、强化预算对落实党和国家重大政策的保障能力，坚决落实政府过紧日子要求，杜绝大手大脚花钱、奢靡浪费等现象"。

课后思考题

1. 简述预算绩效管理与政府绩效管理的关系。
2. 总结公共预算绩效管理的主要理论基础。
3. 探讨新绩效预算的突出特征。

推荐阅读

1. 中华人民共和国财政部预算司. 中国预算绩效管理探索与实践[M]. 北京：经济科学出版社，2013.

2. 刘昆. 绩效预算：国外经验与借鉴[M]. 北京：中国财政经济出版社，2007.

3. 马海涛，曹堂哲，王红梅. 预算绩效管理理论与实践[M]. 北京：中国财政经济出版社，2020.

4. 马蔡琛，朱旭阳. 从传统绩效预算走向新绩效预算的路径选择[J]. 经济与管理研究，2019（01）：86-96.

第三章

公共预算绩效管理的中国实践

本章介绍了我国公共预算绩效管理的制度基础，梳理了预算绩效管理的实践探索进程，在此基础上进一步总结公共预算绩效管理的主要改革成就。通过本章的学习，应了解我国公共预算绩效管理的制度规定与实践发展，掌握公共预算绩效管理的重要经验。

第一节　公共预算绩效管理的制度构建

党的十八大以来，党中央、全国人大、国务院日益重视预算绩效管理工作，多次强调要深化预算绩效管理改革，提高财政资金使用效益和政府工作效率。党的十八大报告提出"创新行政管理方式，提高政府公信力和执行力，推进政府绩效管理"；党的十八届三中全会提出要"严格绩效管理"；党的十九大报告提出"建立健全规范透明、标准科学、约束有力的预算制度，全面实施绩效管理"；党的二十大报告从战略和全局的高度，明确了进一步深化财税体制改革的重点举措，提出"健全现代预算制度"，构建完善综合统筹、规范透明、约束有力、讲求绩效、持续安全的现代预算制度。

随着改革的不断深入，预算绩效管理不再拘泥于项目支出的绩效评价，而是逐步将绩效观念融入预算管理的全过程，将预算绩效管理覆盖全部预算。在这一过程中，修订了《中华人民共和国预算法》和《中华人民共和国预算法实施条例》，并出台了《中共中央 国务院关于全面实施预算绩效管理的意见》《国务院关于深化预算管理制度改革的决定》《国务院关于进一步深化预算管理制度改革的意见》等文件，进一步健全了全面实施预算绩效管理的制度框架。

一、《中华人民共和国预算法》和《中华人民共和国预算法实施条例》

为适应预算改革的需要，2014 年 8 月全国人大常委会审议通过了《关于修改〈中华人民共和国预算法〉的决定》，并自 2015 年起施行。这是继 1994 年颁布《中华人民共和国预算法》以来的首次修订，规范预算调整和执行，加强预算审查监督，增强了预算的完整性、科学性和透明度。其中，第三十二条和第五十七条规定"各级预算应当根据年度经济社会发展目标、国家宏观调控总体要求和跨年度预算平衡的需要，参考上一年预算执行情况、有关支出绩效评价结果和本年度收支预测，按照规定程序征求各方面意见后，进行编制""各级政府、各部门、各单位应当对预算支出情况开展绩效评价"，为预算绩效管理改革提供了法律遵循。新预算法首次明确要求预算编制、执行、监督过程必须嵌入绩效原则。各级政府预算除了收支平衡，还需要讲求绩效，不仅需要明确各级政府的绩效目标，部门预算也必须明确部门绩效目标，在预算执行过程中依据目标进行绩效监督，预算项目执行完毕后进行绩效评价，主要依据上年绩效评价结果进行当年预算编制工作。2014 年新预算法颁布之前，历经十年的绩效预算改革，一直在项目绩效评价层面徘徊，难以实现绩效与预算决策乃至整个预算过程之间的有效衔接。新预算法要求政府预算决策、预算过程讲求绩效，这给绩效预算改革向纵深发展提供了法规依据，创造了制度空间。

随着 2014 年《中华人民共和国预算法》的修订，加之财政预算改革实践的不断深化，《中华人民共和国预算法实施条例》于 2020 年修订完成，将《中华人民共和国预算法》实施后出台的国务院关于深化预算管理制度改革等有关规定法治化，强化了预算绩效方向。《中华人民共和国预算法实施条例》要求，"根据设定的绩效目标，依据规范的程序，对预算资金的投入、使用过程、产出与效果进行系统和客观的评价。绩效评价结果应当按照规定作为改进管理和编制以后年度预算的依据"。强调全过程的绩效评价、相关配套措施的建立、绩效评价结果的应用，强化了预算管理在理性和科学方面的追求。这些法律规范构成了现代预算制度的总体法律制度框架。

二、《中共中央 国务院关于全面实施预算绩效管理的意见》

2018 年 9 月，《中共中央 国务院关于全面实施预算绩效管理的意见》正式发布，旨在破解预算绩效管理存在的突出问题，以全面实施预算绩效管理为关键点和突破口，推动财政资金聚力增效，提高公共服务供给质量，增强政府公信力和执行力。这是中共中央、国务院对全面实施预算绩效管理作出的顶层设计和重大部署，是我国首个关于预算绩效管理的纲领性文件，标志着预算绩效管理由探索试点阶段走向全面实施阶段，具有里程碑式的意义。

《中共中央 国务院关于全面实施预算绩效管理的意见》围绕"全面"和"绩效"两个关键点，对全面实施预算绩效管理作出了部署。其总体思路是，创新预算管理方式，更加注重结果导向、强调成本效益、硬化责任约束，力争用 3—5 年时间基本建成全方位、全过程、全覆盖的预算绩效管理体系，实现预算和绩效管理一体化，着力提高财政资源配置效率和使用效益，改变预算资金分配的固化格局，提高预算管理水平和政策实施效果，为经济社会发展提供有力保障。具体来看，《中共中央 国务院关于全面实施预算绩效管理的意见》从"全方位、全过程、全覆盖"三个维度推动预算绩效管理的全面实施，即在预算绩效管理内容上，实现"全方位"的预算绩效管理格局；从预算绩效管理的时间上，实现"全过程"的预算绩效管理链条；从预算绩效管理的对象上，实现"全覆盖"的预算绩效管理体系。

1. 构建全方位预算绩效管理格局

要实施政府预算、部门和单位预算、政策和项目预算绩效管理，将各级政府收支预算全面纳入绩效管理，推动提高收入质量和财政资源配置效率，增强财政可持续性；将部门和单位预算收支全面纳入绩效管理，增强其预算统筹能力，推动提高部门和单位整体绩效水平；将政策和项目预算全面纳入绩效管理，实行全周期跟踪问效，建立动态评价调整机制，推动提高政策和项目实施效果。

2. 建立全过程预算绩效管理链条

将绩效理念和方法深度融入预算编制、执行、监督全过程，构建事前、事中、事后绩效管理闭环系统，包括建立绩效评估机制、强化绩效目标管理、做好绩效运行监控、开展绩效评价和加强结果应用等内容。

3. 完善全覆盖预算绩效管理体系

各级政府须将一般公共预算、政府性基金预算、国有资本经营预算、社会保险基金预算全部纳入绩效管理，积极开展涉及财政资金的政府投资基金、主权财富基金、政府和社会资本合作（PPP）、政府采购、政府购买服务、政府债务项目的绩效管理。

此外，考虑到预算绩效管理的专业性和技术性，《中共中央 国务院关于全面实施预算绩效管理的意见》在制度建设方面提出了更详细的要求，为预算绩效管理提供了有力支撑。具体来看，制度建设的要求主要包含完善预算绩效管理流程和健全预算绩效标准体系两个方面。

1. 完善预算绩效管理流程

围绕预算管理的主要内容和环节，完善涵盖绩效目标管理、绩效运行监控、绩效评价管理、评价结果应用等各环节的管理流程，制定预算绩效管理制度和实施细则。建立专家咨询机制，引导和规范第三方机构参与预算绩效管理，严格执业质量监督管理。加快预算绩效管理信息化建设，打破"信息孤岛"和"数据烟囱"，促进各级政府和各部门各单位的业务、财务、资产等信息互联互通。

2. 健全预算绩效标准体系

各级财政部门要建立健全定量和定性相结合的共性绩效指标框架。各行业主管部门要加快构建分行业、分领域、分层次的核心绩效指标和标准体系，实现科学合理、细化量化、可比可测、动态调整、共建共享。绩效指标和标准体系要与基本公共服务标准、部门预算项目支出标准等衔接匹配，突出结果导向，重点考核实绩。创新绩效评价方法，立足多维视角和多元数据，依托大数据分析技术，运用成本效益分析法、比较法、因素分析法、公众评判法、标杆管理法等，提高绩效评价结果的客观性和准确性。

总体来看，《中共中央 国务院关于全面实施预算绩效管理的意见》立足长远，站位高、举措实，在关注财政资金使用效益的同时，着眼健全长效机制，力求从整体上提高财政资源配置效率。主要体现在以下几个方面：[①]

---

① 财政部. 加快建成全方位、全过程、全覆盖的预算绩效管理体系——财政部有关负责人就贯彻落实《中共中央 国务院关于全面实施预算绩效管理的意见》答记者问[EB/OL]. http://www.mof.gov.cn/zhengwuxinxi/caizhengxinwen/201809/t20180925_3026400.htm（2018-09-25）[2019-04-26].

1. 拓展预算绩效管理实施对象

拓展预算绩效管理实施对象即从政策和项目预算为主向部门和单位预算、政府预算拓展，从转移支付为主向地方财政综合运行拓展，逐步提升绩效管理层级，在更高层面统筹和优化资源配置，这也是大部分市场经济国家预算绩效改革的普遍路径。

2. 开展事前绩效评估

为从源头上防控财政资源配置的低效无效，《中共中央 国务院关于全面实施预算绩效管理的意见》将绩效管理关口前移，提出建立重大政策和项目事前绩效评估机制。各部门各单位要对新出台重大政策、项目开展事前绩效评估，投资主管部门要加强基建投资绩效评估，评估结果作为申请预算的前置条件。财政部门要加强新增重大政策和项目预算审核，必要时可以组织第三方机构独立开展绩效评估，审核和评估结果作为预算安排的重要参考依据。需要说明的是，事前绩效评估不是另起炉灶，另搞一套，而是结合预算评审、项目审批等现有工作来开展，更加突出绩效导向。

3. 实施预算和绩效"双监控"

各级政府和各部门各单位对绩效目标实现程度和预算执行进度实行"双监控"，发现问题要及时纠正，确保绩效目标如期保质保量实现。通过开展"双监控"，不仅有利于及时调整预算执行过程中的偏差，避免出现资金闲置沉淀和损失浪费，而且有利于及时纠正政策和项目实施中存在的问题，堵塞管理漏洞，确保财政资金使用安全高效。

4. 建立多层次绩效评价体系

各部门各单位对预算执行情况以及政策、项目实施效果开展绩效自评，各级财政部门建立重大政策、项目预算绩效评价机制，逐步开展部门整体绩效评价，对下级政府财政运行情况实施综合绩效评价，必要时可以引入第三方机构参与绩效评价。通过建立绩效自评和外部评价相结合的多层次绩效评价体系，不仅能够落实部门和资金使用单位的预算绩效管理主体责任，推动提高预算绩效管理水平，而且能够全方位、多维度反映财政资金使用绩效和政策实施效果，促进提高财政资源配置效率和使用效益，使预算安排和政策更好地贯彻落实党中央、国务院重大方针政策和决策部署。

三、《国务院关于深化预算管理制度改革的决定》和《国务院关于进一步深化预算管理制度改革的意见》

2014 年 10 月,《国务院关于深化预算管理制度改革的决定》正式发布,这是在《中华人民共和国预算法》修订的背景下, 为改进预算管理, 实施全面规范、公开透明的预算制度, 提出的深化预算管理制度改革要求。其中明确提出"加强预算执行管理, 提高财政支出绩效", 要求健全预算绩效管理机制。全面推进预算绩效管理工作, 强化支出责任和效率意识, 逐步将绩效管理范围覆盖各级预算单位和所有财政资金, 将绩效评价重点由项目支出拓展到部门整体支出和政策、制度、管理等方面, 加强绩效评价结果应用, 将评价结果作为调整支出结构、完善财政政策和科学安排预算的重要依据。

2021 年 4 月,《国务院关于进一步深化预算管理制度改革的意见发布》,针对当前和今后一个时期财政处于紧平衡状态、收支矛盾较为突出的形势,提出了进一步深化预算管理改革的要求。其中, 将推动预算绩效管理提质增效作为重点要求。将落实党中央、国务院重大决策部署作为预算绩效管理重点, 加强财政政策评估评价, 增强政策可行性和财政可持续性。加强重点领域预算绩效管理, 分类明确转移支付绩效管理重点, 强化引导约束。加强对政府和社会资本合作、政府购买服务等项目的全过程绩效管理。加强国有资本资产使用绩效管理, 提高使用效益。加强绩效评价结果应用,将绩效评价结果与完善政策、调整预算安排有机衔接, 对低效无效资金一律削减或取消, 对沉淀资金一律按规定收回并统筹安排。加大绩效信息公开力度, 推动绩效目标、绩效评价结果向社会公开。

《国务院关于深化预算管理制度改革的决定》《国务院关于进一步深化预算管理制度改革的意见》发布之后, 我国预算管理制度改革进程不断推进, 针对预算绩效管理这一重要命题, 制定并实施了诸多政策措施, 为预算绩效管理夯实了基础。

第二节　公共预算绩效管理的实践探索

一、全方位、全过程、全覆盖预算绩效管理的新模式与新要求

2018 年 9 月，《中共中央　国务院关于全面实施预算绩效管理的意见》（中发〔2018〕34 号）正式颁布，2018 年 11 月财政部发布《关于贯彻落实〈中共中央　国务院关于全面实施预算绩效管理的意见〉的通知》（财预〔2018〕167 号），进一步明确了全方位、全过程、全覆盖的预算绩效管理改革方向，这标志着预算绩效管理开始由探索试点步入全面推进阶段。

就全过程预算绩效管理模式而言，早在 2011 年财政部印发的《关于推进预算绩效管理的指导意见》中，已初步明确了"预算编制有目标、预算执行有监控、预算完成有评价、评价结果有反馈、反馈结果有应用"的全过程预算绩效管理理念。但此时绩效管理仍以事后评价为主。2012 年，财政部出台的《预算绩效管理工作规划（2012—2015 年）》继续强调建立全过程预算管理机制。随着预算绩效管理的深入推进，部分地区开始实行全过程预算绩效管理试点。例如，山西省阳泉市依托预算管理一体化系统实现了绩效目标全覆盖，并将事前绩效评估与预算评审有效结合，2021 年对部分工程项目围绕目标合理性、投入经济性等开展重点项目事前绩效评审，核减项目资金 4000 多万元。[①]

再如北京市，就事前绩效评价来看，2014 年印发了《北京市市级项目支出事前绩效评估管理实施细则》，具体指导事前绩效评价管理工作。就事中跟踪评价来看，2011 年出台了《北京市市级财政支出绩效跟踪管理办法》，明确了跟踪主体、对象和分类。就事后评价来看，北京市出台了《关于推进本市预算绩效管理的意见》《北京市预算绩效管理办法》《北京市预算绩效管理问责办法》和《北京市预算绩效管理试点工作总体方案》，加强事后

---

① 财政部. 山西阳泉财政突出"五个坚持"构建全方位全过程全覆盖预算绩效管理体系[EB/OL]. http://www.mof.gov.cn/zhengwuxinxi/xinwenlianbo/shanxicaizhengxinxilianbo/202203/t20220309_3793723.htm.（2022-03-09）[2023-03-30].

评价的推进，并实行问责管理。为了全面推进预算绩效管理改革，北京市还于2018年开始重点探索全成本绩效预算管理新模式——基于成本收益分析的绩效管理，确定了以"部门职责、保障范围、行业标准、投入成本、工作数量、施政结果、绩效考核"为闭环的成本分析绩效预算工作思路。①

《中共中央 国务院关于全面实施预算绩效管理的意见》在全过程预算绩效管理的基础上，又增添了全方位和全覆盖两个要求，核心在于实现预算和绩效管理的有机融合，将绩效纳入预算的方方面面。其中所规划的全方位、全覆盖预算绩效管理格局，从横向维度来看，将绩效管理对象从一般公共预算扩展到包括政府性基金预算、国有资本经营预算和社会保险基金预算在内的四本预算，并从支出绩效管理扩展到收支两翼的绩效管理；从纵向维度来看，将绩效管理范围从政策和项目预算支出扩展到单位预算、部门预算和政府预算整体收支，并从转移支付绩效管理扩展到地方综合绩效管理。顶层构建了覆盖四本预算、五级政府以及所有预算单位、部门、项目和政策的预算收支绩效管理框架体系，为未来全面推进预算绩效管理指明了方向。

二、预算绩效评价指标体系的完善

随着预算绩效管理改革的加快推进，绩效评价范围进一步扩展。为贯彻落实财政部印发的《预算绩效管理工作规划（2012—2015年）》中关于推进综合绩效评价及部门整体支出绩效评价的要求，使绩效评价工作更具规范性和统一性，财政部制定了《预算绩效评价共性指标体系框架》，将原来仅针对项目支出的绩效指标体系，扩展为项目支出、部门整体支出、财政预算绩效评价的三大指标框架。不仅将定性指标转为定量化表述，还将一级指标主要以"投入—过程—产出—效果"的逻辑模型加以展现，便于对项目运行的全过程进行评价，如表3-1、表3-2、表3-3所示。这是预算绩效评价共性指标构建中的一大进步。

---

① 中国财政学会绩效管理研究专业委员会课题组. 全面实施预算绩效管理的"北京模式"[J]. 审计观察，2019（04）：96-91.

表 3-1　项目支出绩效评价共性指标体系框架

一级指标	二级指标	三级指标	指标解释	指标说明
投入	项目立项	项目立项规范性	项目的申请、设立过程是否符合相关要求，用以反映和考核项目立项的规范情况	评价要点： ①项目是否按照规定的程序申请设立 ②所提交的文件、材料是否符合相关要求 ③事前是否已经过必要的可行性研究、专家论证、风险评估、集体决策等
		绩效目标合理性	项目所设定的绩效目标是否依据充分，是否符合客观实际，用以反映和考核项目绩效目标与项目实施的相符情况	评价要点： ①是否符合国家相关法律法规、国民经济发展规划和党委政府决策 ②是否与项目实施单位或委托单位职责密切相关 ③项目是否为促进事业发展所必需 ④项目预期产出效益和效果是否符合正常的业绩水平
		绩效指标明确性	依据绩效目标设定的绩效指标是否清晰、细化、可衡量等，用以反映和考核项目绩效目标的明细化情况	评价要点： ①是否将项目绩效目标细化分解为具体的绩效指标 ②是否通过清晰、可衡量的指标值予以体现 ③是否与项目年度任务数或计划数相对应 ④是否与预算确定的项目投资额或资金量相匹配
	资金落实	资金到位率	实际到位资金与计划投入资金的比率，用以反映和考核资金落实情况对项目实施的总体保障程度	资金到位率=（实际到位资金/计划投入资金）×100% 实际到位资金：一定时期（本年度或项目期）内实际落实到具体项目的资金 计划投入资金：一定时期（本年度或项目期）内计划投入具体项目的资金

一级指标	二级指标	三级指标	指标解释	指标说明
过程		到位及时率	及时到位资金与应到位资金的比率，用以反映和考核项目资金落实的及时程度	到位及时率=（及时到位资金/应到位资金）×100% 及时到位资金：截止到规定时点实际落实到具体项目的资金 应到位资金：按照合同或项目进度要求截止到规定时点应落实到具体项目的资金
	业务管理	管理制度健全性	项目实施单位的业务管理制度是否健全，用以反映和考核业务管理制度对项目顺利实施的保障情况	评价要点： ①是否已制定或具有相应的业务管理制度 ②业务管理制度是否合法、合规、完整
		制度执行有效性	项目实施是否符合相关业务管理规定，用以反映和考核业务管理制度的有效执行情况	评价要点： ①是否遵守相关法律法规和业务管理规定 ②项目调整及支出调整手续是否完备 ③项目合同书、验收报告、技术鉴定等资料是否齐全并及时归档 ④项目实施的人员条件、场地设备、信息支撑等是否落实到位
		项目质量可控性	项目实施单位是否为达到项目质量要求而采取了必需的措施，用以反映和考核项目实施单位对项目质量的控制情况	评价要点： ①是否已制定或具有相应的项目质量要求或标准 ②是否采取了相应的项目质量检查、验收等必需的控制措施或手段
	财务管理	管理制度健全性	项目实施单位的财务制度是否健全，用以反映和考核财务管理制度对资金规范、安全运行的保障情况	评价要点： ①是否已制定或具有相应的项目资金管理办法 ②项目资金管理办法是否符合相关财务会计制度的规定

一级指标	二级指标	三级指标	指标解释	指标说明
		资金使用合规性	项目资金使用是否符合相关的财务管理制度规定，用以反映和考核项目资金的规范运行情况	评价要点： ①是否符合国家财经法规和财务管理制度以及有关专项资金管理办法的规定 ②资金的拨付是否有完整的审批程序和手续 ③项目的重大开支是否经过评估认证 ④是否符合项目预算批复或合同规定的用途 ⑤是否存在截留、挤占、挪用、虚列支出等情况
		财务监控有效性	项目实施单位是否为保障资金的安全、规范运行而采取了必要的监控措施，用以反映和考核项目实施单位对资金运行的控制情况	评价要点： ①是否已制定或具有相应的监控机制 ②是否采取了相应的财务检查等必要的监控措施或手段
产出	项目产出	实际完成率	项目实施的实际产出数与计划产出数的比率，用以反映和考核项目产出数量目标的实现程度	实际完成率=（实际产出数/计划产出数）×100% 实际产出数：一定时期（本年度或项目期）内项目实际产出的产品或提供的服务数量 计划产出数：项目绩效目标确定的在一定时期（本年度或项目期）内计划产出的产品或提供的服务数量
		完成及时率	项目实际提前完成时间与计划完成时间的比率，用以反映和考核项目产出时效目标的实现程度	完成及时率=[（计划完成时间－实际完成时间）/计划完成时间]×100% 实际完成时间：项目实施单位完成该项目实际所耗用的时间 计划完成时间：按照项目实施计划或相关规定完成该项目所需的时间

一级指标	二级指标	三级指标	指标解释	指标说明
		质量达标率	项目完成的质量达标产出数与实际产出数的比率，用以反映和考核项目产出质量目标的实现程度	质量达标率=（质量达标产出数/实际产出数）×100% 质量达标产出数：一定时期（本年度或项目期）内实际达到既定质量标准的产品或服务数量 既定质量标准是指项目实施单位设立绩效目标时依据计划标准、行业标准、历史标准或其他标准而设定的绩效指标值
		成本节约率	完成项目计划工作目标的实际节约成本与计划成本的比率，用以反映和考核项目的成本节约程度	成本节约率=[（计划成本－实际成本）/计划成本]×100% 实际成本：项目实施单位如期、保质、保量完成既定工作目标实际所耗费的支出 计划成本：项目实施单位为完成工作目标计划安排的支出，一般以项目预算为参考
效果	项目效益	经济效益	项目实施对经济发展所带来的直接或间接影响情况	此四项指标为设置项目支出绩效评价指标时必须考虑的共性要素，可根据项目实际并结合绩效目标设立情况有选择地进行设置，并将其细化为相应的个性化指标
		社会效益	项目实施对社会发展所带来的直接或间接影响情况	
		生态效益	项目实施对生态环境所带来的直接或间接影响情况	
		可持续影响	项目后续运行及成效发挥的可持续影响情况	
		社会公众或服务对象满意度	社会公众或服务对象对项目实施效果的满意程度	社会公众或服务对象是指因该项目实施而受到影响的部门（单位）、群体或个人，一般采取社会调查的方式

表 3-2　部门整体支出绩效评价共性指标体系框架

一级指标	二级指标	三级指标	指标解释	指标说明
投入	目标设定	绩效目标合理性	部门（单位）所设立的整体绩效目标依据是否充分，是否符合客观实际，用以反映和考核部门（单位）整体绩效目标与部门履职、年度工作任务的相符性情况	评价要点： ①是否符合国家法律法规、国民经济和社会发展总体规划 ②是否符合部门"三定"方案确定的职责① ③是否符合部门制定的中长期实施规划
		绩效指标明确性	部门（单位）依据整体绩效目标所设定的绩效指标是否清晰、细化、可衡量，用以反映和考核部门（单位）整体绩效目标的明细化情况	评价要点： ①是否将部门整体的绩效目标细化分解为具体的工作任务 ②是否通过清晰、可衡量的指标值予以体现 ③是否与部门年度的任务数或计划数相对应 ④是否与本年度部门预算资金相匹配
	预算配置	在职人员控制率	部门（单位）本年度实际在职人员数与编制数的比率，用以反映和考核部门（单位）对人员成本的控制程度	在职人员控制率=（在职人员数/编制数）×100% 在职人员数：部门（单位）实际在职人数，以财政部确定的部门决算编制口径为准 编制数：机构编制部门核定批复的部门（单位）的人员编制数

---

① "三定"方案是各级机构编制部门，对所辖范围内所有的党政机关、群团机关、事业单位等体制内机构，在单位初设或者机构改革过程中有重大变更事项时，颁布实施的纲领性文件，是体制内每一个单位的身份证、户口簿。"三定"具体是指：定职能、定机构、定编制。定职能，就是规定这个单位是干什么的，有什么具体职能。定机构，就是确定行使职责的部门，包括机构名称、机构性质、经费来源等。定编制，是确定单位的编制数以及领导职数。

一级指标	二级指标	三级指标	指标解释	指标说明
		"三公经费"变动率	部门（单位）本年度"三公经费"预算数与上年度"三公经费"预算数的变动比率，用以反映和考核部门（单位）对控制重点行政成本的努力程度	"三公经费"变动率=[（本年度"三公经费"总额－上年度"三公经费"总额）/上年度"三公经费"总额]×100% "三公经费"：年度预算安排的因公出国（境）费、公务车辆购置及运行费和公务招待费
		重点支出安排率	部门（单位）本年度预算安排的重点项目支出与部门项目总支出的比率，用以反映和考核部门（单位）对履行主要职责或完成重点任务的保障程度	重点支出安排率=（重点项目支出/项目总支出）×100% 重点项目支出：部门（单位）年度预算安排的，与本部门履职和发展密切相关、具有明显社会和经济影响、党委政府关心或社会比较关注的项目支出总额 项目总支出：部门（单位）年度预算安排的项目支出总额
过程	预算执行	预算完成率	部门（单位）本年度预算完成数与预算数的比率，用以反映和考核部门（单位）预算完成程度	预算完成率=（预算完成数/预算数）×100% 预算完成数：部门（单位）本年度实际完成的预算数 预算数：财政部门批复的本年度部门（单位）预算数
		预算调整率	部门（单位）本年度预算调整数与预算数的比率，用以反映和考核部门（单位）预算的调整程度	预算调整率=（预算调整数/预算数）×100% 预算调整数：部门（单位）在本年度内涉及预算的追加、追减或结构调整的资金总和（因落实国家政策、发生不可抗力、上级部门或本级党委政府临时交办而产生的调整除外）

一级指标	二级指标	三级指标	指标解释	指标说明
		支付进度率	部门（单位）实际支付进度与既定支付进度的比率，用以反映和考核部门（单位）预算执行的及时性和均衡性程度	支付进度率=（实际支付进度/既定支付进度）×100% 实际支付进度：部门（单位）在某一时点的支出预算执行总数与年度支出预算数的比率 既定支付进度：由部门（单位）在申报部门整体绩效目标时，参照序时支付进度、前三年支付进度、同级部门平均支付进度水平等确定的，在某一时点应达到的支付进度（比率）
	预算执行	结转结余率	部门（单位）本年度结转结余总额与支出预算数的比率，用以反映和考核部门（单位）对本年度结转结余资金的实际控制程度	结转结余率=（结转结余总额/支出预算数）×100% 结转结余总额：部门（单位）本年度的结转资金与结余资金之和（以决算数为准）
		结转结余变动率	部门（单位）本年度结转结余资金总额与上年度结转结余资金总额的变动比率，用以反映和考核部门（单位）对控制结转结余资金的努力程度	结转结余变动率=[（本年度累计结转结余资金总额-上年度累计结转结余资金总额）/上年度累计结转结余资金总额]×100%
		公用经费控制率	部门（单位）本年度实际支出的公用经费总额与预算安排的公用经费总额的比率，用以反映和考核部门（单位）对机构运转成本的实际控制程度	公用经费控制率=（实际支出公用经费总额/预算安排公用经费总额）×100%

一级指标	二级指标	三级指标	指标解释	指标说明
		"三公经费"控制率	部门（单位）本年度"三公经费"实际支出数与预算安排数的比率，用以反映和考核部门（单位）对"三公经费"的实际控制程度	"三公经费"控制率=（"三公经费"实际支出数/"三公经费"预算安排数）×100%
		政府采购执行率	部门（单位）本年度实际政府采购金额与年初政府采购预算的比率，用以反映和考核部门（单位）政府采购预算执行情况	政府采购执行率=（实际政府采购金额/政府采购预算数）×100% 政府采购预算：采购机关根据事业发展计划和行政任务编制的，并经过规定程序批准的年度政府采购计划
	预算管理	管理制度健全性	部门（单位）为加强预算管理、规范财务行为而制定的管理制度是否健全完整，用以反映和考核部门（单位）预算管理制度对完成主要职责或促进事业发展的保障情况	评价要点： ①是否已制定或具有预算资金管理办法、内部财务管理制度、会计核算制度等管理制度 ②相关管理制度是否合法、合规、完整 ③相关管理制度是否得到有效执行
		资金使用合规性	部门（单位）使用预算资金是否符合相关的预算财务管理制度的规定，用以反映和考核部门（单位）预算资金的规范运行情况	评价要点： ①是否符合国家财经法规和财务管理制度规定以及有关专项资金管理办法的规定 ②资金的拨付是否有完整的审批程序和手续 ③项目的重大开支是否经过评估论证 ④是否符合部门预算批复的用途 ⑤是否存在截留、挤占、挪用、虚列支出等情况

一级指标	二级指标	三级指标	指标解释	指标说明
		预决算信息公开性	部门（单位）是否按照政府信息公开有关规定公开相关预决算信息，用以反映和考核部门（单位）预决算管理的公开透明情况	评价要点：①是否按规定内容公开预决算信息②是否按规定时限公开预决算信息预决算信息是指与部门预算、执行、决算、监督、绩效等管理相关的信息
		基础信息完善性	部门（单位）基础信息是否完善，用以反映和考核基础信息对预算管理工作的支撑情况	评价要点：①基础数据信息和会计信息资料是否真实②基础数据信息和会计信息资料是否完整③基础数据信息和会计信息资料是否准确
	资产管理	管理制度健全性	部门（单位）为加强资产管理、规范资产管理行为而制定的管理制度是否健全完整，用以反映和考核部门（单位）资产管理制度对完成主要职责或促进社会发展的保障情况	评价要点：①是否已制定或具有资产管理制度②相关资金管理制度是否合法、合规、完整③相关资产管理制度是否得到有效执行
		资产管理安全性	部门（单位）的资产是否保存完整、使用合规、配置合理、处置规范、收入及时足额上缴，用以反映和考核部门（单位）资产安全运行情况	评价要点：①资产保存是否完整②资产配置是否合理③资产处置是否规范④资产账务管理是否合规，是否账实相符⑤资产是否有偿使用及处置收入及时足额上缴
		固定资产利用率	部门（单位）实际在用固定资产总额与所有固定资产总额的比率，用以反映和考核部门（单位）固定资产使用效率程度	固定资产利用率＝（实际在用固定资产总额/所有固定资产总额）×100%

一级指标	二级指标	三级指标	指标解释	指标说明
产出	职责履行	实际完成率	部门（单位）履行职责实际完成工作数与计划工作数的比率，用以反映和考核部门（单位）履职工作任务目标的实现程度	实际完成率=（实际完成工作数/计划工作数）×100% 实际完成工作数：一定时期（年度或规划期）内部门（单位）实际完成工作任务的数量 计划工作数：部门（单位）整体绩效目标确定的一定时期（年度或规划期）内预计完成工作任务的数量
		完成及时率	部门（单位）在规定时限内及时完成的实际工作数与计划工作数的比率，用以反映和考核部门履职时效目标的实现程度	完成及时率=（及时完成实际工作数/计划工作数）×100% 及时完成实际工作数：部门（单位）按照整体绩效目标确定的时限实际完成的工作任务数量
		质量达标率	达到质量标准（绩效标准值）的实际工作数与计划工作数的比率，用以反映和考核部门履职质量目标的实现程度	质量达标率=（质量达标实际工作数/计划工作数）×100% 质量达标实际工作数：一定时期（年度或规划期）内部门（单位）实际完成工作数中达到部门绩效目标要求（绩效标准值）的工作任务数量
		重点工作办结率	部门（单位）年度重点工作实际完成数与交办或下达数的比率，用以反映部门（单位）对重点工作的办理落实程度	重点工作办结率=（重点工作实际完成数/交办或下达数）×100% 重点工作是指党委、政府、人大、相关部门交办或下达的工作任务
效果	履职效益	经济效益	部门（单位）履行职责对经济发展所带来的直接或间接影响	此三项指标为设置部门整体支出绩效评价指标时必须考虑的共性要素，可根据部门实际并结合部门整体支出绩效目标设立情况有选择地进行设置，并将其细化为相应的个性化指标
		社会效益	部门（单位）履行职责对社会发展所带来的直接或间接影响	
		生态效益	部门（单位）履行职责对生态环境所带来的直接或间接影响	

一级指标	二级指标	三级指标	指标解释	指标说明
		社会公众或服务对象满意度	社会公众或部门（单位）的服务对象对部门履职效果的满意程度	社会公众或服务对象是指部门（单位）履行职责而影响到的部门、群体或个人，一般采取社会调查的方式

表 3-3　财政预算绩效评价共性指标体系框架

一级指标	二级指标	三级指标	指标解释	指标说明
投入	预算安排	人员经费保障率	本年度预算安排的在职人均人员经费与在职人员经费标准的比率，用以反映和考核某一地区财政"保工资"状况	人员经费保障率=（在职人均人员经费/在职人员经费标准）×100% 在职人均人员经费=在职人员经费总额/在职财政供养人数 在职人员经费标准：根据合规合法的相关政策核定的当地在职人员人均经费水平
		公用经费保障率	本年度预算安排的在职人员人均公用经费与在职人员人均公用经费标准的比率，用以反映和考核某一地区财政"保运转"水平	公用经费保障率=人均公用经费/人均公用经费标准 人均公用经费=公用经费总额/在职财政供养人数 人均公用经费标准：同类地区人均公用经费的平均水平
		人均公用经费变动率	本年度在职人均公用经费与上年度在职人均公用经费的变动比率，用以反映和考核某一地区财政改善"保运转"状况的努力程度	人均公用经费变动率=[（本年度人均公用经费-上年度人均公用经费）/上年度人均公用经费]×100%
		民生支出占比	本年度民生支出数占当年公共财政预算支出的比重，一般通过与同类地区民生支出占比的比较，用以反映和考核某一地区财政"保民生"状况	民生支出占比=（民生支出数/当年公共财政预算支出数）×100% 民生支出数：以财政部确定的民生支出统计口径为准

一级指标	二级指标	三级指标	指标解释	指标说明
		民生支出占比变动率	本年度民生支出占比与上年度民生支出占比的变动比率，用以反映和考核某一地区财政改善民生的努力程度	民生支出占比变动率=[（本年度民生支出占比－上年度民生支出占比)/上年度的民生支出占比]×100%
		"三公经费"变动率	本年度"三公经费"支出总额与上年度"三公经费"支出总额的变动比率，用以反映和考核某一地区财政控制和压缩重点行政成本的努力程度	"三公经费"变动率=[(本年度"三公经费"支出总额－上年度"三公经费"支出总额)/上年度"三公经费"支出总额]×100%
		预算完整性	纳入政府预算管理的各类预算是否完整，用以反映和考核某一地区财政预算综合管理的水平	评价要点：①公共财政预算是否纳入政府预算管理②国有资本经营预算是否纳入政府预算管理③政府性基金预算是否纳入政府预算管理④社会保障预算是否纳入政府预算管理
		预算平衡性	本地区财政预算收支差额（预算净结余）是否为非负，用以反映和考核某一地区财政预算平衡情况	预算净结余=预算收入数-预算支出数
		财政供养人员控制率	本年度实际在职财政供养人员与标准在职财政供养人员的比率，反映和考核对某一地区财政对本级财政供养人数的实际控制程度	财政供养人员控制率=[（实际在职财政供养人员数－标准在职财政供养人数)/标准在职财政供养人数]×100%
		债务率	本年末本级政府性债务余额占综合财力的比重，反映和考核某一地区财政对债务规模和债务风险的控制程度	债务率=（本年末本级政府性债务余额/本年本地综合财力）×100% 综合财力：政府公共财政预算支出、政府性基金支出、国有资本经营预算支出之和

一级指标	二级指标	三级指标	指标解释	指标说明
过程	预算执行	收入完成率	本年度公共财政预算收入实际完成数与公共财政收入预算数的比率，用以反映和考核某一地区收入预算的完成程度	收入完成率=（预算收入实际完成数/收入预算数）×100% 收入预算数：当地政府预算批复的本年度公共财政预算收入数
		支出完成率	本年度公共财政预算支出完成数与公共财政支出预算数的比率，用以反映和考核某一地区支出预算的实际执行情况	支出完成率=（预算支出完成数/支出预算数）×100% 预算支出完成数：某一地区本年度实际完成的公共财政预算支出数 预算支出数：当地政府预算批复的本年度公共预算支出数
		支出均衡率	某一时点公共财政预算支出执行进度与支出进度标准的比率，用以反映和考核支出预算及时性和均衡性程度	支出均衡率=（支出执行进度/支出进度标准）×100% 支出执行进度：某一地区财政在某一时点的公共财政支出预算执行数与本年度公共财政支出预算的比率 支出进度标准：某一地区财政部门参照序时支付进度、前三年平均支付进度、同一地区同级财政部门平均支付进度等确定的年度支出进度计划
		资金结转率	本年度结转资金总额与公共财政支出预算的比率，用以反映和考核某一地区财政对结转资金的控制程度	资金结转率=（结转资金总额/公共财政支出预算）×100%
		资金结转变动率	本年度结转资金总额与上年度结转资金总额的变动比率，反映和考核某一地区财政控制结转资金的努力程度	资金结转变动率=[（本年度结转资金总额－上年度结转资金总额）/上年度结转资金总额]×100%

一级指标	二级指标	三级指标	指标解释	指标说明
		"三公经费"控制率	本年度"三公经费"实际支出数与预算数的比率，用以反映和考核某一地区财政对重点行政成本的控制程度	"三公经费"控制率=（本年度"三公经费"实际支出数/"三公经费"预算数）×100%
		总预算暂存暂付率	总预算暂存款、暂付款期末余额与当年公共财政支出预算的比率，用以反映和考核某一地区财政对本级财政周转资金规模的控制程度	总预算暂存暂付率=（总预算暂存款、暂付款期末余额/当年公共财政支出预算）×100%
效果	经济效益	财政总收入占GDP的比重	本年度财政总收入占国内生产总值（GDP）的比重，用以反映和考核某一地区筹集财政收入及当地对经济和社会发展调控能力的水平	财政总收入占GDP的比重=财政总收入/GDP 财政总收入：当地当年的公共财政收入、政府性基金收入（不含国有土地使用权收入）、国有资本经营收入、社会保障收入
		税收收入占比	本年度税收收入占公共财政预算收入的比重，一般可与同类地区税收收入占比的平均水平或与本地区确定的税收收入占比目标比较，用以反映和考核某一地区公共财政收入质量情况	税收收入占比=（税收收入/公共财政预算收入）×100%
		税收收入占比变动率	本年度税收收入占比与上年度税收收入占比的变动比率，用以反映和考核某一地区在改善公共财政收入质量方面的努力程度	税收收入占比变动率=[（本年度税收收入占比－上年度税收收入占比）/上年度税收收入占比]×100%

一级指标	二级指标	三级指标	指标解释	指标说明
		非税收入占比	本年度非税收入占公共财政预算收入的比重，一般可与同类地区非税收入占比的平均水平或与本地区确定的非税收入占比目标比较，用以反映和考核某一地区公共财政收入质量情况	非税收入占比=（非税收入/公共财政预算收入）×100%
		非税收入占比变动率	本年度非税收入占比与上年度非税收入占比的变动比率，用以反映和考核某一地区在改善公共财政收入质量方面的努力程度	非税收入占比变动率=[（本年度非税收入占比－上年度非税收入占比）/上年度非税收入占比]×100%
		财政支出乘数	当地国内生产总值（GDP）变动量与公共财政预算支出变动量的比值，用以反映和考核某一地区财政支出对当地经济的带动效应	财政支出乘数=当地GDP变动量/公共财政预算支出变动量 GDP变动量=当年GDP－上年GDP 公共财政预算支出变动量=当年公共财政预算支出－上年公共财政预算支出
	社会效益	城镇居民人均可支配收入变动率	本年城镇居民人均可支配收入与上年城镇居民人均可支配收入的变动比率，用以反映和考核某一地区城镇居民的生活水平改善程度	城镇居民人均可支配收入变动率=[（本年城镇居民人均可支配收入－上年城镇居民人均可支配收入）/上年城镇居民人均可支配收入]×100% 城镇居民人均可支配收入=城镇居民可支配收入/当地城镇居民人口
		农村居民人均纯收入变动率	本年农村居民人均纯收入与上年农村居民人均纯收入的变动比率，用以反映和考核某一地区农村居民生活水平的改善程度	农村居民人均纯收入变动率=[（本年农村居民人均纯收入－上年农村居民人均纯收入）/上年农村居民人均纯收入]×100% 农村居民人均纯收入=农村纯收入/当地农村居民人口

一级指标	二级指标	三级指标	指标解释	指标说明
		人均受教育年限变动率	本年人均受教育年限与上年人均受教育年限的变动比率，用以反映和考核某一地区教育普及的改善程度	人均受教育年限变动率=[（本年人均受教育年限－上年人均受教育年限)/上年人均受教育年限]×100% 人均受教育年限=受教育总年限/当地总人口
		人均期望寿命变动率	某一地区本年人均期望寿命值与上年人均期望寿命值的变动比率，用以反映和考核某一地区居民健康水平改善程度	人均期望寿命变动率=[（本年人均期望寿命－上年人均期望寿命)/上年人均期望寿命]×100% 人均期望寿命：0岁人口的平均预期寿命
		城镇登记失业率变动率	本年城镇登记失业率与上年城镇登记失业率的变动比率，用以反映和考核某一地区城镇居民就业状况的改善程度	城镇登记失业率变动率=[（本年城镇登记失业率－上年城镇登记失业率)/上年城镇登记失业率]×100% 城镇登记失业率=城镇登记失业人员期末实有人数/（城镇期末从业人员总数+城镇登记失业人员期末实有人数)×100%
	生态效益	空气质量变动率	当年空气质量与上年空气质量的变动比率，用以反映和考核某一地区空气质量的改善程度	空气质量变动率=[（当年空气质量监测均值－上年空气质量监测均值)/上年空气质量监测均值]×100% 空气质量监测均值=全年空气质量监测值之和/12
		人均公共绿地面积变动率	当地居民拥有的平均绿地面积的变动情况，用以反映和考核某一地区生态环境的改善程度	人均公共绿地面积变动率=[（当年人均公共绿地面积－上年人均公共绿地面积)/上年人均公共绿地面积]×100% 人均公共绿地面积=绿地总面积/当地居民总人数

一级指标	二级指标	三级指标	指标解释	指标说明
		万元 GDP 能耗变动率	当年万元 GDP 能耗与上年万元 GDP 能耗的变动比率，用以反映和考核某一地区节能减排水平的改善程度	万元 GDP 能耗变动率=[（当年万元 GDP 能耗－上年万元 GDP 能耗）/上年万元 GDP 能耗]×100% 万元 GDP 能耗=综合能源消费量（吨标准煤）/GDP（万元）
		社会公众满意度	社会公众对当地财政理财效果的满意程度	社会公众是指辖区内的部门（单位）、群体或个人，一般采取社会调查的方式

近年来，各地各部门也相继出台了相关绩效管理文件（如表 3-4 所示），设定各自的评价指标体系，共性指标框架得到了进一步的推广。其中天津、江西两省市还对 2013 年的共性指标框架进行了适当改进。天津市的项目支出绩效评价共性指标体系增设了政府采购率和项目资金调整率等财务管理类指标，用于考评政府采购的规范性和预算资金的变动程度。江西省的部门整体支出绩效评价指标体系增设了绩效管理类评价指标，诸如目标覆盖率、监控率、违规率、评价结果应用率等，更好地体现了全过程预算绩效管理的理念。这些地方改革的积极探索为后续绩效指标体系的进一步完善，提供了较具启示性的地方创新样本。

表 3-4　部分预算绩效考评及指标文件汇总（2013 年至今）

财政部关于印发《预算绩效评价共性指标体系框架》的通知（财预〔2013〕53 号）	中央资产评估协会发布《财政支出（项目支出）绩效评价操作指引（试行）》（中评协〔2014〕70 号）
关于印发《政府性融资担保、再担保机构绩效评价指引》的通知（财金〔2020〕31 号）	关于印发《项目支出绩效评价管理办法》的通知（财预〔2020〕10 号）
《内蒙古自治区财政支出绩效评价管理办法》的通知（内政办发〔2016〕171 号）	内蒙古自治区人民政府办公厅关于印发《内蒙古自治区项目支出绩效评价管理办法》的通知（内政办发〔2021〕5 号）
内蒙古自治区财政厅关于印发《内蒙古自治区本级财政支出事前绩效评估管理办法》的通知（内财监规〔2021〕6 号）	《云南省省级部门财政支出绩效自评暂行办法》（云财预〔2016〕98 号）

湖北省财政厅关于印发全面实施预算绩效管理系列制度的通知（鄂财绩发〔2020〕3号）	黑龙江省财政厅关于印发《黑龙江省省级财政支出预算绩效管理办法（试行）》的通知（黑财绩〔2015〕4号）
江西省财政厅关于印发《江西省省直部门整体支出绩效评价工作方案》的通知（赣财绩〔2015〕6号）	天津市财政局关于印发《天津市财政项目支出绩效评价共性指标体系》的通知（津财预〔2016〕73号）
浙江省财政厅关于印发浙江省项目支出绩效评价管理办法的通知（浙财监督〔2020〕11号）	北京市财政局关于印发《北京市财政支出绩效评价实施细则》的通知（京财绩效〔2013〕2772号）
《北京市市级部门预算绩效运行监控管理办法》（京财绩效〔2020〕2034号）	北京市项目支出绩效评价管理办法（京财绩效〔2020〕2146号）
关于印发《上海市预算绩效管理实施办法》的通知（沪财绩〔2014〕22号）	海南省财政厅关于开展2015年预算绩效管理工作的通知（琼财绩〔2015〕623号）
《宁夏回族自治区城镇保障性安居工程财政资金绩效评价实施细则》的通知（宁财（综）发〔2017〕108号）	宁夏回族自治区财政厅关于印发《宁夏回族自治区项目支出绩效评价管理暂行办法》的通知（宁财（绩）发〔2022〕377号）
安徽省财政厅关于印发《安徽省省级预算绩效管理暂行办法》的通知（皖财绩〔2019〕1018号）	安徽省财政厅关于印发《安徽省财政支出绩效指标评价框架》的通知（财绩〔2016〕627号）
广东省经济和信息化委关于印发省级财政专项资金绩效评价指标体系的通知（粤经信财务函〔2016〕105号）	关于印发《福建省城镇保障性安居工程财政资金绩效评价实施办法》的通知（闽财综〔2017〕1号）
福建省财政厅关于印发《福建省省级部门预算绩效事前评估管理暂行办法》的通知（闽财绩〔2019〕5号）	福建省财政厅关于印发《福建省省级部门预算绩效运行监控管理暂行办法》的通知（闽财绩〔2019〕6号）
青海省财政厅关于印发《财政支出绩效评价共性指标体系框架》的通知（青财绩字〔2017〕1611号）	江苏省财政厅关于印发《江苏省省级项目支出绩效评价管理办法》的通知（苏财规〔2020〕20号）
《江苏省省级财政支出事前绩效评估管理暂行办法》（苏财规〔2021〕14号）	山东省财政厅关于印发《山东省省级政策和项目预算事前绩效评估管理暂行办法》《山东省省级部门单位预算绩效运行监控管理暂行办法》的通知（鲁财绩〔2019〕5号）
湖南省财政厅关于印发《湖南省省级预算事前绩效评估管理暂行办法》的通知（湘财绩〔2021〕8号）	广西壮族自治区财政厅关于修订自治区本级项目支出绩效评价管理办法有关内容的通知（桂财办〔2021〕65号）
湖南省财政厅关于印发《湖南省省级预算支出绩效运行监控管理办法》的通知（湘财绩〔2021〕9号）	陕西省财政厅关于印发《省级财政支出事前绩效评估管理办法》的通知（陕财办绩〔2022〕15号）

资料来源：由各省市政府网站及公共资金绩效管理服务平台下载整理。

除共性指标的完善与推广外，部分地方还开展了一系列关于预算绩效个性指标的设计探索，形成了多类型、分领域的预算绩效指标框架体系（如表 3-5 所示）。有些省份（如广东省）还构建了预算绩效指标库，不仅包括三级指标体系，还包含评分标准、指标取值（标准值、历史值、实际值、参考值）、指标适用类型、关键词等信息，以便于指标提取和比对。

表 3-5　部分地方的绩效指标体系

时间（年）	绩效指标体系与指标库的主要内容
2011	《浙江省财政支出绩效评价参考指标库（2011 年）》包含大约 129 个具体项目的绩效评价指标和 3 个共性指标体系（科技支出绩效评价共性指标、科技资金整体绩效评价指标、项目支出绩效评价一览表），涵盖 15 个预算功能分类科目
2012	《吉林省预算绩效管理参考指标（2012）》包括 930 个个性绩效指标，涵盖 16 个预算功能分类科目
2016	《河北省项目支出绩效指标框架体系》包括 1 个项目管理共性指标和 38 类个性指标。其中管理共性指标以项目立项和过程管理为一级指标，并细分为 20 个三级指标；个性指标包含了 945 个产出指标和 513 个效果指标，共计 1458 个
2017	《山东省项目支出绩效评价指标体系框架》是以部门为单位，以投入、过程、产出、效果为一级指标来构建。通过网络公开搜寻到 6 个部门（教育、安全生产监督、海洋与渔业、旅游发展、卫生计生、水利部门）的项目支出绩效评价指标体系
2018	《广东省财政预算绩效指标库》共收录了 20 个行业大类、52 个子类、277 个资金用途以及 2589 个产出、效益类绩效指标
2020	陕西省《分行业分领域绩效指标和标准体系》包括共性绩效指标体系、分行业分领域绩效指标和标准体系两部分。其中，共性绩效指标体系包括会议培训、政策研究、新闻宣传、大型活动、国际交流合作、基建工程、设备购置等 11 类，共计 126 条指标。分行业分领域项目绩效指标和标准体系共涉及 17 个行业领域、96 个行业类别、636 个资金用途和 10151 条指标
2020	《新疆维吾尔自治区分行业分领域共性项目绩效指标体系（2020 年）》包括人员类、运转类、会议培训类等 23 个大类，共 243 条三级指标
2020	《福建省省级预算绩效指标库（2020）》构建较为完整的分行业、分领域、分层次的三级核心绩效指标库，共 29 类 5309 条
2021	《辽宁省预算绩效指标体系（2021 年）》包括 843 条部门整体绩效指标和 12941 条项目支出绩效指标，《辽宁省预算绩效指标模板库（2021 年）》为省本级 245 个经常性项目设计了绩效指标编报模板

时间	绩效指标体系与指标库的主要内容
2021	广西壮族自治区本级分行业分领域绩效指标体系分为共性绩效指标体系、分行业分部门绩效指标体系两部分。其中，共性绩效指标体系包括会议培训、新闻宣传、基建工程、设备购置、信息系统建设运维、印刷出版、政策研究、检查督查等 20 类共性项目指标模板；分行业分部门项目绩效指标体系涉及教育、科技、卫生健康、行政管理等 96 个部门行业类别；共梳理归纳各类指标 17000 多条
2022	《安徽省分行业分领域绩效指标与标准体系（2022 年）》包括共性项目绩效指标体系、分行业分领域绩效指标和标准体系两部分。其中，共性项目绩效指标体系收录省直部门单位共性项目支出绩效指标，包括专项会议、业务培训、基建工程、维修改造等 22 类、685 条绩效指标。分行业分领域绩效指标和标准体系涉及 78 个省直部门、118 个行业类别近千个资金用途 1.4 万条绩效指标
2022	《江西省省级分行业分领域分层次绩效指标和标准体系（2022 年）》包括 89 套部门整体绩效指标 9300 余条、38 个省级转移支付资金绩效指标 3900 条，形成分行业、分领域的项目绩效指标体系，包括 16 个行业领域、89 个行业类别绩效指标 17800 余条

第三节　我国公共预算绩效管理的改革成就

一、制度建设进程加速：基于预算法及其实施条例的考察

在党中央一系列方针的指导下，我国的预算法治化和预算约束刚性化不断提速。预算法及其实施条例从预算的编制周期、收支范围、编制内容、管理职责、执行要求等方面细化规范预算管理，强化预算的完整性，扎实提升预算治理能力，回应了建立现代预算管理制度、全面实施预算绩效管理的现实需要。预算由单纯的资源分配工具，转变为约束和管理政府活动的工具。为了适应推进国家治理体系和治理能力现代化的现实需要，建立起符合"全面规范、公开透明"要求的预算管理机制，《中华人民共和国预算法》和《中华人民共和国预算法实施条例》互为表里，共同构筑起预算管理的顶层设计体系，体现了预算监督从合规控制到预算法治的重要转变，作为"上位法"为预算绩效管理提供了法理基础。为进一步探讨政府绩效预算立法工作的推进路径，2021 年 5 月 27 日，全国人大常委会预算工委主

持召开了政府绩效预算立法部门座谈会和专家座谈会，①来自中国财政科学研究院、南开大学、复旦大学、中央财经大学等学术机构以及实务部门的同志，重点围绕研究推进政府绩效预算立法，推进政府绩效预算改革，强化人大对政府绩效预算管理的监督，进一步提升政府绩效预算管理与监督的法治化、制度化、规范化水平等内容，进行了较为深入的分析与研讨。从地方立法实践来看，2022 年 12 月，青海省人大常委会审议通过了《青海省预算绩效管理条例》，对预算绩效监督的责任主体及工作内容进行了明确规范，作为我国省级层面的首部预算绩效管理地方性法规，标志着预算绩效监督法治化进程迈出重要一步。②

二、预算覆盖范围拓宽：基于全口径预算绩效的考察

"全口径预算"是经济体制转型过程中逐步形成的一个概念，是健全现代财政制度的关键内容和实现国家治理现代化的主要标志。2014 年修正通过的《中华人民共和国预算法》第一次从法律层面将一般公共预算、政府性基金预算、国有资本经营预算、社会保险基金预算"四本预算"的完整性和独立性作出了刚性约束，也是第一次从法律层面确立了全口径预算的地位。为了更好发挥预算管理体系作为国家治理基础和重要支柱的历史使命，在强化"四本预算"各自功能的基础上，加强其整体性，对于提升全口径预算管理水平具有重要的意义。③2017 年，党的十九大根据全口径预算的多年实践，进一步提出了"建立全面规范透明、标准科学、约束有力的预算制度，全面实施绩效管理"的现代预算制度建设目标，这标志着全口径预算管理进入规范化、标准化和绩效化的新建设阶段。党的二十大在"全面规范"的基础上，落实党中央部署，进一步提出"综合统筹"的要求，深入推进"增强重大决策部署财力保障，健全财政资源统筹机制"等现代预算制度改革的重点任务。

在"十三五"时期，我国预算管理覆盖的范围进一步拓宽，政府预算内容的完整性和规范性都得到了提升。根据《关于印发推进财政资金统筹

---

① 预算工委召开政府绩效预算立法座谈会[EB/OL]. 全国人民代表大会官网，http://www.npc.gov.cn/npc/c30834/202106/9da5572c9a53464db23dc0387b72a771.shtml. [2021-06-03].

② 马蔡琛，白铂. 推进预算绩效管理法治化的重要探索——《青海省预算绩效管理条例》意义解析[N]. 中国财经报，2023-02-04.

③ 于树一. 经济新常态下发挥"四本预算"整体功能的探讨[J]. 财贸经济，2016（10）：22-29.

使用方案的通知》等一系列规定，水土保持补偿费、政府住房基金、无线电频率占用费、铁路资产变现收入、新增建设用地土地有偿使用费等 8 项政府性基金预算项目转列一般公共预算，①政府性基金预算、预算稳定调节基金、国有资本经营预算调入一般公共预算的力度持续加大。财政部先后印发了国有资本经营预算管理暂行办法、预算编报办法、预算支出管理暂行办法和政府投资基金暂行管理办法等法规条例，大力推进"四本预算"的规范化编制和科学管理。

三、预算绩效管理新时代开启：基于全面实施预算绩效管理的考察

2018 年 9 月颁布的《中共中央　国务院关于全面实施预算绩效管理的意见》明确要求，"力争用 3—5 年时间基本建成全方位、全过程、全覆盖的预算绩效管理体系"，标志着我国预算绩效管理迈入新时代。同年 11 月，财政部发布了《关于贯彻落实〈中共中央　国务院关于全面实施预算绩效管理的意见〉的通知》，强调在预算编制环节突出绩效导向，在预算执行环节加强绩效监控，在决算环节全面开展绩效评价，强化绩效评价结果刚性约束，推动预算绩效管理扩围升级。

2020 年 2 月，财政部发布了《预算管理一体化规范（试行）》及其配套的系统技术标准，初步建立了各级预算管理统一的业务规范和系统建设标准。2023 年 3 月，为了深入推进预算管理一体化建设，有力支撑健全现代预算制度，财政部对《预算管理一体化规范（试行）》进行了修订，形成了《预算管理一体化规范（2.0 版）》。《预算管理一体化规范（2.0 版）》将政府债务管理、资产管理、绩效管理等业务纳入一体化，涵盖了预算管理全流程各环节，进一步细化完善了全国各级预算管理的主要工作流程、基本控制规则、核心管理要素。②以此为契机，将制度规范与信息系统建设紧密结合，一方面有利于央地预算的协同管理，提高预算系统的响应效率和能力；另一方面有助于打通不同部门间的数据壁垒，夯实财政大数据治理的基础。譬如，辽宁省 2021 年预算评审范围目录主要包括运转类经费项目、中央和省级专项资金项目，以及中央、省、市共同事权项目等 3 大类共 70 项，为

---

① 财政部预算司. 深化财政改革　加快建立现代财政制度[J]. 中国财政，2020（21）：11-14.

② 财政部. 财政部关于印发《预算管理一体化规范（2.0 版）》的通知[EB/OL]. http://gks.mof.gov.cn/guizhangzhidu/202304/t20230414_3879079.htm.（2023-04-14）[2023-03-26].

一体化预算评审新机制提供了良好的数据基础。①

在制度规范方面，"十三五"期间，财政部先后印发了《中央部门预算绩效目标管理办法》《地方财政预算执行支出进度考核办法》《中央国有资本经营预算管理暂行办法》《中央部门预算绩效运行监控管理暂行办法》《中央企业国有资本经营预算支出执行监督管理暂行办法》《项目支出绩效评价管理办法》《政府和社会资本合作（PPP）项目绩效管理操作指引》等多项制度规范，进一步将预算绩效管理改革落到实处。为进一步强化预算约束和绩效管理，在未来的一段时期，"全面预算绩效管理"依然会延续当前的强劲发展态势，必将在我国现代预算制度建设的宏大画卷中留下浓墨重彩的一笔。

重点术语

全口径预算　全成本预算绩效管理　全方位预算绩效管理格局　全过程预算绩效管理链条　全覆盖预算绩效管理体系

思政专栏

思政专栏 3

邓小平同志关于《财政工作的六条方针》

1954 年 1 月，邓小平同志（时任政务院副总理兼财政部部长）在全国财政厅局长会议上作了题为《财政工作的六条方针》的报告。贯彻这六条方针的结果是 1954 年"预算执行中不仅没有动用上年结余，而且当年又有了 1605 亿元结余，是财政工作日子最好过的一年"。同时，这六条方针也对未来的财政工作产生了深远影响，值得每一位财政工作者认真学习和领会。六条方针具体如下：

第一，归口。为什么提出这个方针？这是鉴于过去的预算，特别是 1953 年的预算有危险性，而更大的危险性是财政部代替各部门决定政策，这是

---

① 财政部预算评审中心. 辽宁省财政积极构建一体化预算评审新机制[EB/OL]. http://tzps.mof.gov.cn/jingyanjiaoliu/202010/t20201012_3601861.htm.（2020-10-01）[2021-01-03].

不懂得数字中有政策，决定数字就是决定政策。归口就包括政策问题，数目字内包括轻重缓急，哪个项目该办，哪个项目不该办，这是一个政治性的问题……另一方面是预算不采取归口的办法，控制不住，干预过多，因而财政部成了被斗争的焦点。归口以后，就易于控制，预算就容易确定。所以预算要归口，不能有不归口的预算项目。归口不等于财政部不管，财政部有干预的权力，要提出意见。财政部提意见，是从全局出发，考虑有钱没有钱，是否符合国民经济发展的比例。预算不能由各部自行决定，但必须以各部门为主，共同商量。各级、各部门对归口是赞成的，现在有一些还没有归口，归口以后，工作就主动了。

第二，包干。以后是否永远包干？不一定。有些是长期的，有些则不一定。但至少1954年必须包干，1955年也有不少还要继续包干。包干的目的主要是控制预算。包干的提出，是鉴于1953年预算在2月12日通过，3月底总预备费就花光了，8月即失掉收支平衡。因此，今后为了控制预算，才实行包干。包干分两种：一是中央各口的包干，主要是归大口。财委是一大口，其中农林水归四办，交通归三办，财金贸归二办，工业归一办。总的预算投资多少，由财委、计委审核。各项事业的轻重缓急与投资的分配，由各口去考虑……1954年预算指示中已规定，总收入不应减少，并争取超过；总支出不应突破，并力求节约。可见收入也包干了。这样收支都由大家包起来，才能保证预算的巩固性。大家都负起责任，就不至于突破预算。包干的好处很多，所以1954年预算指示从去年11月10日发出后，两个月来变动不大，这是过去没有见过的。

第三，自留预备费，结余留用不上缴。这点最麻烦，有的同志及苏联专家都不同意。其实，没有这一条，大家不可能有积极性，就不可能有归口和包干；有了这一条，大家才能有勇气和胆量实行归口、包干，地方才有力量应对意外开支。这次规定周转金为预算的百分之三至四，预备费为预算的百分之三至五，这就是摊了牌，摆在桌子上，大家来过日子，不要再在袖筒里办事，不要突破总预算。结余不上缴，但基建结余在外。

第四，精减行政人员，严格控制人员编制。如果不控制，是很危险的。理由不必解释。

第五，动用总预备费须经中央批准。这样，大家提出要求时就会更慎重一些了。这个批准权不应在财政部，而应在中央政治局。过去国家总预备费有相当一部分是买烧饼油条用掉了，如 1953 年就是如此。现在有了这一条规定，就可以防止这种现象发生。有了这一条的好处，是让大家知道要动用总预备费不容易。总预备费是留着解决大问题的，不是用来买烧饼油条的。

第六，加强财政监察。毛主席在中央的会议上特别提出这一点，这是以后财政工作的关键。财政上的浪费是很大的。毛主席说："有些项目节约百分之十，数字就了不起了。"如国家预算节省百分之十，就是二十多万亿元。因此，要加强财政监察。

为什么要提出六条方针？概括地说是因为：第一，六条方针有一个重大的政治目的，就是要把国家财政放在经常的、稳固的、可靠的基础上……财政如何稳固，大家要研究，要谈清楚。第二，有了后备力量，国家财政才能集中力量保证社会主义工业化和社会主义改造的需要。党在过渡时期的总路线就是要建立一个伟大的社会主义国家，财政要保证这一点。如果财政不稳固，是不能保证的。实行归口包干后，剩下的预备费才能用到重大的事情上去，避免把钱用到买烧饼油条上去，才能保护住国家的总预备费，站稳脚跟，保证工业建设。第三，为了把国家财政放在稳固的基础上，保证社会主义工业建设，必须节减一切可以节减的开支，克服浪费。但如果没有六条方针，就不可能办到，即不可能发扬积极性，让大家来办财政。今天的问题复杂得很，仅靠几个章程、几个法令、几个办法办事是不行的，要因地制宜。只有大家管财政，大家热心财政，事情才好办。节约也要有积极性，如果没有地方的积极性，就不可能节约，就要发生浪费。

资料来源：邓小平. 邓小平文选：第一卷[M]. 北京：人民出版社，1994：193.

课后思考题

1. 简述我国公共预算绩效管理改革的制度基础。
2. 梳理我国公共预算绩效管理改革的实践发展。
3. 总结我国公共预算绩效管理的主要改革成就。

推荐阅读

1. 樊丽明等. 中国政府预算改革发展年度报告 2019：聚焦中国人大预算监督改革[M]. 北京：中国财政经济出版社，2020.

2. 中华人民共和国财政部预算司. 中国预算绩效管理探索与实践[M]. 北京：经济科学出版社，2013.

3.财政部干部教育中心. 现代预算制度研究[M]. 北京：经济科学出版社，2017.

4.马蔡琛，赵笛. 中国预算管理改革的回顾与展望——"十三五"改革评估与"十四五"发展路径[J]. 求索，2021（02）：151-159.

5. 马蔡琛，桂梓椋. "十四五"时期中国预算绩效管理改革的路径选择[J]. 学习与探索，2021（04）：104-110.

第四章

公共预算绩效管理的体系架构

本章主要考察公共预算绩效管理的主体与管理流程，并对绩效目标与绩效指标这一预算绩效管理中的重要元素加以展开分析。通过本章的学习，应了解公共预算绩效管理的不同主体与绩效管理的主要流程，认识绩效目标与绩效指标的联系与区别，把握绩效目标和绩效指标设置中应注意的问题。

第一节　公共预算绩效管理的主体

一、财政部门绩效评价

就政府部门而言，绩效评价是一种内部管理和控制方式，其意义并非局限于对政府行为的监督，而是通过理性的思维，实现以目标结果为导向的高效管理与自我激励。[①]绩效评价有助于获取绩效信息，而绩效信息的主要用途与使用动机可归结为决策、控制与管理三类。

（一）财政预算管理机构之决策

在现代财政发展史中，财政压力（赤字）是推动绩效评价的主要原因。面对纷繁复杂的公共需求，如何将有限的财政资金合理分配，从而最大限度地提升公共资源的边际配置效率，这是财政预算管理机构推动绩效评价的主要利益诉求。对应的评价动机体现为，利用绩效信息进行预算决策——以回答"应该把公共资金分配给什么项目、什么部门或者什么计划方面"。

---

① 王锡锌. 公众参与、专业知识与政府绩效评估的模式——探寻政府绩效评估模式的一个分析框架[J]. 法制与社会发展，2008（06）：3-18.

就如 OECD（2009）所指出的那样，绩效信息具有甄别项目优劣的用途，[①] 预算支出决策不仅要有良好的愿望，还要有确凿的证据，证明这些投资能够带来较高的社会回报。[②]因此，财政预算管理机构在审核预算的过程中，应重点考察财政支出的配置效率。通过审核项目绩效目标申报表，将预期所要达到的绩效与预算计划进行成本收益分析，在既定预算总额下，将预算资金分配给更为迫切或具有更高绩效的项目活动。

（二）各业务管理机构之控制

财政各业务管理机构与财政预算管理机构同属财政部门，[③]其利益诉求都聚焦于合理分配公共资源，缓解财政压力，但评价动机却不尽相同。作为联系财政预算管理机构与预算资金使用部门的中间枢纽，针对各资金使用部门争取预算规模最大化的利益倾向，财政各业务管理机构的主要评价动机在于有效控制——建立内部控制与成本控制系统，使得财政支出更具经济性。正如威尔达夫斯基（Wildavsky）早在数十年前所描绘的那样，预算类似于冰山，大部分都处于水面以下，即预算多为以往年度已确定的内容，如果没有特定的理由很难改变，[④]各部门都不愿意删减各自的预算规模。而绩效评价可以作为"破冰利刃"，对各分管部门的预算进行一定程度上的调整与控制。

财政业务管理部门在负责掌握各分管部门全面情况的基础上，针对基本支出，可审核经费开支是否超出标准，并给予定额建议；针对项目支出，应组织进行相关性和可行性论证，对项目进行第一轮筛选，之后再进行项目计划的经济性审核与成本收益分析，提出预算安排的重点及优先序，从而确定各分管部门的项目预算额度，以供预算管理决策参考。

（三）预算资金使用部门之管理

作为预算资金具体使用者的各支出部门，都对本身的职责功能具有一

---

① OECD. Government at a Glance[EB/OL]. https://www.oecd-ilibrary.org/governance/government. (2009-10-29)[2018-09-12].

② OMB. The President's Budget for Fiscal Year 2013, Analytical Perspectives[EB/OL]. http://www. whitehouse.gov/omb/budget.(2012-02-13)[2018-09-12].

③ 以财政部为例，预算司、国库司、监督评价局等作为财政预算管理机构，经济建设、行政政法司、科教和文化司、社会保障司、自然资源和生态环境司、农业农村司等属于财政业务管理机构。

④ Aaron Wildavsky, Naomi Caiden. The New Politics of the Budgetary Process(3rd ed)[M]. New York: Addison Wesley Publishing Company, 1997: 45.

定的执着感和使命感，即总认为自己的工作是最重要的，这似乎也是无可厚非的。而预算资金使用部门之所以开展绩效评价，一方面源于财政绩效问责的外在压力，另一方面则源于证明自身支出效果的内在诉求。随着绩效评价结果影响未来预算分配终将成为一种趋势，各资金使用部门为了争取到更多的预算资金，也有足够的动机去严格管理与把控预算实施过程。通过追踪绩效信息，辨别各项计划的实施状态，及时发现与纠正偏差，并识别管理过程中的问题，力争各项计划向预期目标靠拢，以期证明资金使用的效率和效益。在我国，已有部分地区为了更好地管理与把控项目，开展了一系列的绩效追踪管理工作。比如2017年，上海市闵行区水务局针对防汛积水点改造项目进行绩效监测，①及时发现并纠正了诸如项目款项未及时拨付、招投标工作滞后、部分计划进度缓慢等问题。2022年，江西省上饶市财政局组织对部门整体预算、所有项目支出和管理的转移支付资金开展"双监控"，形成市本级所有预算单位绩效监控报告，为2023年的预算资金安排提供了重要的依据。②江苏省如皋市也在2022年对177个市级部门预算单位的整体支出和1215个项目支出开展绩效运行监控，其中25个项目纳入部门或财政重点监控，保障了财政资金安全、高效运行。③

二、人大预算绩效监督

人大预算绩效监督是预算绩效管理的重要一环。随着全面实施预算绩效管理的不断发展，新时代对人大预算绩效监督提出了新的要求。一方面，党的二十大报告提出，健全人大组织制度和工作制度，支持和保证人大依法行使立法权、监督权、决定权、任免权，更好发挥人大代表作用，体现了对人大行使监督权、保障人民监督权的重要要求。另一方面，我国已然进入全面实施预算绩效管理的新时代，《关于人大预算审查监督重点向支出预算和政策拓展的指导意见》《中共中央 国务院关于全面实施预算绩效管理的意见》的全面实施以及《中华人民共和国预算法实施条例》的修订颁

---

① 上海市闵行区. 2017 年防汛积水点改造项目财政支出绩效跟踪评价[EB/OL]. http://xxgk.shmh. gov.cn/mh xxgkweb/html.（2017-12-08）[2018-09-15].

② 上饶市政府网. 市财政局多举措做好绩效监控工作 [EB/OL]. http://www.zgsr.gov.cn/czj/gzdt/ 202212/e945328614e146fb96c5c42d8a9aef07.shtml.（2022-12-15）[2023-03-31].

③ 南通市人民政府. 如皋市财政局"三项机制"强化绩效监控[EB/OL]. https://www.nantong. gov.cn/ntsrmzf/sxcz/content/738fc4b0-b5a8-4750-a1a4-9f0a120ff6db.html. （2022-10-13）[2023-03-31].

布，都进一步明确了人大作为外部绩效监督主体的重要作用。因此，新时代如何正确认识人大作为立法机关的绩效监督责任，形成人大预算绩效监督的新技术与新方法，无疑是一个非常重要的时代命题。

（一）人大预算绩效监督的时代特点

1. 监督权是人大的重要职权之一

代表职能是各个国家立法机关的重要职能，该职能从形式上表现为立法机关的规则如何代表选民，从实质上表现为如何很好地代表整个社会的利益。我国是人民民主专政的社会主义国家，国家的一切权力属于人民，无论是全国人民代表大会还是地方各级人民代表大会，都是人民当家作主的政治权力的组织形式。①人大监督工作是整个人大工作的重要组成部分，加强人大监督是积极行使人大的法定职权、提高人大权威性的重要举措，是将公共权力的运作纳入民主与法治轨道的必然要求。②

公众对预算执行效率和运行结果的监督，也是预算绩效管理过程的重要内容。在对预算公开进行监督的基础上，通过人大进行绩效监督也是公众监督预算执行结果的一种重要方式。同时，通过立法机关对行政机关的预算绩效信息提出要求，可以进一步提高财政透明度。

2. 人大是独立的外部监督主体

目前，实施预算绩效评价与管理的部门主要是财政预算管理部门以及具体资金使用部门，资金使用部门对自身预算资金使用情况进行自评价，财政部门对预算资金使用实施整体绩效评价。但这二者均属于内部评价主体，同预算资金具有直接关联性，其评价往往站在符合自身利益的立场来衡量，评价结果也难免会在某种程度上偏离客观事实。③即使是财政部门委托第三方机构进行的绩效评价，其评价数据也主要来自具体支出部门的相关汇报以及数据统计，评价过程也是建立在支出部门自评基础上的。④比如，广东省自 2013 年开始在人大绩效监督中引入第三方机构，其中发现，在 2015 年对农村危房改造补助资金的使用评定中，两个省级主管部门一个自评分为 95.0 分，一个自评分为 95.9 分，29 个递交自评材料的地方自评分均

---

① 李凤军. 论人大的监督权[M]. 北京: 中国政法大学出版社，2015: 47.

② 俞荣根，莫于川. 观念更新、制度创新与人大监督[J]. 政治与法律，2000（03）：9-12+23.

③ 马蔡琛，陈蕾宇. 论预算绩效指标框架的构建——基于内外部评价主体视角[J]. 云南社会科学，2019（01）：107-113.

④ 马蔡琛，赵笛. 大数据时代全过程预算绩效管理体系建设研究[J]. 经济纵横，2020（07）：114-122.

值为 98.2 分。但经过第三方和专家评估，最后总体得分仅为 71.9 分，等级为中。①

因此，人大作为独立于财政部门以及资金使用部门的外部评价主体，其对预算结果的独立绩效监督，有利于提高评价结果的客观性和审慎性。通过人大与财政部门、审计部门的内外部评价主体协同，也可以丰富评价主体结构，进一步完善绩效评价体系。

3. 人大绩效监督结果直接影响预算决策

预算绩效评价的最终目标，是将结果应用于预算决策之中，形成从预算决策、执行到绩效评价和结果应用的管理闭环。其中，人大是部门预算"二上二下"编制流程中的审批主体，相较于财政部门和资金使用部门的绩效报告，人大绩效监督的结果更加直接地影响预算决策。在审批阶段关注绩效结果的落实和使用，也是人大参与预算绩效管理、保证资金拨付有效性的关键步骤。

（二）新时代人大预算绩效监督的实践进展

1. 人大预算审查监督的发展演进

（1）人大预算审查监督的法律制度不断完善

就法理层面而言，由各级人民代表大会审查批准政府预算并对预算过程进行监督，是宪法和法律赋予人大及其常委会的一项重要职责。②新中国第一部宪法第二十七条规定，"全国人民代表大会行使审查和批准国家的预算和决算的职权"，自此审查和批准预算和决算成为人大的一项重要工作。1982 年修订的《宪法》第六十二条规定，"全国人民代表大会行使审查和批准国家的预算和预算执行情况的报告职权"。1994 年《中华人民共和国预算法》规定，各级人大的职责是对预算、决算进行监督，人大代表或常务委员会组成人员，依照法律规定程序，就预算、决算中的有关问题提出询问或者质询，受询问或者受质询的有关政府或者财政部门必须及时给予答复。2006 年《中华人民共和国各级人民代表大会常务委员会监督法》颁布实施，从法律的角度明确了人大审查和批准决算，听取和审议国民经济和社会发展计划、预算的执行情况报告，听取和审议审计工作报告的各阶段流程。

---

① 骆骁骅. 财政支出绩效第三方评估，省人大常委会首吃"螃蟹" [EB/OL]. http://static.nfapp.southcn.com/content/201801/19/c920482.html?from=groupmessage&isappinstalled=0.(2018-01-19)[2020-12-25].

② 李黎明，李燕. 地方人大部门预算审查监督研究[M]. 北京：中国财政经济出版社，2016：40.

2014 年全国人大常委会对预算法进行修订，以及 2020 年 8 月修订的《中华人民共和国预算法实施条例》，进一步完善了人大预算审查监督机制，要求全国人民代表大会财政经济委员会向全国人民代表大会主席团提出关于中央和地方预算草案及中央和地方预算执行情况的审查结果报告，审查结果报告应当包括对执行年度预算、改进预算管理、提高预算绩效、加强预算监督等提出的意见和建议。

（2）人大预算审查监督的范围和技术不断发展

《中华人民共和国预算法》和《中华人民共和国各级人民代表大会常务委员会监督法》的颁布实施，大大加快了人大预算审查监督的法治化进程，也推动了人大预算审查监督在内容范围、技术手段以及监督角度的不断细化。

第一，在人大预算审查监督的具体职责方面，1999 年，全国人大常委会通过了《关于加强中央预算审查监督的决定》，明确人大财政经济委员会、人大常委会预算工作委员会在预算审查监督中的责任，以及国务院有关部门、审计部门、财政部门对人大预算审查监督的配合，细化了对人大预算审查监督的工作要求。2021 年全国人大常委会通过修订的《全国人民代表大会常务委员会关于加强中央预算审查监督的决定》，进一步明确了人大财政经济委员会、人大常委会预算工作委员会针对不同内容的审查监督重点。

第二，在人大预算审查监督的内容范围方面，2003 年党的十六届三中全会通过《中共中央关于完善社会主义市场经济体制若干问题的决定》，首次提出"实行全口径预算管理"。党的十八大报告进一步明确了加强对全口径预算的审查监督，人大预算审查监督的范围也从一般公共预算逐渐覆盖到包括一般公共预算、政府性基金预算、国有资本经营预算、社会保险基金预算在内的"四本预算"。2018 年，中共中央办公厅印发了《关于人大预算审查监督重点向支出预算和政策拓展的指导意见》，要求全国人大及其常委会、地方各级人大及其常委会预算审查监督重点向支出预算和政策拓展。2019 年，地方人大相继印发了《关于人大预算审查监督重点向支出预算和政策拓展的实施意见》，进一步丰富了监督内容覆盖全口径预算、监督重心倾向重点支出预算和政策的人大预算监督体系。

第三，人大预算审查监督不断突出绩效导向。党的十九大报告提出"全面实施绩效管理"，随后《中共中央 国务院关于全面实施预算绩效管理的意见》颁布实施，要求绩效信息主动向同级人大报告、向社会公开，自觉接受人大和社会各界监督，强调了人大作为外部监督主体的重要作用。党的二十大再次将"讲求绩效"作为健全现代预算制度的重点要求。在此基础上，各级人大不断探索预算绩效监督的新形式，颁布了各地方人大预算绩效监督的实施办法，细化了人大预算绩效监督的流程和规范。例如，云南省人大常委会预算工作委员会在充分调研和广泛征求意见的基础上，于2020年制定了《云南省人大常委会关于加强预算绩效监督的办法（试行）》，明确细化了省人大常委会在预算审查、预算执行、决算等阶段对绩效管理情况的监督重点和具体内容。①2022年12月，青海省人大常委会审议通过了《青海省预算绩效管理条例》，对预算绩效监督的责任主体及工作内容进行了明确规范，要求将重大项目绩效目标随同预算草案提交本级人民代表大会，将重大项目绩效评价结果随同决算草案提交本级人民代表大会常务委员会，并加强与本级人大预算联网监督系统对接。②

2. 新时代人大预算绩效监督的实践

随着《中共中央 国务院关于全面实施预算绩效管理的意见》颁布实施，各地也加快了改革的步伐，人大绩效监督就是其中重要的一个方面，各地不断尝试新的方式方法和技术手段，人大预算绩效监督的实施卓有成效。

（1）人大听取预算绩效工作报告

人大定期听取预算绩效管理工作实施以及评价结果的报告，已经成为各地推进人大预算绩效监督的主要形式。例如，重庆市渝中区2015年4月在人大常委会会议上对"2014年渝中区教育费附加项目，科技三项费项目，道路、排水及其附属设施的大中修改造项目的预算绩效"进行了工作评议，并形成项目预算绩效管理工作的评议意见，送达区级各部门。③2022年，四川省雅安市人大常委会听取了五宪镇玉米大豆带状复合种植区、绿色生态草莓园、冷水鱼休闲渔业示范区等重点项目的汇报，对财政预算绩效工作开展情况进行跟踪监督。④而另一种方式是人大直接听取项目、政策和部

---

① 瞿姝宁. 发挥人大监督职能 全面实施绩效管理[N]. 云南日报，2019-07-09（005）.

② 青海省人民政府新闻办公室.青海出台全国省级层面首部预算绩效管理地方性法规[EB/OL]. http://www.qhio.gov.cn/system/2022/12/25/013679444.shtml（2022-12-25）[2023-03-31].

③ 张双山，陈婵. 问"效"——重庆市渝中区人大积极探索财政绩效监督[J]. 中国人大，2016（04）：47-48.

④ 荥经县财政局. 市人大常委会赴荥经调研市级预算重点项目绩效管理[EB/OL]. http://www.yingjing.gov.cn/gongkai/show/cb2a36a5078b7f6d9a8e1dfa419de9f9.html.(2022-10-18)[2023-03-31].

门预算的绩效评价报告，并进行审议。例如，福建省厦门市同安区人大自2018年起在专项审议财政重点绩效评价报告的过程中，通过满意度测评投票的形式，对绩效评价报告进行审议。①

（2）人大参与绩效评价过程

人大参与绩效评价过程已逐渐成为人大绩效监督的发展趋势。为了进一步提高人大预算绩效监督的独立性，部分省市开始尝试由人大主动开展对重点部门和项目的绩效评价。浙江省温岭市人大采取将重点项目交办财政部门进行绩效评价、交办审计部门进行绩效审计的方式，并建立预算绩效调研组，对交办绩效评价项目开展绩效调研，使预算绩效监督更加全面、准确、有效。②江苏省扬州市人大常委会每年选择一批社会关注度高、资金量大、涉及重大公共利益的事项，专门开展绩效审计。同时还规定，审计机关根据人大预决算审查监督工作的需要，每年第四季度向人大常委会提交绩效审计工作报告。③部分地方人大也开始探索第三方评价方式。譬如，广东省人大借助第三方机构的优势和特点，从更加专业的角度，为人大开展财政专项资金监督工作提供更加真实、客观、全面的参考。④

（3）人大"预算联网监督系统"中引入绩效监督

全面实施预算绩效管理要求做好绩效运行监控，对预算执行进度以及绩效目标实现情况进行"双监控"。目前，北京、浙江、山东、重庆、内蒙古等地纷纷推出"预算联网监督系统"，方便代表查询本级部门预算编制和执行的全过程。该系统覆盖了包括一般公共预算、政府性基金预算、国有资本经营预算、社会保险基金预算的全口径预算以及预算编制、执行、调整和决算的全过程。这是在人大预算监督过程中运用互联网及大数据等新兴技术的重要体现，也是人大做好预算绩效监督的重要手段。例如，四川省达州市通川区人大将部门的绩效目标同步导入系统，可直接查看该部门的绩效目标情况，让人大的监督更有深度。⑤"预算联网监督系统"的推出，

① 同安区人大. 财政资金怎么花，人大来问效——同安区人大首次专项审议财政重点绩效评价报告 [EB/OL]. https://www.xmrd.gov.cn/xwzx/gqdt/201808/t20180813_5207917.htm.（2018-08-13）[2021-01-03].

② 林继平. 温岭人大开展预算绩效监督的实践与思考[J]. 人大研究，2019（12）：48-51.

③ 王军. 扬州市人大多措并举推进预算绩效监督[EB/OL]. http://www.jsrd.gov.cn/sszc/201805/t20180510_496080.shtml.（2018-05-10）[2021-01-24].

④ 宋波. 人大预算绩效监督引入第三方绩效评价初探[J]. 人民之声，2019（10）：41-44.

⑤ 谭先耀. 聚焦绩效管理 拓展监督深度——达州市通川区人大常委会开展预算绩效管理审查监督侧记[J]. 民主法制建设，2020（09）：56.

改变了以往人代会上材料复杂繁多的局面，通过计算机对每一分每一笔的财政资金进行跟进，既减少了绩效监督成本，也提高了绩效监督的客观性。同时，对于推进缓慢的项目和政策，也可以通过系统及时反馈，有助于快速完成项目整改。①

三、预算绩效管理中的第三方评价

随着政府购买服务的兴起，"第三方评价"因独立于第一方（被评估对象）和第二方（服务对象）的特殊性质，近年来逐渐步入了人们的视野，受到政府和社会各界的高度重视。

在我国，第三方绩效评价的早期探索，始于20世纪90年代末期。2004年，第一个地方政府绩效评价的民间机构在兰州大学成立，独立第三方实施政府绩效评价的局面由此逐步打开。在不断发展过程中，第三方绩效评价逐渐规范化，其重要性也获得了财政部门和社会公众的认可。《预算绩效管理工作规划（2012—2015）》（财预〔2012〕396号）中强调了"第三方评价可以在接受财政或预算部门委托的情况下独立开展"。2015年5月，民政部印发《关于探索建立社会组织第三方评估机制的指导意见》，明确了第三方机构的主要形式，并对评价机构的资质与能力提出了要求。2021年2月，财政部先后印发了《关于委托第三方机构参与预算绩效管理的指导意见》与《第三方机构绩效评价业务监督管理办法》，进一步从制度层面来规范第三方机构的绩效评价工作。

（一）第三方评价的概念界定

第三方的概念最早脱胎于"独立部门（independent sector）"，突出其不事先寻求利润也不隶属于公共部门的独特属性。直到20世纪70年代中期，随着经济危机的不断加深，对传统公共部门和私营部门局限性的认识逐渐增强，才正式提出第三方的明确概念和系统化理论。研究发现，在公共组织和私营组织这样的粗略划分方法下，忽略了众多开展民间社会活动的组织，即"独立部门"。埃齐奥尼（Etzioni，1973）明确提出了第三方（third sector）的概念，并强调第三方是居于政府与市场之间的第三部门，其主要优势在于能够将私营部门的企业精神和组织有效性同公共部门的公众

---

① 马蔡琛，赵笛. 全面实施预算绩效管理中的人大绩效监督[N]. 中国财经报，2020-06-13（007）.

利益导向相结合。①

在各国的研究与实践中，第三方的定义并未达成统一，提法也各有不同。英国的"非法定部门（non-statutory sector）"或"非正式部门（informal sector）"、美国的"免税部门（tax-exempt sector）"、法国的"社会经济部门（économie sociale）"和德国的"非营利组织（gemeinnützige organizationen）"均可以表达类似的含义。在具体含义的界定上，约翰·霍普金斯大学非营利组织比较中心认为，凡符合组织性、民间性、非营利性、自治性和志愿性等五个特性的组织，都可以视为第三部门。②在日本，第三方（在日本称为 Daisan 部门）是指由公共部门和私营部门共同投资创建的合资公司。在英国，第三方被认为是介于公共部门和私营部门之间的组织（具体互动关系参见图 4-1）。③在英国审计署的定义中，第三方通常独立于政府，是由"价值驱动"的，其本质目标是更好地实现社会目标（例如，改善公共福利、环境或经济福祉），而不是出于追逐利润的动机。但在许多情况下，第三方确实需要盈余（或"利润"）才能在财务上可持续。④我国财政部将第三方机构界定为依法设立并向各级财政部门、预算部门和单位等管理、使用财政资金的主体提供预算绩效评价服务，独立于委托方和预算绩效评价对象的组织。主要包括专业咨询机构、会计师事务所、资产评估机构、律师事务所、科研院所、高等院校等。⑤

第三方评价是同政府绩效管理、政府绩效评估等概念联系在一起的，关于第三方评价的具体界定，目前得到较多认可的说法是，第三方评价是指由与政府无隶属关系和利益关系的第三方来组织实施的评价活动。⑥其定义强调了评价由独立于政府及其下属部门之外的第三方组织实施，即外部评价属性。无论采用何种定义方式，第三方评价的共同特征大致有如下三

---

① Etzioni A. The Third Sector and Domestic Missions [J]. Public Administration Review, 1973(04): 314-323.

② United Nations. Handbook on Non-Profit Institutions in the System of National Accounts[R]. United Nations Publications, 2003: 16.

③ Jenei G, E Kuti. The Third Sector and Civil Society, The Third Sector in Europe: Prospects and Challenges[M]. Routledge, 2008: 9-25.

④ United Nations. Handbook on Non-Profit Institutions in the System of National Accounts[R]. United Nations Publications, 2003: 16.

⑤ 财政部. 第三方机构预算绩效评价业务监督管理暂行办法[Z]. 2021-04-29.

⑥ 郑方辉，陈佃慧. 论第三方评价政府绩效的独立性[J]. 广东行政学院学报，2010（02）：31-35.

点：第一，独立性。第三方评价是独立于政府之外、区别于绩效自评的评价方式。独立性是第三方评价的生命线。[①]第二，权威性。第三方评价往往涵盖社会组织、民间智库、高等院校等机构，通常在专业知识、技能、方法等方面占有相对优势，可以从相对专业的视角提出具有建设性和科学性的绩效改进方案，进而建立起良好的公信力。第三，客观性。第三方评价主体的行为具有较强自主性，为了保证问责制的实现和公民权益的保障，需要对评价结果作出真实且客观的判断。

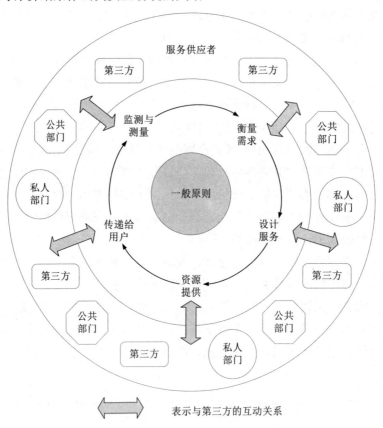

图 4-1 英国审计署第三方组织的委托模式和环境、流程、互动模型

资料来源：NAO. NAO Model of Commissioning and the Civil Society[R]. NAO, 2013.

---

① 邓彩霞. 第三方政府绩效评估主体再认识[J]. 社科纵横，2015（02）：49-52.

按照评价活动中与政府之间关系的独立性，第三方评价机构大致可以分为独立第三方和委托第三方两种类型，二者的核心差异在于，是否与政府之间具有委托关系。独立第三方往往自发开展评价活动，与政府之间并无直属隶属关系，也无委托关系，主要包括部分高校智库、社会公众等。综合各国实践，由作为独立第三方的咨询鉴证机构来开展公共政策绩效评估的情况并不鲜见，还有许多学术型智库（think tank）亦属于此种类型。在我国，华南理工大学公共政策评价中心自主完成的对广东省所辖市县两级的绩效评价活动也属于独立第三方评价。①委托第三方是承担政府委托的评价工作，在政府委托下成立的，但二者之间仅存在委托关系，并无隶属关系，一般通过合同契约为政府提供咨询和分析研究服务。这也是目前较为主流的第三方评价模式，主要包括大量的中介组织与部分研究机构。

（二）我国第三方评价的发展现状

1. 制度设计：有序完善中的法规体系

2003 年，党的十六届三中全会通过了《中共中央关于完善社会主义市场经济体制若干问题的决定》，明确提出了要"建立预算绩效评价体系"，由此拉开了预算绩效管理改革的序幕。2014 年，财政部、民政部、工商总局制定的《政府购买服务管理办法（暂行）》指出，"财政部门应当推动建立由购买主体、服务对象及专业机构组成的综合性评价机制，推进第三方评价"。《财政部关于推进政府购买服务第三方绩效评价工作的指导意见》（财综〔2018〕42 号）明确指出，"引导和规范第三方机构参与预算绩效管理，加强执业质量全过程跟踪和监管"。2021 年，财政部出台的《关于委托第三方机构参与预算绩效管理的指导意见》（财预〔2021〕6 号）和《第三方机构预算绩效评价业务监督管理暂行办法》，对委托第三方机构评价自身绩效的服务范围、重点内容和禁止事项进行了规范性设计。

目前，随着预算绩效评价的逐渐展开，第三方评价迅速升温，各地方政府也根据自身情况进行了诸多尝试。研究者纷纷立足实践，探讨在教育、医疗、科技、精准扶贫等领域引入第三方评价机制。具体而言，国内各省市逐渐在绩效评价中引入第三方，并以制度规范的形式进行初步固定，建立起制度化的绩效评价模式。广东省作为探索财政支出绩效管理的先行省

---

① 郑方辉等. 中国地方政府整体绩效评价：理论方法与"广东试验"[M]. 北京：中国经济出版社，2008：99-100.

份，早在 2011 年就开始了第三方评价的试点，后来又提出了"四三二"建设的思路，期望构建起科学的第三方评价管理体系。①在具体的管理规范方面，上海、江苏、山东等地纷纷出台了第三方评价机构的具体管理办法或实施方案（详见表 4-1）。这些暂行办法大多对评价机构的选聘条件、购买评价服务程序、收费标准、合同制定、监管惩罚等具体事宜，作出了原则性的规定。

表 4-1　第三方绩效评价的相关政策文件（部分）

时间	省份	文件名称	时间	省份	文件名称
2011	上海	《上海市财政支出绩效评价聘用第三方评价机构管理暂行办法》（沪财绩〔2011〕5 号）	2018	四川	《四川省政府购买服务绩效评价管理暂行办法》（川财绩〔2018〕5 号）
2013	江苏	《江苏省预算绩效管理委托第三方评价暂行办法》（苏财规〔2013〕34 号）	2018	黑龙江	《黑龙江省省级委托第三方机构参与预算绩效管理工作暂行办法》（黑财规审〔2018〕30 号）
2014	山东	《山东省省级预算绩效管理委托第三方机构评价管理办法（试行）》（鲁财绩〔2014〕4 号）	2018	上海	《上海市第三方机构财政支出绩效评价工作质量评估办法（试行）》（沪财绩〔2018〕17 号）
2014	湖北	《湖北省第三方机构参与预算绩效管理工作暂行办法》（鄂财绩规〔2014〕3 号）	2019	山东	《山东省财政厅关于山东省政府购买服务第三方绩效评价工作实施意见》（鲁财采〔2019〕51 号）
2014	湖南	《湖南省预算绩效管理购买中介机构服务管理办法》（湘财绩〔2014〕26 号）	2019	重庆	《重庆市政府购买服务第三方绩效评价实施办法（试行）》（渝财规〔2019〕12 号）

---

① 广东省财政厅提出的预算绩效管理的"四三二"是指四个环节、三大体系、两项要件。具体包括：着力抓好预算绩效管理中目标管理、绩效监控、绩效评价、结果应用等四个重点环节，构建规范的预算绩效管理制度体系、科学的第三方管理体系、完备的绩效评价指标体系三大体系，完善预算绩效信息化管理、建立专业的绩效管理机构和队伍两项要件。资料来源：广东省财政厅办公室. 广东省财政加强创新完善管理，推动预算绩效管理工作再上新台阶 [EB/OL]. http://www.mof.gov.cn/xinwenlianbo/guangdongcaizhengxinxilianbo/201704/t20170414_2580603. htm.（2017-04-13）[2021-02-18].

时间	省份	文件名称	时间	省份	文件名称
2015	天津	《天津市市级政府向社会力量购买服务监督检查和绩效评价管理暂行办法》（津财预〔2015〕98 号）	2019	山西	《山西省省级部门委托第三方机构参与预算绩效管理工作管理办法》（晋财绩〔2019〕14 号）
2015	安徽	《安徽省省级预算绩效管理委托第三方机构评价暂行办法》（皖财债〔2015〕430 号）	2020	广东	《关于推进政府购买服务第三方绩效评价工作的实施意见》（粤财行〔2020〕18 号）
2015	河北	《向第三方购买省级财政支出绩效评价服务管理暂行办法》（冀财监〔2015〕1 号）	2020	浙江	《浙江省财政厅规范第三方机构参与预算绩效管理工作办法》（浙财监督〔2020〕17 号）
2015	上海	《上海市财政支出预算绩效管理服务委托第三方机构管理办法》（沪财绩〔2015〕21 号）	2020	宁夏	《关于进一步加强第三方服务预算绩效管理工作的通知》（宁财（绩）发〔2020〕209 号）
2018	财政部	《财政部关于推进政府购买服务第三方绩效评价工作的指导意见》（财综〔2018〕42 号）	2021	财政部	《关于委托第三方机构参与预算绩效管理的指导意见》（财预〔2021〕6 号）

资料来源：作者根据各省（自治区、直辖市）官网整理。

2. 准入门槛：资格认定和专业要求

第三方评价大多依托会计师事务所、咨询公司等专业机构以及高等院校、科研院所等研究机构，评估过程涉及科学抽样、指标设计、数据分析等多个环节，为了保证过程和结果的科学性，评估机构和评估队伍需要达到一定的专业化水平，也就是必须设置一定的准入门槛，以保障评价任务的顺利完成。因而，第三方机构在评价内容的选择、评价指标的制定、评价数据的处理、评价结果的判断等方面，需要拥有相应的理论基础和专业化工具，甚至还应具备提出兼具科学性和创新性的评估结果之能力。

目前，大多数省份已建立了自己的第三方机构库，并进行动态管理。在 2021 年财政部发布的《第三方机构绩效评价业务监督管理办法》中，提出建立财政部"绩效评价第三方机构信用管理平台"，可以对第三方机构信息进行统一录入，方便了第三方机构信息的统一管理和查询。在选取第三方机构时，可以直接以资质、声誉、业绩、服务等要素为重点，从符合条件的研究机构、高校、中介机构等第三方中确定。譬如，宁夏回族自治区财政厅对第三方机构库就实行优胜劣汰的动态管理机制，定期考评入库第三方机构所提供预算绩效管理业务服务的质量，向社会公布考评结果，并适时更新第三方机构库。①

在第三方机构的遴选上，大多按照"公平公正""能力优先""利益冲突回避"等原则来择优选择（参见表4-2）。譬如，山东省承担评价任务的第三方机构，从面向全国公开招标的山东省财政厅社会中介服务机构库中，按照"注重绩效、公开透明、合理公正"的原则，采取定向委托与随机抽签相结合的方式确定。②根据工作的性质、涉及的领域、业务的种类和内容，确保具备条件的第三方机构平等参与竞争，优先考虑信誉良好、专业能力强、执业规范的第三方机构。

表4-2　各省份对于第三方机构的资格认定条件（部分）

条件类别	资格认定条件		具有相关规定的地区
设立条件	依法设立		湖北、安徽、上海、宁夏、浙江
	独立承担民事责任的能力或独立法人资格		江苏、山东
	设立时间		湖北（3年以上）、黑龙江（1年以上）
专业水平	相关行业管理部门认可的专业资质		江苏、山东、湖北、安徽、黑龙江、浙江
	执业3年以上		重庆
	具有履行合同协议所必需的设备和人力资源		江苏
	开展预算绩效管理工作所必需的专业技术能力		江苏、浙江
专业人员	专业技术职称人员和执业人员	一定规模、数量	山东、湖北、安徽、上海、浙江
		高级专业技术职称人员的具体要求	宁夏、黑龙江
		中级专业技术职称人员的具体要求	宁夏、黑龙江、重庆

---

① 宁夏回族自治区财政厅. 宁夏回族自治区预算绩效管理业务选聘第三方机构暂行办法[Z]. 2018-05-07.

② 山东省财政厅. 关于2017年省财政重点支出项目第三方绩效评价情况的公告[EB/OL]. http://czt.shandong.gov.cn/art/2017/12/26/art_10604_4252918.html.（2017-12-26）[2021-02-19].

条件类别	资格认定条件		具有相关规定的地区
	从业人员	至少有 2 人参加过培训并取得证书	黑龙江
	良好的业绩和信誉		江苏、湖北、安徽、上海、黑龙江、重庆
执业规范	最近 3 年没有重大工作失误、违法违规、违反职业道德等不良记录		宁夏、黑龙江、重庆
	最近 3 年未受到行政处罚或行业处罚		江苏、山东、湖北、安徽
	依法纳税和社会保障缴费的良好记录		宁夏
	通过年检或按要求履行年度报告公示义务		宁夏
	符合国家政事分开、政社分开、政企分开的要求		宁夏
内部控制	健全的内部控制制度和工作质量控制制度		宁夏（有具体规定）、上海、黑龙江、重庆、浙江

资料来源：马蔡琛，桂梓椋.预算绩效管理中第三方评价的现实困境与求解之道——基于责任界定与监管强化的思考[J].财经智库，2021（02）：110-136+143-144.

第二节　公共预算绩效管理流程

一、事前绩效评估

事前绩效评估通过将预算绩效管理由事后引入事前，对公共部门是否设定有明确的战略目标，预算编制是否符合战略需求，部门实施方案是否健全可行，可否保障部门绩效目标如期实现，财政资金投入是否存在潜在风险等内容进行评估，帮助支出部门科学编制部门预算、合理设置绩效目标、不断完善实施方案，以促进其通过科学的决策、合理的目标、完善的制度以及规范的管理，将稀缺而宝贵的财政资源用于"做正确的事"，并能通过"正确地做事"以及良好社会经济效益的取得，实现向"负责任地做事"模式的转变。[①]事前绩效评估是绩效目标审核的拓展和延伸，有利于进一步提升预算安排的科学性和透明度。《中共中央 国务院关于全面实施

---

① 童伟，田雅琼. 部门整体支出事前绩效评估方法及路径探讨[J]. 地方财政研究,2018(01)：32-38.

预算绩效管理的意见》指出，"建立绩效评估机制。各部门各单位要结合预算评审、项目审批等，对新出台重大政策、项目开展事前绩效评估，重点论证立项必要性、投入经济性、绩效目标合理性、实施方案可行性、筹资合规性等，投资主管部门要加强基建投资绩效评估，评估结果作为申请预算的必备要件。各级财政部门要加强新增重大政策和项目预算审核，必要时可以组织第三方机构独立开展绩效评估，审核和评估结果作为预算安排的重要参考依据"。

当前，我国的事前绩效评估尚处于起步阶段，评价内容多为项目支出，评价主体多为第三方中介机构。在制度框架的建设方面，部分地方政府已经制定了详细的实施办法或实施细则。譬如，北京市于 2019 年制发了《北京市市级财政支出事前绩效评估管理办法》，并于 2021 年进行了修订，为事前绩效评估提供了指导和规范。类似地，新疆维吾尔自治区颁布了《自治区财政支出事前绩效评估管理暂行办法》，四川省财政厅颁布了《四川省省级预算事前绩效评估管理暂行办法》。

在实施方面，事前绩效评估已取得了显著的成效。2022 年，财政部预算评审中心积极开展了政策评估及事前绩效评估，涉及资金 1300.4 亿元，为政策的有效实施奠定了良好基础。[1]四川省财政投资评审中心聚焦教育、卫生、工信、自然资源、金融等领域，2022 年上半年对 4 个项目开展了事前绩效评估，涉及金额 0.33 亿元，审减 0.12 亿元，审减率 35.66%。[2]2022 年，重庆市财政局要求对所有市级重点专项一级项目（包含 2023 年新增及以前年度设立并延续至 2023 年或以后年度的重点专项）全部开展事前绩效评估，做到应评尽评。[3]

下面我们以北京市为例，简要介绍事前评估是如何实施的。北京于 2002 年开展绩效评价工作试点，并于 2010 年首创了事前绩效评估管理模式，在之后的几年中，评价项目和评估资金的覆盖面不断扩大，审减率也不断提升，为节约预算资金作出了巨大的贡献。2014 年，北京市财政局颁布了《北

---

① 预算评审中心. 2022 年数字看评审：评审业务量大幅提升 促预算管理提质增效[EB/OL]. http://tzps.mof.gov.cn/shujudongtai/202303/t20230330_3876286.htm.（2023-03-30）[2023-03-31].

② 四川省财政厅. 2022 年上半年省本级财政评审工作成效显著[EB/OL]. http://czt.sc.gov.cn/scczt/c102358/2022/7/27/d88c0c1bd89348faad74eef2c5175c34.shtml.（2022-07-27）[2023-03-31].

③ 重庆市人民政府. 重庆开展财政资金事前绩效评估[EB/OL]. http://www.cq.gov.cn/ywdt/zwhd/bmdt/202208/t20220803_10973638.html.（2022-08-03）[2023-03-31].

京市市级项目支出事前绩效评估管理实施细则》，对事前评估的对象和内容、组织管理、方式方法、结果及应用、工作程序、评估报告及行为规范等进行了详细的解释和规定。2019年，北京市财政局进一步发布了《北京市市级财政支出事前绩效评估管理办法》，并于2021年进行了修订。具体来看，事前绩效评估的内容主要包括项目或政策的必要性、可行性、经济性、效率性、效益性五个维度。事前绩效评估的流程涵盖了以下六个阶段：①

一是预算部门和单位项目申报。市财政局根据"随申报、随评估、随入库"的原则开展事前评估。市级预算部门和单位按照年度预算编制时间安排，完成本部门本单位事前评估及项目录入工作，并按预算编制流程将拟新增重大项目、政策报送市财政局开展事前评估，评估通过后纳入项目库。预算执行过程中，市级预算部门和单位申请预算调整，须将拟新增重大项目、政策报送市财政局。

二是市财政局预算管理处室审核把关。市财政局预算管理处室对预算部门和单位申报的项目、政策进行初审，提出初步意见，将拟列入预算安排的事前评估对象清单及初步意见送市财政局绩效处。通知预算部门和单位按要求提供相关材料，并对申报材料进行指导和把关。

三是市财政局绩效处组织评估工作。市财政局绩效处汇总各预算管理处室提交的评估项目、政策，报局领导审批同意后，组建事前评估工作组。工作组由市财政局绩效处、预算管理处室、第三方机构相关人员组成，按流程开展后续评估工作。

四是召开预审会。预审会主要由工作组和专家组听取预算部门和单位的汇报，对提交的资料进行审核，并出具补充资料清单。预算部门和单位在10个工作日内补齐评估资料，逾期未按要求补充资料的项目、政策退回预算管理处室。提交评估资料达到评估条件的项目、政策，在30日内完成事前评估工作。

五是召开正式评估会。会议主要由专家组依据预算部门和单位补充完善的资料，对照评估指标体系，独立客观地进行评分，提出评估意见。

六是形成评估报告。工作组汇总专家组意见，得出最终评估结论，在征求预算管理处室意见的基础上形成正式评估报告。

---

① 北京市财政局. 北京市市级财政支出事前绩效评估管理办法[Z]. 2021-10-18.

综合来看，今后一方面要逐步扩大事前绩效评估的覆盖范围，加强评估结果与预算安排的关联；另一方面也要关注评估方法、评估依据等技术性问题，从而提高事前绩效评估的科学性和合理性。

二、绩效运营监控

绩效监控是指在预算执行过程中，对预算执行情况和绩效目标实现程度开展的监督、控制和管理活动，①是全过程预算绩效管理的重要环节。在绩效监控过程中，预算部门（支出部门）负责对本部门及所属单位的资金运行绩效的监控工作，发现问题应及时纠正。财政部门负责在预算部门自行监控基础上的重点检查工作，督促预算部门及时采取措施，纠正发现的问题，确保绩效目标的实现。②

为进一步提高绩效监控工作的规范性和系统性，财政部于 2019 年发布了《中央部门预算绩效运行监控管理暂行办法》，明确了在绩效监控过程中各部门的职责分工、监控范围与内容、监控方法与流程以及结果应用等方面的具体要求，并制定了项目支出绩效目标执行监控表，如表 4-3 所示。③

表 4-3　项目支出绩效目标执行监控表

（　　年度）				
项目名称				
主管部门及代码	实施单位			
项目资金（万元）		年初预算数	1—7 月执行数	1—7 月执行率	全年预计执行数
	年度资金总额：				
	其中：本年一般公共预算拨款				
	其他资金				

---

① 财政部. 中央部门预算绩效运行监控管理暂行办法[Z]. 2019-07-26.

② 中华人民共和国财政部预算司. 中国预算绩效管理探索与实践[M]. 北京：经济科学出版社，2013：101.

③ 财政部. 中央部门预算绩效运行监控管理暂行办法[Z]. 2019-07-26.

续表

年度总体目标														
	一级指标	二级指标	三级指标	年度指标值	1—7月执行情况	全年预计完成情况	偏差原因分析					完成目标可能性			备注
							经费保障	制度保障	人员保障	硬件条件保障	原因说明	确定能	有可能	完全不可能	
绩效指标		产出指标	数量指标												
			质量指标												
			时效指标												
			成本指标												
			……												
		效益指标	经济效益指标												
			社会效益指标												
			生态效益指标												
			可持续影响指标												
			……												
		满意度指标	服务对象满意度指标												
			……												

资料来源：财政部. 关于印发《中央部门预算绩效运行监控管理暂行办法》的通知 [EB/OL]. http://yss.mof.gov.cn/zhuantilanmu/ysjxgl/201907/t20190731_3339251.htm. (2019-08-01)[2023-03-31].

开展绩效监控并督促问题整改落实，是加强资金和项目管理，提高资金使用效益的重要措施。一方面，要即查即改，持续督导。针对绩效评价过程中发现的问题，积极与各部门持续沟通，督促有关部门及时完成整改与反馈，并且注意突出绩效监控重点，建立"全覆盖、全时段"动态监控机制，实现绩效监控与预算执行的深度融合。依托预算管理一体化系统，对各部门（单位）年初预算和年中追加项目开展线上全覆盖绩效运行监控。以四川省泸州市为例，2022 年通过线上平台开展的绩效监控共涉及项目2465 个、资金 160.8 亿元。①另一方面，应及时传达，迅速落实。通过预算执行中期评估和财政资金清理等方式，全面清理审核项目资金，督促部门（单位）采取预算调整、目标调剂、改进管理等措施及时动态纠偏，提高预算执行效率和资金使用效益。及时开展重点监控处置，下达处置通知，调剂部门预算项目支出，有效避免资金闲置沉淀，并及时组织相关部门进行整改落实。

三、预算绩效评价

我国的预算绩效管理始于绩效评价，预算绩效评价的改革时间最长，已经形成了较为成熟的评价体系。特别是在 2012 年之后，各地各部门对绩效评价体系进行了一系列的探索和完善。在评价内容上，纳入绩效评价的资金规模逐步扩大；在评价主体上，第三方评价逐渐兴起；在评价方式上，再评价机制、整体支出评价和政策评价逐步出现，并互相融合、互相补充。

1. 评价内容：绩效评价的资金规模不断扩大。近年来，预算绩效评价被越来越多的地方政府所采用，纳入评价范围的资金规模日益扩大。2022年按照全面实施预算绩效管理的总体部署，锚定"推动预算绩效管理提质增效"工作目标，全国各级财政评审机构积极开展绩效评价工作，业务涉及资金达 29806.09 亿元，占总业务量比重为 18.58%。其中，省级以下财政评审机构的绩效评价业务量增势同样显著，涉及资金 11265.39 亿元，比上年增长 78.86%。②

---

① 财政部. 四川省泸州市财政局：线上线下两手抓 提升绩效监控质效[EB/OL]. http://www.mof.gov.cn/zhengwuxinxi/xinwenlianbo/sichuancaizhengxinxilianbo/202301/t20230116_3863203.htm.（2023-01-16）[2023-03-31].

② 预算评审中心. 2022 年数字看评审： 评审业务量大幅提升 促预算管理提质增效[EB/OL]. http://tzps.mof.gov.cn/shujudongtai/202303/t20230330_3876286.htm.（2023-03-30）[2023-03-31].

从中央财政层面来看，在绩效自评方面，中央部门已经实现对所有本级项目进行绩效自评，并于 2018 年开始组织地方对中央专项转移支付全面开展绩效自评。在重点绩效评价方面，财政部于 2016 年建立了重点绩效评价常态机制，每年选择部分重点民生政策和重大项目组织开展绩效评价工作。①此外，中央部门还格外重视预算绩效的公开。2015 年度中央部门决算中共有 69 个部门首次公开绩效工作开展情况，24 个部门公开了项目绩效评价报告，受到社会广泛关注。②2023 年，中央部门公开绩效目标比例又有所提高，除法律规定的涉密、敏感信息外，原则上公开部门预算的中央部门应将一般公共预算一级项目、政府性基金预算项目、国有资本经营预算项目绩效目标表按照不低于项目数量 60%的比例向社会公开。③从地方财政层面来看，2022 年江西省财政厅印发了《江西省政府收入绩效评价管理暂行办法》，进一步规范政府收入管理，推进收入预算编制更科学合理，首次将财政收入纳入绩效管理范围。④

2. 评价方式：多种评价方式相结合。随着预算绩效管理改革的不断深入，评价方式也朝多样化的方向发展，绩效自评、整体支出评价、政策评价等评价方式相继出现。不同评价方式的侧重点不同，能够反映财政绩效的不同方面。当前，正致力于将不同的评价方式融合在一起，建立起"多层次"的预算绩效评价体系，以实现绩效评价的全面性。

从中央财政层面来看，财政部颁布了《关于开展中央部门项目支出绩效自评工作的通知》，为中央部门的绩效自评提供了指导和规范。要求所有中央部门比照年初填报的绩效目标及指标，对所有一级项目、二级项目开展绩效自评，确保绩效自评覆盖率达到 100%，同时，按照不低于本部门项目支出总金额 50%的比例选取部分一级项目绩效自评结果，随同中央部门决算报财政部。具体来看，绩效自评采用打分评价的形式，满分为 100 分。

---

① 中国经济网. 财政部：中央财政加快预算绩效改革 绩效目标基本实现全覆盖[EB/OL]. http://www.ce.cn/xwzx/gnsz/gdxw/201901/31/t20190131_31408457.shtml（2019-01-31）[2019-04-02].

② 财政部预算司. 预算绩效管理工作要报：中央部门首次绩效公开获舆论好评[EB/OL]. http://yss.mof.gov.cn/zhuantilanmu/ysjxgl/201611/t20161115_2458850.html.（2016-08-16）[2019-04-02].

③ 李忠峰. 预算公开更细 花钱更重绩效——解读 2023 年中央部门集中"晒"预算[N]. 中国财经报，2023-03-30（001）.

④ 中国财经报. 江西首次将政府收入纳入绩效管理范围[EB/OL]. https://h5.newaircloud.com/detailArticle/20557981_44462_zgcjb.html.（2022-11-17）[2023-03-31].

得分评定方法分为两类：一是定量指标。完成指标值的，记该指标所赋全部分值；未完成的，按照完成值在指标值中所占比例记分。二是定性指标。根据指标完成情况分为达成预期指标、部分达成预期指标并具有一定效果、未达成预期指标且效果较差三档，分别按照该指标对应分值区间 100%—80%（含 80%）、80%—50%（含 50%）、50%—0 合理确定分值。各项指标得分汇总成该项目自评的总分。①2017 年，财政部首次组织中央部门对所有项目 2016 年预算执行结果开展绩效自评，并最终选择 99 个中央部门 111 个一级项目自评结果，随同部门决算草案一并提交全国人大常委会审议，此举成为我国预算绩效管理的又一重大突破。②

从地方财政层面来看，各地还采用了再评价、整体支出评价和政策评价等多种评价方式。为促进提高评价工作质量，提升预算绩效管理效果，多地开展绩效再评价工作。例如，云南省曲靖市财政局于 2021 年对市发展和改革委员会、市教育和体育局、市民政局、市自然资源和规划局、市人力资源和社会保障局等 11 个部门抽取的 14 个项目，开展绩效运行监控再评价工作，取得了积极成效。③部门整体支出绩效评价的开展，有助于推进部门整体绩效预算改革，深化"全方位"预算绩效管理格局的构建。2022 年，合肥市财政局在市直部门绩效自评全覆盖的基础上，对 41 个部门整体支出开展财政重点评价，通过创新评价体系、规范评价实务、突出评价重点，推动了部门整体支出绩效管理提质增效。④为提高财政支出政策资金的配置效率和使用效益，上海市财政局于 2019 年印发了《上海市市级财政政策预算绩效管理办法（试行）》，对财政政策应组织事前绩效评估、绩效目

---

① 预算司. 关于开展中央部门项目支出绩效自评工作的通知[EB/OL]. http://www.mof.gov.cn/gp/xxgkml/yss/201611/t20161115_2510867.html.（2016-10-31）[2019-04-03].

② 财政部. 中央部门项目支出预算绩效自评覆盖率达 100%[EB/OL]. http://www.mof.gov.cn/zhengwuxinxi/caijingshidian/zgcjb/201706/t20170628_2633302.htm.（2017-06-28）[2019-04-03].

③ 财政部. 曲靖市财政：绩效运行监控再评价工作取得成效[EB/OL]. http://www.mof.gov.cn/zhengwuxinxi/xinwenlianbo/yunnancaizhengxinxilianbo/202112/t20211221_3776571.htm.（2021-12-21）[2023-03-31].

④ 财政部. 合肥市财政局：部门整体支出绩效评价"出新招亮实招使硬招"[EB/OL]. http://www.mof.gov.cn/zhengwuxinxi/xinwenlianbo/yunnancaizhengxinxilianbo/202112/t20211221_3776571.htm.（2022-04-14）[2023-03-31].

标、绩效跟踪、绩效评价及结果应用等活动作出了具体规定。[①]2020 年 10月，浙江省财政厅颁布了《浙江省财政支出政策绩效评价管理办法》，对财政支出政策绩效评价的基本原则、主要依据、基本内容、评价指标体系、评价方法、工作程序、结果运用等进行了规定。

四、绩效评价结果应用

绩效评价结果应用是指财政部门、预算部门和被评价单位等通过多种方式充分运用绩效评价结果，并将其转化为提高预算资金使用绩效具体行为的活动。[②]绩效评价结果应用是预算绩效管理落到实处、取得实效的关键，也是全过程预算绩效管理工作的落脚点，已成为全面实施预算绩效管理的关键环节。2019 年，广西壮族自治区印发了《自治区本级财政支出预算绩效评价结果应用暂行办法》，明确规定结果反馈与整改、结果公开、结果报告、结果与预算安排相结合、结果问责等 5 种应用方式。[③]

通过优化制度整体设计，将预算绩效评价结果在绩效奖金分配、领导干部选拔任用、财政预算安排等方面加以应用，并强化评价结果与上述各方面的挂钩，着力改变评价结果应用不足的局面，加强评价结果应用的责任约束。具体而言，根据绩效评价反馈结果，对交叉重复、碎片化的政策和项目予以调整，对低效无效资金一律削减或取消，对长期沉淀的资金一律收回，体现奖优罚劣和激励相容导向，并按有关规定统筹用于亟须支持的领域。一是硬化绩效评价结果与预算安排的挂钩机制，将绩效评价结果作为编制预算、加强预算管理和完善政策实施的重要依据。对绩效评价结果为"优"的项目，在下年度安排预算时适当给予倾斜；对于未达到预期绩效目标或对绩效评价意见未实施整改的部门，督促改进；对低效无效的项目在安排预算时从紧考虑或不予安排。譬如重庆市綦江区就规定，根据

---

① 上海市财政局. 关于印发《上海市市级财政政策预算绩效管理办法（试行）》的通知[EB/OL].
https://czj.sh.gov.cn/zys_8908/zcfg_8983/zcfb_8985/ysgl_8986/ysjx/20190708/0017-180687.html.（2019-07-05）[2022-05-18].

② 中华人民共和国财政部预算司. 中国预算绩效管理探索与实践[M]. 北京：经济科学出版社，2013：122.

③ 财政部. 广西财政坚持"严紧硬"原则 努力写好预算绩效评价结果应用文章[EB/OL].
http://www.mof.gov.cn/zhengwuxinxi/xinwenlianbo/guangxicaizhengxinxilianbo/201812/t20181227_3109548.htm.（2019-01-28）[2023-03-31].

不同的绩效评价结果等级，下一年度的预算安排在 5%—10%的范围内实现上下浮动。[①]二是强化绩效评价结果奖惩机制，对项目绩效评价结果为"差"的项目有关负责人进行追责问责，切实扩大绩效评价结果的应用深度。

第三节　公共预算绩效管理中的绩效目标与绩效指标

一、绩效目标与绩效指标的联系与区别

在预算绩效管理的理论研究与具体实践中，有时会存在绩效目标与绩效指标相互混淆的情况，这主要源于绩效目标和绩效指标之间密不可分的联系。一方面，绩效目标引导了绩效指标的设立，绩效指标脱胎于绩效目标，用于衡量绩效目标是否实现；另一方面，在某些情况下，在确定目标的同时便会编制绩效指标，从这个意义上讲，也可以将指标视为目标的一部分。例如，《中共中央　国务院关于全面实施预算绩效管理的意见》中指出："绩效目标不仅要包括产出、成本，还要包括经济效益、社会效益、生态效益、可持续影响和服务对象满意度等绩效指标。"[②]因此，最有意义的绩效指标便是从绩效目标（组织的使命、目的、目标或者项目的特定标准）中产生的。[③]虽然二者的联系密切，但绩效目标和绩效指标仍旧是两个不甚相同的概念，在预算绩效管理实践中需要对二者加以必要的区分。

绩效目标是指财政预算资金计划在一定期限内达到的产出和效果。[④]绩效指标则是一个定性或定量的变量，用来反映变化以及与计划相关的结果。[⑤]

---

① 财政部. 綦江财政：建立预算安排与绩效管理挂钩机制 [EB/OL]. http://www.mof.gov.cn/zhengwuxinxi/xinwenlianbo/congqingcaizhengxinxilianbo/202106/t20210623_3723041.htm. （2021-06-23）[2022-01-30].

② 人民网. 关于全面实施预算绩效管理的意见 [EB/OL]. http：//politics.people.com.cn/n1/2018/0926/c1001-30312978.html.（2018-09-26）[2018-10-17].

③ 西奥多·H 波伊斯特. 公共与非营利组织绩效考评：方法与应用[M]. 肖鸣政，译. 北京：中国人民大学出版社，2005：59.

④ 财政部. 中央部门预算绩效目标管理办法 [EB/OL]. http：//www.mof.gov.cn/mofhome/touzipingshenzhongxin/zhengwuxinxi/guizhangzhidu/201506/t20150612_1256283.html. （2015-05-21）[2018-10-17].

⑤ OECD/DAC. Glossary of Key Terms in Evaluation and Results Based Management[R]. OECD/DAC, 2009.

从性质来看，绩效目标表示政策、项目或者组织的产出或效果，大多从宏观角度出发进行设定，因此绩效目标大多是定性的、笼统的、主观的，且往往难以量化。而绩效指标主要用于衡量目标的实现程度，通常是定量的、个性化的、客观的、可比的，且较容易量化。但这并不意味着定性指标毫无用武之地，只是定性指标在应用中要尽量使其量化或可测度。例如，"公民对固体废弃物管理的满意程度"是一个定性指标，但在具体使用时，可以将其量化为"2025 年对固体废弃物管理感到非常满意的公民之比例达到95%（2023 年的基准为 90%）"。

从设置依据的角度来看，绩效目标大多依据战略计划、公共政策、组织使命等，而绩效指标则是依据绩效目标具体设定的。从侧重点的角度来看，绩效目标选取时更加重视优先性，即将绩效目标依据重要程度进行排序；而绩效指标选取时更加注重关键性，即选取最能够反映绩效结果的特征指标，来衡量目标的实现程度。例如，一些国家的政府部门会在网站上公开关键绩效指标，以便于衡量目标的绩效情况，以"IT 现代化"这一目标为例，其关键绩效指标为"网络安全"和"云电子邮件的使用情况"。①在此，通过世界银行提供的一个实例，较为直观地展现绩效目标和绩效指标之间的区别与联系，如表 4-4 所示。

表 4-4 绩效框架样本：成效、指标、基准和目标值

成效 （outcomes）	指标 （indicators）	基准 （baselines）	目标值 （targets）
使全国有更多的儿童加入学前教育计划	城市适龄儿童接受学前教育的比例	1999 年城市儿童接受学前教育的比例为 75%	2006 年城市儿童接受学前教育的比例要达到 85%
	农村适龄儿童接受学前教育的比例	2000 年农村儿童接受学前教育的比例为 40%	2006 年农村儿童接受学前教育的比例要达到 60%

① The United States. Key Performance Indicator[EB/OL]. https://www.performance.gov/CAP/key_performance_indicators.html. [2018-11-14].

成效 （outcomes）	指标 （indicators）	基准 （baselines）	目标值 （targets）
提高儿童小学学习的成效	六年级学生在数学和自然科学标准化考试中得到 70 分或以上成绩的人数比例	2002 年在数学和自然科学考试中取得 70 分或以上成绩的学生比例分别为 47%和 50%	2006 年之前在数学和自然科学考试中取得 70 分或以上成绩的学生比例分别为 80%和 67%
	六年级学生在数学和自然科学标准化考试中成绩高于基准数据的人数比例	2002 年六年级学生数学和自然科学平均成绩分别为 68 分和 53 分	2006 年数学和自然科学平均成绩分别要达到 78 分和 65 分

资料来源：Linda G, I Morra, C Ray Rist. The Road to Results: Designing and Conducting Effective Development Evaluations[R]. World Bank, 2009.

具体而言，绩效目标和绩效指标的差异，更集中地体现在设置数量和设置层级两个方面。

（一）设置数量

从绩效目标和绩效指标的设置数量来看，某些国家会对绩效目标和绩效指标的设置数量作出具体规定。譬如，美国规定优先绩效目标的数量为 2—8 个不等，[1]英国规定每个部门在绩效目标之下平均设置 6—7 个绩效指标。[2]但从更广泛的国别样本来看，大部分国家并未就此进行详细的阐述，似乎绩效目标和绩效指标的数量多少仍由各支出部门自行决定。

总体来说，绩效目标的数量较少，但绩效指标的数量较多。这是因为一般会用多个指标来衡量一个目标，却很少出现用一个指标来衡量多个目标的情况。在这种情况下，各国之间绩效目标的数量差距相对较小，但绩效指标数量的差距却很大。一项调查显示，各国平均每个项目所拥有的绩效指标数量在 10—80 个不等。其中，俄罗斯有 80 个，亚美尼亚 50 个，波斯尼亚和黑塞哥维那 15 个，克罗地亚和塞尔维亚各 30 个，保加利亚、摩

---

① The United States. GPRA Modernization Act of 2010[EB/OL]. https://www.gpo.gov/fdsys/pkg/PLAW-111publ352/pdf/PLAW-111publ352.pdf.(2011-01-04)[2018-10-17].

② Zafar Noman. Performance Budgeting in the United Kingdom[J]. OECD Journal on Budgeting, 2008(1): 75-90.

尔多瓦和吉尔吉斯斯坦各 10 个，白俄罗斯 40 个。①表 4-5 具体展示了部分国家在教育和医疗领域的项目和绩效指标情况。

表 4-5 部分国家项目及绩效指标情况（教育和医疗领域）

	教育		医疗	
	项目的数量和结构[1]	绩效指标的数量	项目的数量和结构	绩效指标的数量
俄罗斯	1+7	154	1+11	96
塞尔维亚	6+64	272	6+45	142
克罗地亚	4+40	113	4+8	18
吉尔吉斯斯坦	6+27	73	5+40	68
保加利亚	9+0	123	2+0	16
白俄罗斯	1+11	31	1+7	23
摩尔多瓦	—	—	12+0	95
亚美尼亚	9+69	153	9+56	165
土耳其	7+42[2]	175	—	—
平均	—	137	—	78

注释：1. 项目的数量和结构采用"A＋B"的形式表示，其中 A 表示一级项目的数量，B 表示二级项目的数量。

2. 土耳其较为特殊，它并不是表述成一级项目和二级项目的关系，而是采用目标层级的表述方法，即战略目标（一级目标，此表中可以理解成为一级项目）和绩效目标（二级目标，此表中可以理解成为二级项目）。

资料来源：Naida Carsimamovic. Performance Indicators in PEMPAL Countries: Trend and Challenges[R]. PEMPAL Budget Community of Practice(BCOP)Program and Performance Budgeting Working Group, 2017.

值得注意的是，在实践中，绩效指标信息的超负荷，使得决策者难以定位哪些信息才是最有用的，这就要求对绩效指标进行筛选和提炼，一两个好的指标远比那些冗长的烂指标要有用得多，②这就涉及绩效指标的质量问题。那么应该如何区分绩效指标的质量高低呢？低水平指标一般为模棱

---

① Naida Carsimamovic. Performance Indicators in PEMPAL Countries: Trend and Challenges[R]. PEMPAL Budget Community of Practice(BCOP)Program and Performance Budgeting Working Group, 2017.

② 约翰·L 米克塞尔. 公共财政管理：分析与应用：第九版[M]. 苟燕楠，马蔡琛，译. 北京：中国人民大学出版社，2020：233.

两可，例如，需要用"是/否"来回答的指标便具有较强之主观性，而一些具有较强可比性的指标，如研发投资、教育水平覆盖的人口数量，则质量相对较高。①近年来，经济合作与发展组织（OECD）成员国正在不断精简绩效指标的数量，优先保留最重要的战略指标和国际通用的指标。②当然，这一精简的趋势同样适用于绩效目标，法国是精简绩效指标和绩效目标的代表性国家（参见图 4-2）。③

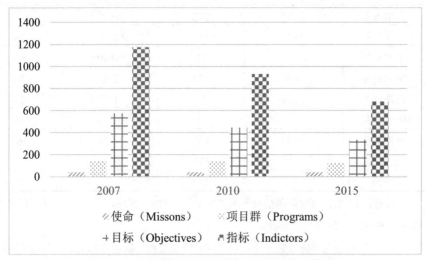

图 4-2　法国绩效指标和绩效目标数量变化情况

资料来源：Public Government Committee Working Party of Senior Budget Officials. Draft OECD Best Practices for Performance Budgeting[Z]. Performance and Results Network Meeting, 2017.

（二）设置层级

在预算绩效管理实践中，不同国家、不同组织、不同部门的绩效框架所采用的术语、涵盖的层级不尽相同。但总体来看，"一级目标、一级指标"是最基本的模式，即每个国家和组织都会至少设置一级目标和一级指标。

① Naida C. Performance Indicators in PEMPAL Countries: Trend and Challenges[R]. PEMPAL Budget Community of Practice(BCOP)Program and Performance Budgeting Working Group, 2017.

② 郑闻. OECD 国家绩效预算改革经验与启示：下[N]. 中国财经报，2018-07-05（003）.

③ Public Government Committee Working Party of Senior Budget Officials. Draft OECD Best Practices for Performance Budgeting[Z]. Performance and Results Network Meeting, 2017.

在此基础上，不同国家（或组织）可能会根据自身的实际需求和历史传统进行层级扩展。从国际视角来看，绩效目标和绩效指标展开的层级也不尽相同。

从层级数量来看，大多数国家和组织侧重于绩效目标的层级展开，由广义到狭义将绩效目标细分为多个层级，愈来愈具体，但不同国家和组织设置的绩效目标层级不尽相同。例如，英国交通部的绩效目标有两个层级，即宗旨（aim）和部门战略目标（department strategic objective），[①]而美国国际开发署则设置了四级绩效目标，即使命（mission）、一级战略目标（strategic goal）、二级战略目标（strategic objective）和绩效目标（performance goal）。[②]与绩效目标不同，各个国家（或组织）绩效指标的层级数量差异较小。大部分会设置两级指标，一级指标表示衡量的内容，二级指标表示一级指标的目标值。例如，2014—2015 年，澳大利亚"药物战略"项目（Drug Strategy）的一级绩效指标为"最近 12 个月 14 岁及以上人口中使用非法药物的比例"，二级指标为"<13.4%"（即该比例低于 13.4%）。[③]当然，有时一些国家和组织将目标值直接纳入一级指标之中，即将一级和二级指标合并，仅设立一级指标来进行衡量。从层级结构来看，绩效目标更多侧重于纵向分级，大体遵循由上到下、由浅入深、由抽象到具体、由整体到部分的规律。

与绩效目标相反，绩效指标则更多进行横向分类，即将绩效指标区分为不同的类型，且基于不同的分类标准。在实践中，绩效指标会被分为多种类型，且相互之间不是完全排他的，而是会有交叉的。例如，绩效指标依据结果链（result chain）可以分为中介指标（intermediary indicator）和最终指标（final indicator）。[④]其中，中介指标又包含了投入指标（input indicator）、活动指标（activity indicator）和产出指标（output indicator）。例如，"分配给职业教育的预算"（投入指标）、"开展教师培训的次数"（活动指标）、"接受培训教师的人数"（产出指标）。最终指标包含了成果指标（outcome

---

① Department for Transport. Autumn Performance Report 2009[R]. Department for Transport, 2009.

② United States Agency for International Development. FY 2016 Annual Performance Report[R]. United States Agency for International Development, 2016.

③ Australian Government Department of Health. Australian Government 2014-15 Health Portfolio Budget Statements[EB/OL]. https://www.careforkidsears.health.gov.au/internet/budget/publishing.nsf/Content/2014-2015_Health_PBS.(2014-05-13)[2018-10-17].

④ World Bank. Poverty Monitoring Guidance Note 1 Selecting Indicators[R]. World Bank, 2004.

indicator，更侧重于短中期）和影响指标（impact indicator，更侧重于长期）。例如，"经过教师培训后就业的比例"（成果指标）、"年轻且贫穷的城市人口的失业率"（影响指标）。绩效指标还可以被分为共性指标（standard indicator 或 common indicator）和个性指标（custom indicator）。共性指标，顾名思义是标准化的指标，具有统一的定义、测量和解释方法，有助于不同部门、不同国家、不同组织之间进行比较。特别地，不同部门之间的标准化关键指标往往被称为"核心部门指标"（core sector indicator）。①个性指标则用于衡量一个具体的现象或变化。共性指标和个性指标之间的区别可以通过一个示例来具体展示，如表 4-6 所示。

表 4-6　共性指标和个性指标示例

目标	共性指标	个性指标
小规模的杧果生产商能够获得高利润高价值的市场	每公顷选定产品的毛利率	出口至高质量市场的份额
	目标农产品的出口价值	获得全球 GAP*认证的从本国出口的份额

资料来源：Sarah Holzapfel. The Role of Indicators in Development Cooperation: An Overview Study with A Special Focus on the Use of Key and Standard Indicators[R]. The German Development Institute, 2014.

注：*GAP, Good Agricultural Practices 的缩写，良好农业规范。

此外，还可以将绩效指标区分为关键指标（key indicator）和综合指标（composite indicator）。关键指标是从大量的指标中选取出来的具有更高相关性的指标，譬如，"五岁以下儿童的死亡率"通常作为一个国家或地区基本医疗服务情况的关键指标。②值得注意的是，一些国家还会区分核心指标（core indicator）和关键指标（key indicator），核心指标是一组数量相对较多的指标组合，从中可以选择关键指标。③综合指标是依据理论模型对多个指标进行加权汇总。④

---

① World Bank. Integrated Results and Performance Framework[R]. World Bank, 2012.

② Sarah H. The Role of Indicators in Development Cooperation:An Overview Study with A Special Focus on the Use of Key and Standard Indicators[R]. The German Development Institute, 2014.

③ OECD. Key Environmental Indicators[R]. OECD, 2008.

④ OECD. Handbook on Constructing Composite Indicators: Methodology and User Guide[R]. OECD, 2008.

二、绩效目标和绩效指标设置中应注意的问题

从目前来看，世界范围内普遍采用的是，由复杂的、多层级的绩效目标和简单的、可量化的绩效指标组成的绩效指标框架。就目前而言，可以考虑从加强绩效目标管理和提升绩效指标质量两方面着手，进一步完善相应的预算绩效指标框架。

（一）加强绩效目标管理

《中共中央 国务院关于全面实施预算绩效管理的意见》提出要"强化绩效目标管理，要求各级财政部门将绩效目标设置作为预算安排的前置条件，加强绩效目标审核，将绩效目标与预算同步批复下达"。在具体操作层面上，加强绩效目标的管理可以从以下几方面着手：

首先，绩效目标的首要目的在于反映国家战略规划，因此设定绩效目标时，一方面要考虑与本部门职能相关，另一方面要考虑将其与国民经济和社会发展五年规划和中期财政规划相联系，从而保证绩效目标的有效性。

其次，绩效目标的设定、审核、批复、考核涉及多个部门，特别是有些绩效目标的实现涉及多个职能部门，这对部门协调合作提出了更高的要求。因此，可以考虑成立专门的预算绩效管理机构，统一绩效目标的设定标准和要求，并对上报的绩效目标进行审核、批复和考核。当前，许多国家都成立了专门的绩效管理机构（或职务），例如英国在内阁办公室设立了"实施工作组"（PMDU），旨在为公共服务协议优先性的选择提供支持，并对其进行审查。[1]绩效目标设定后不是一成不变的，需要对绩效目标进行持续跟踪和更新，及时替换掉不合时宜的、不易衡量的绩效目标，保证绩效目标的有效性。

（二）提升绩效指标质量

当前，随着预算绩效管理改革的不断深入，绩效指标的质量愈发成为关注的焦点。首先，大量的低水平指标体系的重复建设，不仅浪费人力物力，且可能导致评价结果的偏差，影响绩效管理的效果。因此绩效指标的

---

[1] Centre for Public Impact. The Prime Minister's Delivery Unit（PUMU）in the UK[EB/OL]. https://www.centreforpublicimpact.org/case-study/prime-ministers-delivery-unit-uk/.（2016-10-30）[2018-10-17].

精简势在必行。首先，需要剔除相关度较低且难以量化的指标，整理合并相似度较高的指标。其次，关键绩效指标能够以简明快速的方式，帮助立法机构和社会公众了解预算绩效情况，因此，预算绩效指标框架中要设置并突出关键指标。最后，要加快绩效标准体系建设，并为每个绩效指标设置目标值，从而不断强化绩效指标的可比性、可量化性，才能从实战出发提升绩效指标的质量，保证绩效管理的效果。

重点术语

第三方评价 事前绩效评估 绩效运行监控 绩效评价结果应用 绩效目标 绩效指标

思政专栏

思政专栏 4

党的十八大以来习近平总书记关于财政预算管理的重要论述

党的十八大明确提出"创新行政管理方式，提高政府公信力和执行力，推进政府绩效管理"。党的十八大以后，十八届三中全会通过《中共中央关于全面深化改革若干重大问题的决定》，赋予"财政是国家治理的基础和重要支柱"的特殊定位，首次提出"建立现代财政制度"。在中共十八届三中全会上关于《中共中央关于全面深化改革若干重大问题的决定》做的说明中，习近平总书记指出："这次全面深化改革，财税体制改革是重点之一。主要涉及改进预算管理制度，完善税收制度，建立事权和支出责任相适应的制度等。全会决定提出，要实施全面规范、公开透明的预算制度……这些改革举措的主要目的是明确事权、改革税制、稳定税负、透明预算、提高效率，加快形成有利于转变经济发展方式、有利于建立公平统一市场、有利于推进基本公共服务均等化的现代财政制度，形成中央和地方财力与事权相匹配的财税体制，更好发挥中央和地方两个积极性。"

2017 年，习近平总书记在党的十九大报告中提出要优化财政资源配置，

"加快建成全方位、全过程、全覆盖的预算绩效管理体系""建立全面规范透明、标准科学、约束有力的预算制度，全面实施绩效管理"。2022 年，习近平总书记在党的二十大报告中，从战略和全局的高度，提出"健全现代预算制度"。实施预算绩效管理成为优化财政资源配置、提升财政资金使用效益的重要举措，也是把党和政府带头过"紧日子"要求落到实处的重要抓手。

课后思考题

1. 简述新时代人大预算绩效监督的实践进展。
2. 第三方绩效评价的主要特征有哪些？
3. 简述绩效目标与绩效指标的联系与区别。

推荐阅读

1. 中国发展研究基金会.全面预算绩效管理读本[M]. 北京：中国发展出版社，2020.

2. 李黎明，李燕. 地方人大部门预算审查监督研究[M]. 北京：中国财政经济出版社，2016.

3. 马蔡琛，苗珊. 预算绩效管理的若干重要理念问题辨析[J]. 财政监督，2019（19）：29-37.

4. 马蔡琛，赵笛. 新时代人大预算绩效监督的发展实践与政策建议[J]. 财政科学，2021（02）：5-13.

第五章

公共预算绩效管理方法

本章介绍了公共预算绩效评价方法的发展与演进，并重点讲解了成本收益分析方法等公共预算绩效管理的主要评价方法，最后阐述了新兴技术下公共预算绩效管理的方法变革。通过本章的学习，应了解公共预算绩效评价方法的不同发展阶段，掌握公共预算绩效管理的主要评价方法。

第一节　公共预算绩效评价方法的发展与演进

一、第一阶段：19 世纪的评价观念启蒙

自从工业革命以来，社会结构急剧变化，人们的心理状态和社会生活也发生了剧烈改变。1896 年，法国经济学家帕累托（Pareto）提出了帕累托最优的概念，把本质上不可比较的目标转化成单一的最优目标进行求解，该思想是实现由单目标决策向多目标决策转变最为关键的一环。[1]工业革命期间，工厂管理者意识到员工绩效对于产出的重要性，彼得·德鲁克和道格拉斯·麦格雷戈（Peter Drucker & Douglas McGregor）等研究者提出的目标管理（MBOs）和员工激励理论，为绩效评价体系的形成作出了重要贡献。[2]

这些早期的努力开启了泰勒的科学管理运动。1845 年，波士顿开正式

---

① 郭亚军. 综合评价理论、方法及应用[M]. 北京：科学出版社，2007：2.

② Murphy K R, J Cleveland. Understanding Performance Appraisal:Social, Organizational, and Goal-based Perspectives[M]. Sage, 1995; Consantinou C. Performance Management and Appraisal:A How-To-Do-It Manual for Librarians[J]. Reference & User Services Quarterly, 2004, 44(02)：178-179; Huprich J. A Brief Introduction to Performance Management[EB/OL]. https://ala-apa.org/newsletter/2008/06/15/a-brief-introduction-to-performance-management/.(2008-06-15)[2018-05-06].

学校评估之先河，1887—1898 年利用比较研究法实施了第一次正式的教育方案评估，并提出教育人员必须成为实验者和量化思考者的观点。① 到后来，针对这些方案评估的历史回顾发现，评估的专业判断方法可以追溯到19 世纪晚期，进而将评估出现以来至 1900 年的阶段称为绩效评价的启蒙时期。

二、第二阶段：20 世纪预算绩效评价方法的形成

20 世纪早期，绩效评价方法开始逐渐发展。在教育领域开启了科学管理运动，这是早期人员评估的一种尝试。②20 世纪 30 年代，为了解决水资源供应问题，有些国家发明了成本收益法（CBA）。1929 年西拉德（Szilard）最早将熵减少同获得信息相联系，1948 年香农（Shannon）从全新的角度对熵概念做了新定义，将熵的概念引入信息论，开拓了新的应用领域。③这些都为客观评价方法的后续发展奠定了基础。

20 世纪中期，绩效评价开始呈现具体化和专业化的发展趋向。20 世纪50 年代末至 60 年代初，掀起了对政府资金进行大规模评价的呼声。在此时期，英国将成本收益法用于交通运输领域，开展了针对伦敦地铁（M1 高速公路和维多利亚线）建设的评价。④20 世纪 70 年代，法国、加拿大、澳大利亚等发达经济体开始引入私营部门的绩效管理方法，逐渐形成了新公共管理改革的潮流。

20 世纪后期，绩效评价作为一种工具开始引起研究者的重视。虽然评估具有诸如节约资金、提高生活及产品质量、提高绩效等诸多好处，但评估仍然仅仅被当作一种任何学科分支都需要用到的技能，而并未被任何一所大学当作一门学科来讨论。⑤罗宾斯（Robbins）总结了评价组织效能的方法，主要包括目标达成法（Goal-attainment Approach）、系统法（Systems Approach）、战略顾客法（Strategic-constituencies Approach）、竞争性价值法（Competing-values Approach）、数据包络分析（Data Envelopment Analysis）

---

① Rice J M. Scientific Management in Education[M]. Hinds, Noble and Eldredge, 1913.

② Daniel L Stufflebeam，George F Madaus，Thomas Kellaghan，等. 评估模型[M]. 苏锦丽，等译. 北京：北京大学出版社，2007：8-10.

③ 毛太田. 地方政府公共财政支出绩效评价研究[M]. 北京：光明日报出版社，2013：137.

④ Williams B. Cost-benefit Analysis[J]. Economic & Labour Market Review, 2008(12): 67.

⑤ Scriven M. Evaluation Thesaurus[M]. Sage Pubn Inc, 1991: 10.

以及平衡计分卡（Balanced Score-Card）等。

与此同时，研究者和实践者从定性测评方法开始探索，注意到专家在绩效评价中的作用。鲍克等人（Balk et al.，1989）的研究发现，许多具有提高政府绩效意识的学识渊博的专业人员，却不具备决策制定者或高级管理者的权限。大部分技术人员处于较低的监督操作和技术辅助的职位上，他们或介于行政人员和一线操作者之间，或介于管理者和服务接受者之间，正是这种独特的战略位置及其具有的优秀技术分析能力，使其在提高政府绩效方面具有独特的优势。①荷兰于 1990 年开始对政府部门绩效进行小规模的实验，并于 1991 年拓展到所有部门，当时虽尚未形成一个综合的绩效评价系统，但已经就回答测评是怎样进行的、使用哪些方法、定性测评方法是怎样进行的、数据如何判断、采用什么标准等关键问题的重要性达成共识。②自 20 世纪 80 年代以来，使用相对正式的成本收益法（CBA）作为集中监管审查的工具，这种工具使政府对成本收益的非正式定性权衡，转变为以复杂的数学及经济理论为基础的专业技术方法。③

三、第三阶段：21 世纪以来预算绩效评价方法的最新进展

21 世纪以来，人类社会的变革速度远超以往，无论是环境、目标还是策略的变化，都会引发评价方法及指标的调整诉求。在这样的条件下，绩效测量应该根据环境和策略作出调整，具有弹性的预算绩效评价系统将更具优势。④

总体而言，21 世纪以来，绩效评价方法根据环境的变化呈现以下几个特点：

第一，现代数据处理技术为绩效评价由定性向定量转变提供了基础。随着绩效评价的发展，专家评判的定性方法已然难以满足实践的需要。以

---

① Balk W L, Bouckaert G, Bronner K M. Notes on the Theory and Practice of Government Productivity Improvement[J]. Public Productivity & Management Review, 1989(02): 117-131.

② 阿里·哈拉契米. 政府业绩与质量测评：问题与经验[M]. 张梦中，丁煌等，译. 广州：中山大学出版社，2003.

③ Sinden A. II. 22 Cost-benefit Analysis[R]. Decision Making in Environmental Law, 2016: 295.

④ Melnyk S A, U Bititci, K Platts, et al. Is Performance Measurement and Management Fit for the Future?[J]. Management Accounting Research, 2014(02): 173-186.

往政府绩效评价并未取得巨大成功的原因在于其测量范围和指标均过于宽泛。①从这一时期开始，政府绩效评价的量化研究逐渐拉开了帷幕。

第二，预算绩效管理的重点由投入导向转向更为关注公众满意度，其主要技术支撑也相应发生转变。近年来，一些经济合作与发展组织（OECD）成员国从传统的关注投入，转变为以产出和绩效为导向，更关注服务质量。在欧洲、北美和澳大利亚，许多传统服务领域都进行了重新评估和重组，并采用了来自私营部门及其他国家的标杆及质量标准。②公共部门管理者为了提高服务质量，需要直接满足顾客需求，由此产生了一系列新的信息需求，管理会计可以为此提供相应的信息，进而作业成本法（ABC）、基于活动的管理（ABM）、本地信息系统（LS）、平衡计分卡（BSC）、生命周期成本计算（LCC）、目标成本计算（TC）、战略管理会计（SMA）、质量成本（CQ）、经济增加值模型（EVA™）等适用于公共部门环境的方法逐渐成为新的关注领域。③

第二节　成本收益分析的关键节点与技术方法

一、成本收益分析的基本框架——IOO 模型

随着绩效管理从单纯关注投入转向更加注重产出与结果，在组织评价中，兼顾投入（Input）、产出（Output）和结果（Outcome）的 IOO 模型应运而生了。IOO 模型具有以下两个方面的优势：第一，IOO 模型不仅将产出和结果置于中心地位，而且便于将其分解为次级目标。产出包括服务数量与质量（如邮件送达速度），结果不仅意味着服务的有效性，还包括所产生的积极和消极影响（如增加就业带来的住房需求），而且它也涵盖了公平性这一评判组织绩效的核心原则。其次，IOO 模型将投入与结果挂钩，可

---

① Atkinson A A, J Q Mccrindell. Strategic Performance Measurement in Government[J]. CMA Magazine, 1997(03): 20-22.

② Ferlie E, P Steane. Changing Developments in NPM[J]. International Journal of Public Administration, 2002(12): 1459-1469.

③ Isaac Mwita J. Performance Management Model: A Systems-based Approach to Public Service Quality[J]. International Journal of Public Sector Management, 2000(01): 19-37.

以测度成本有效性，如单位成本带来的成果。[①]

IOO 模型在此后的应用中，又得到了进一步的拓展。英国 1998 年开始运行的公共服务协议框架（PSAs），在 IOO 模型的基础上加入了资源约束，使其覆盖范围向前扩展到财政收入环节。布卡莱特（Bouckaert，2008）对 IOO 模型进行了前后扩展：[②]前部增加了需要、环境和目标三个方面，后部增加了公信力作为政府活动的目标，使得该模型更为贴近现实。IOO 模型将政府绩效评价的起点定义为投入环节（即财政支出环节），迅速成为财政支出绩效评价的标准模型，被众多国家采用。

尽管 IOO 模型突出了产出与结果的重要性，不过其缺点也是非常明显的。首先，该模型未能重视服务对公众偏好的响应性。其次，IOO 模型从政府投入（即财政项目支出）环节开始，在某种程度上暗示着"存在的就是合理的"，不能说明发生该项支出的原因和依据。最后，IOO 模型强调外部利益相关者而不是内部群体的利益。对此，博尼（Bonye，2002）认为，可以在其绩效指标体系中增加"员工满意度"指标，与"顾客满意度"并列，以期实现外部与内部指标体系的平衡。不过，大多数研究者认为，我们尚未发现一个通用的框架，可以适合于所有的公共组织绩效评价。

在此需要进一步强调的是，从关注产出（Output）走向关注结果（Outcome）的过程，尽管有助于更好地提供公共服务，但对于具体的项目管理者而言，却往往有失公允。一般地讲，管理者的受托责任必须基于产出而不是结果，因为后者不能为管理者所直接控制，也难以界定和量化，很难进行成本核算。将成果与管理活动及决策直接相连是困难的，因为成果在时间和空间上都是遥远的（对于很多大型投资类项目更是如此）。计算努力（旨在达成结果的努力）的成本比计算产出的成本更加困难。一般说，成果并非由某一项目单独带来，它受诸多因素影响。因此，让公共支出项目的一线管理者对结果负责，或许是有失公允的。[③]从这个意义上讲，在现实的财政支出项目成本收益分析中，仍旧不能过早地抛弃传统的投入产出评价方式。

---

① 晁毓欣. 政府预算绩效评价 TSE 模型及应用[M]. 北京：社会科学文献出版社，2016：112-114.

② Bounkaert G, Halligan J. Managing Performance: International Comparison[M]. Oxon: Routledge, 2008: 16.

③ 王雍君. 公共预算管理：第二版[M]. 北京：经济科学出版社，2010：291.

二、成本收益分析的标尺：投入、产出与结果

（一）投入层面的标尺

投入是在预算中为实现预期产出、结果和影响而使用的资金、时间、人员、专业知识、方法和设施。投入通常可以理解为支出的数量或资源本身。以医疗保健领域为例，投入包括医生、护士、医疗设备和药品。从货币价值的角度看，投入指标表明为取得成果和产出所动用的财力（包括用财力测度的人力和物力）。因此，投入的价值可以通过成本概念来加以衡量。对于投入而言，预定的绩效标准是"合规性"（compliance），例如严格遵守预算限额、事先的预算配置以及适当的采购程序。仅就这个层面而言，好的绩效就意味着在合规性方面令人满意。①

传统的做法是，政府只是在预算系统中计量投入，而且是现金制（收付实现制）意义上的投入（不包括折旧）。目前，在一些国家中，这种做法正在逐步被应计制（权责发生制）基础上的"完全成本法"计量所取代：计量的不再是现金支出，而是从事一项公共活动的全部成本，包括未发生现金支付的成本（如折旧）。

通常而言，投入信息能够告诉我们某项特定活动的投入情况，进而可以间接地反映是否有效率。譬如，教育支出项目可以通过教师、行政人员的投入比例来判断其效率情况。但是，投入信息不能清晰显示这一活动的成功与否以及绩效如何。因此，目前多数 OECD 成员国的预算管理者认为，投入信息的意义不大，但在个别国家的预算体系中，仍然需要提供每一项目的投入信息。

（二）产出层面的标尺

产出是一项投入资源的活动所生产的商品与服务，例如接受免疫的儿童数量。在财政支出项目的成本收益分析中，产出的定义为公共部门所生产的商品或服务，例如提供的教学时数、被支付的社会福利数等。在公共部门中，产出的社会价值大体上可以用相同商品与服务的价格来衡量；或者在缺乏相同服务的情况下，用相似服务的价格来计量。与之相对应的往往是 3E 标准中的效率（efficiency），也就是使每单位产出的投入成本达到

---

① 王雍君. 公共预算管理：第二版[M]. 北京：经济科学出版社，2010：295-297.

最低水平；或者给定数量投入所产生的产出达到最大。

对于测度项目的绩效而言，产出标尺非常重要，但其本身并不表明项目目标的实现程度或进展。依据各类产出的特性，产出可能易于计量，也可能不易计量。譬如，医疗服务的产出就比政策咨询的产出，更加容易计量。

产出可以用数量指标描述，也可以用质量指标描述。例如，教育方面的产出可以用"毕业生人数"（数量指标）计量，也可以用"12岁儿童中具备阅读和计算能力者的比例"（质量指标）计量；卫生方面的产出可以用"接受免疫的人数"（数量指标）计量，也可以用"因注射哪几种疫苗而使人们免患哪几种疾病"（质量指标）来计量。

（三）成果与影响层面的标尺

成果是由所生产的产出而达成的目的，也就是一项活动最终取得的成绩是什么，例如降低儿童死亡率或疾病率。与产出相比，成果与政策目标之间的关系更为紧密。但是，成果也比产出更难计量。

成果反映的是公共政策的最终目标。例如，提高生产力和人民的收入水平，可以看作是教育政策取得的成果；提高人口的预期寿命可以看作是公共卫生政策取得的成果。当然，生产力和预期寿命的提高，并不完全取决于教育和卫生政策，因为其他因素也会发生影响，这使得政策成果具有一定的不确定性。鉴于影响成果的因素很多，并且其中大部分超出了各具体支出机构所能控制的范围。因此，在某种程度上，单个的支出机构很难对成果进行计量。

"影响"通常作为成果的同义词或近义词，但更恰当的定义应该是"净成果"：影响是一项活动所带来的增加价值，即"总的成果"减去"其他活动所作出的贡献"。举例言之，对于一个医疗机构而言，发病率如果降低了80%，其中可能有70%应归结为该医疗机构实施的旨在控制传染病的规划，另外30%归结为其他原因（例如药品质量的改进、居民饮食结构的改善等），那么可以将总的成果表述为"发病率降低80%"，净成果则只能表述为"发病率降低56%"（即80%－80%×30%）。从这个案例可以看出，发病率的降低究竟在多大程度上归结为内部因素，在多大程度上归结为外部因素，是非常难以界定和计量的。因此，在实际操作中，影响（净成果）往往是一种理论上的推演，通常难以作为实际分析项目成本收益的有效标尺。

三、成本—收益分析法

成本—收益分析法（也称成本—效益分析法）是指将一定时期内的总成本与总效益进行对比，以评价绩效目标之实现程度的分析方法。虽然该方法在私人部门中得到了广泛的应用，但由于公共部门与私人部门的性质存在较大差异，因此在公共部门中，成本—收益分析法并不适合所有预算支出项目的评估分析。具体而言，该方法最适合于成本和收益都能够准确计量的项目评价，对于成本和收益无法用货币确切计量的项目，则往往无能为力，特别是以社会效益为主的支出项目通常不宜采用此方法。由于社会效益很难精确衡量，其中包括直接效益、间接效益、长期效益、短期效益、有形效益、无形效益等多重因素的影响，而且很多指标无法具体量化，这使得成本和收益的估计容易出现较大偏差。

公共支出绩效评估过程中常规使用的成本收益比较方法主要有净现值法、现值指数法和内部收益率法。这些方法为评估提供了十分有用的评价指标，已成为项目决策者据以进行有关方案选择的主要依据。

1. 净现值法

净现值法是在投资项目的寿命期内，将所有的成本和收益按照一定的贴现率折算为成本现值和收益现值，若收益现值减去成本现值后的差额即净现值（NPV）大于零，则该投资项目就是可行的。[①]如果为实现某一公共投资项目可以选择不同方案，就要计算这些不同方案的净现值，然后进行相互比较，选出净现值最大的方案，作为项目评估的最优结果。净现值的计算公式为：

$$NPV = \sum_{t=0}^{n} NCF_t / (1+r)^t$$

其中，NCF_t 为该项目各年度净现金值，r 为折现率。

2. 现值指数法

现值指数法是通过计算公共投资项目的收益现值与成本现值的比率，即收益—成本率，来确定公共投资项目在经济上是否可取。如果现值指数大于 1，表示该项目可以接受；如果现值指数小于 1，表示该项目不可以接受。现值指数的计算公式为：

---

① 马国贤，任晓晖. 公共政策分析与评估[M]. 上海：复旦大学出版社，2012：184-185.

$B/C = NPV_B / NPV_C$

其中，B/C 为现值指数，NPV_B 为项目的收益现值，NPV_C 为项目的成本现值。

不难发现，现值指数是一个无量纲的指标，它可以用来比较不同投资规模的项目的相对优越性。

3. 内部收益率法（IRR）

内部收益率（也称内含报酬率，IRR——Internal Rate of Return）是指使投资项目的净现值等于零的收益率。

其数学表达式为：

$$IRR = \sum_{t=0}^{n} (CIF_t - COF_t)/(1+R)^t$$

其中，t = 0，1，2，…，n，R 为内部收益率，CIF_t 和 COF_t 分别是第 t 年的现金流入量和流出量。

在项目评估中，只要将已知的数据带入以上公式，就可以计算出该项目的内部收益率，即 IRR。然后，将它和现行的资本市场利率（r）进行比较，如果 IRR 大于 r，表示该项目的实际收益率大于利率，该项目是可以接受的；如果 IRR 小于 r，表示该项目的实际收益率小于利率，该项目是不可以接受的。

在项目评估中，当折现率（贴现率）没有给出或无法确定，从而 NPV 无法计算时，内部收益率方法是非常有用的。在这种情况下，绩效评价人员可以通过比较内部收益率和市场利率，或者比较内部收益率与给定的投资最低收益率，作出可选与否的基本判断。另外，内部收益率也是一个无量纲的纯数字，因而可以将不同规模的项目放在一起进行比较。其不足之处在于计算内部收益率的过程，是通过求解高阶多项式来实现的，使得不存在唯一的解，给项目评估带来不确定性。[1]当然，现代信息处理技术的进步，使得这一过程不再是一件十分困难的事情。

综上所述，可以得出一些成本—收益分析的一般原则：

如果某一项目为可接受的，其净现值必须是正值，或其现值指数必须大于 1，或其内部收益率必须大于市场利率。

如果有两个以上的项目都是可接受的，那么应该选择其中净现值较大

---

① 李银珠. 政府公共支出行为的成本—效益研究[M]. 北京：经济管理出版社，2007：134.

者，或现值指数较大者，或内部收益率较大者。

在公共支出决策中，政府既定的财政开支是一个硬约束，即所有投资项目的累计支出额不能超过政府用于公共投资的预算支出额。

第三节 公共预算绩效管理的主要技术方法

一、作业成本法与预算绩效管理

作业成本法能够精确计量成本信息，完善成本分配，已在私人部门得到广泛运用。利用作业成本法来解决公共部门的成本分配问题，有助于政府预算成本控制体系的构建，完善预算绩效评价指标体系，推动全面实施预算绩效管理的落实。

（一）作业成本法及其实施环境

1. 作业成本法的运作流程

20 世纪 80 年代以来，包括作业成本法在内的私人部门新兴会计和管理工具，开始进入公共部门的决策视野之中。作业成本法（Activity Based Costing，ABC）在分配直接费用时，与传统成本核算方法并无本质区别，但在核算和分配间接费用方面，却作出了重大变革。

作业成本系统使用成本驱动因素通过作业将成本分配给产出，其成本分配是一个两阶段的过程（如图 5-1 所示）。成本分配机制是一个双向的过程：一方面，产品（成本对象）生产引起了对作业的需求，进而又引发了对资源的需求；另一方面，依据资源动因，将资源消耗归集到以作业为基础的成本库中，然后将其按作业动因分配至不同产品。

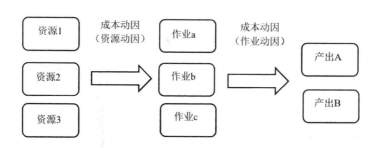

图 5-1 作业成本法分配成本流程图

实施作业成本系统需要四个具体步骤，即制定责任分部完成产出需要的作业；把资源分配到作业上；确定执行哪些作业以完成产出；为产出分配作业成本。需要注意的是，在制定作业时，需要深入分析每个责任分部的运营流程，而每个运营流程可以包括产出所需的一个或多个作业。根据可行性和成本效益考虑，把资源成本分配给作业，可以采用直接追踪分配或通过调查、访谈、统计抽样等方式估计分配。此外，在通过作业动因将作业成本分配给产出时，作业动因可以是某项产出对作业的消耗，也可以是对作业的需求。例如，作业动因可能是在完成特定产出时消耗作业的次数（事项动因），或者消耗作业的时间长度（时间动因）。

2. 公共部门引入作业成本法的实施环境

作业成本法以作业为中心实施成本分配，由成本分配观和流程观两部分组成。其中，分配观强调了产品对作业、进而对资源的消耗，以及成本如何进行分配；流程观则阐明作业因何发生（成本动因）以及作业完成情况如何（绩效测度）。[①]需要注意的是，作业成本法所强调的基础信息完备程度，直接影响到后续的成本核算和绩效评价结果，因此在探讨公共部门作业成本法的实施路径之前，有必要对其实行条件和制度环境加以分析。

作业成本模型的成功构建，需要以真实而完备的资源耗用信息为基础。传统的现金制（收付实现制）预算会计难以全面、准确地记录和反映政府的资产、负债信息，其账面支出难免会严重偏离政府真实的成本费用水平。权责发生制会计则包含了现金制无法提供的政府投入和产出信息。在权责发生制下，无论是货币交易还是非货币交易，无论折旧、费用还是负债，均纳入成本核算的范畴。

从这个意义上讲，实行作业成本法需要以权责发生制作为提供信息的基础。例如，在澳大利亚维多利亚地方政府，权责发生制会计改革对作业成本法的推进就发挥了重要作用。在 1992 年颁布《澳大利亚第 27 号会计准则》之后，维多利亚地方政府会计由修正的权责发生制转变为完全的权责发生制，资本性支出（如基本建设支出）被首次纳入核算范畴，并按照

---

① 刘希宋，方跃，邵晓峰，等. 新的成本管理方法——作业成本法：机理·模型·实证分析[M]. 北京：国防工业出版社，1999：15.

使用年限计提折旧。①

（二）作业成本法在预算绩效评价中的实践应用

作业成本法在公共部门的应用始于 20 世纪 90 年代，并广泛应用于各部门（如税务机关、邮政部门等）的成本核算。在地方层面，印第安纳波利斯市（Indianapolis）是最早采用作业成本管理体系的主要城市，作业成本法成为该市交通运输部门的一项日常管理工具。②20 世纪 90 年代，俄亥俄州伍斯特市（Wooster）在成功建立政府成本会计体系之后，开始探讨作业成本法的可行性。但该市的政府成本并不是严格按作业归集的，这是作业成本法应用初期遇到的最大障碍。③

随后一些国家将作业成本法运用于公共部门的成本核算，并取得了一定成效。例如，早在 1995 年，英国英格兰和威尔士的皇家检察署就成功推行了作业成本法，用以控制公共服务的间接成本，为现有的绩效指标系统提供成本信息。在此基础上，皇家检察署于 2001 年开始采用作业预算来预测未来的费用水平。④

在降低公共服务成本并保证服务质量的压力下，法国巴黎公用事业部门也开始探索将作业成本法应用于预算决策过程。研究表明，成本动因的变化会影响成本，运用作业成本法可以确定恰当的成本动因，进而预测未来活动的成本。⑤

澳大利亚维多利亚地方政府在 1992 年改革的基础上，在国际会计公司的帮助下推行了作业成本法，以期准确核算"强制性竞争投标"的内部竞标成本，并用来与私人部门的价格作比较。作业成本法可以更好地将政府

① Jouman N Aboumrad. Use of Activity-Based Costing in The Public Sector[D]. Massachusetts Institute of Technology, 2000.

② Anderson B M. Using Activity Based Costing for Efficiency and Quality[J]. Government Finance Review, 1993(09): 7.

③ Brown R E, M J Myring, C G GARD . Activity-Based Costing in Government:Possibilities and Pitfalls[J]. Public Budgeting & Finance, 1999(02): 3-21.

④ Lana Yan Jun Liu, Falconer Mitchell, John Robinson. A Longitudinal Study of The Adoption of An Activity-Based Planning System in The Crown Prosecution Service of England and Wales, United Kingdom[J]. Journal of Accounting & Organizational Change, 2008(03): 318-342.

⑤ Maheshwari S, K R A Madison. Activity Based Costing in a City Government's Utility Company Budgeting Process[J]. Delhi Business Review, 2001(02): 1-8.

部门的间接费用归集到产品和服务中，并能够准确识别各种非增值性活动。①

　　然而，某些作业成本法的实践并不顺利。英国苏格兰行政院自 1997 年开始负责绩效管理模式在该地区的推行，并将作业成本法作为实现"最佳价值"管理的最优成本体系，要求苏格兰各地方当局采用。然而在 32 个地方当局中，只有 8 个坚持推行了作业成本法，其他机构或完全拒绝采用，或尝试后放弃。②实证调查发现，作业成本法失败的主要原因在于，高层决策者不愿接受作业成本法带来的改变，多数人将作业成本模型视为监控人员的工具而非一种管理工具。③

　　为使作业成本法更好运用于预算绩效管理，首先要认识到作业成本法作为一种人为的分配方法，在应用中存在一定的困难和局限性。作业成本法的初期构建成本可能会非常大，包括设计、维护和更新作业成本管理软件的成本和人员培训成本，④且其构建过程需要足够的政治支持和资源保障。因而在考虑推行作业成本法时，需要仔细权衡引入这项技术工具的成本和收益。一方面，可以考虑通过"快速成型技术"来实施作业成本法，即由政府主持成立项目小组，并聘请外部专家或中介机构提供技术支持，利用信息化技术设计并构建恰当规模的作业成本模型。项目小组可以选择关键部门的主要活动进行试验，例如可以在服务成本较高、占用资源最多的领域（如城市轨道交通、高速铁路等大型基础设施建设）开展作业成本法试点，以突出关键问题的重点信息。通过改变这些组织或部门的行为，有望降低成本并减轻工作量。在分析作业成本数据的基础上，项目小组需要不断优化作业成本模型，以提高成本的可见性。

　　另一方面，管理者不仅能够凭借作业成本法进行纵向的成本分配，而且可借助该方法解构相关的成本流程，评价产出绩效并完善预算技术。基于作业成本法的流程观，依照时间顺序展示了一个跨越组织边界的作业网

① Jouman N. Aboumrad. Use Of Activity-Based Costing In The Public Sector[D]. Massachusetts Institute of Technology, 2000.

② Michela Arnaboldi, Irvine Lapsleya. Ctivity Based Costing, Modernity and the Transformation of Local Government[J]. Public Management Review, 2003(03): 345-375.

③ Femenias L B, J L Boned, M Tayles. Cost System Design And Cost Management in the Spanish Public Sector[J]. Ssrn Electronic Journal, 2006(01): 1.

④ Brown R E, Myring M J, Gard C G. Activity-Based Costing in Government: Possibilities and Pitfalls[J]. Public Budgeting & Finance, 1999(02): 3-21.

络，①在反映产出结果的同时，也揭示了成本流程中的非财务信息。可以在推行作业成本法的基础上，结合平衡计分卡等方法开展绩效考核，在运用财务指标和效果指标对产出进行事后分析的同时，注重兼顾多重绩效衡量维度（如内部业务流程、学习和成长等角度），运用先行指标和预测性指标，对作业流程进行事前和事中的控制与评价。

二、平衡计分卡与预算绩效管理

平衡计分卡（Balanced Scorecard Card）作为一种多维度的绩效测评方法，由伯特·卡普兰和大卫·诺顿于 1992 年提出，最早应用于企业绩效管理，后被引入公共部门的绩效评价，是当前较为流行的绩效管理系统和战略管理工具。贝恩（Bain）公司 2013 年的管理工具使用趋势调查显示，在欧洲、中东和非洲地区，平衡计分卡的使用率均高居榜首，在其他地区也稳居前十。②各国公共部门绩效管理中已有较为成功的平衡计分卡实践案例。

目前国内外对于平衡计分卡在公共部门绩效管理应用的研究，主要集中在医疗、排污治理、高等教育管理等领域。在政府绩效管理中，虽然已有如山东青岛市、广西钦州市的实践，但总体来说尚在尝试阶段。本节从公共部门引用平衡计分卡的优势分析入手，在充分研究平衡计分卡在各国实践的基础上，探索公共部门引入平衡计分卡的前景，以进一步推动预算绩效管理改革。

（一）平衡计分卡的构建思路

平衡计分卡的基本构建思路为"将愿景转化为战略—分解战略并将其与个人绩效相联系—确定绩效指标—反馈和学习并相应地调整策略"。本节从平衡计分卡的构建思路入手，梳理公共部门平衡计分卡的构建要点。

1. 确定战略愿景，分解战略目标，绘制战略地图

在平衡计分卡实施的第一阶段，首先要确定政府的长期战略愿景，随后确定实现愿景所需要实施的战略，并对战略进行分解，确定实现这些结果所需的产出以及应该在每项产出上发挥带头作用的政府部门。再进一步

---

① 加里·柯金斯. 作业成本管理：政府机构手册[M]. 甘荣坤，译. 北京：经济科学出版社，2006：89，182.

② Rigby D Bilodeau. Management Tools & Trends 2013 [EB/OL]. http://www.Bain.Com/Publications/Articles/Management-Tools-And-Trends-2013.Aspx .(2013-05-08)[2018-03-15].

确定对实现成果和产出非常重要的那些具体活动。以英国少数族裔就业工作部门中构建平衡计分卡的过程为例。为了实现增加少数族裔就业的主要愿景，需要实现三个辅助战略目标：通过提高教育程度和技能水平来提高就业能力；通过改革现有的就业计划，解决在贫困地区工作的障碍，促进创业；提供更多平等的工作机会。①

在平衡计分卡的试运行阶段，除了对相关人员进行培训之外，还需要组建专家执行小组对平衡计分卡的关键领域展开分析，结合各级政府的实际情况和战略需求，细化不同层级的战略目标，进而形成战略地图。比如，韩国的富川市首先组建了由公务员组成的政策评价研究会，在专家指导下确立了六个核心领域和与之对应的六个战略主题，并绘制了逻辑关系清晰的战略地图。澳大利亚的布里斯班和墨尔本为了打破部门之间的障碍，在所有组织成员之间建立开放式合作，在规划过程中纳入跨部门小组，创建了一个特定的战略管理部门。②

此外，战略目标的制定通常需要经过多阶段探讨，主要是因为战略目标通常是自上而下逐级设置的，针对每一层级的战略主题制定对应的战略目标时，都需要与该层级的利益相关者充分讨论。通过这种逐层探讨的方式，可以达到改善内部沟通情况的效果，并且可以更好地了解在战略实施过程中每一层级协作中可能遇到的现实需求与障碍。例如，一些地方政府在正式开始项目之前，先组建了专门的核心管理团队，通过 SWOT 分析确定现实与可持续的战略目标，③并确定战略愿景和使命，随后明确了 6 个核心价值和 4 个重点战略主题，④这些做法也是颇具启示价值的。⑤与之类似，

---

① Moullin M. Improving and Evaluating Performance With the Public Sector Scorecard[J]. International Journal of Productivity & Performance Management, 2017, 66(04): 442-458.

② Kaplan R S, D P Norton. How Balanced Scorecard Companies Thrive in the New Business Environment[J]. Academy of Management Learning & Education, 2005(04): 519-522.

③ SWOT 分析的目的在于确定该县可以利用的优势（Strengths）（如较好声誉）和机遇（Opportunities）（如决策更具有战略性）来实现其愿景，并通过对内部和外部挑战的评估发现弱点（Weaknesses）（如推进平衡计分卡过程中的资金需求）和威胁（Threats）（如没有失败的空间），便于团队设定现实和可持续的后续战略目标。

④ 6 个核心价值，包括道德、客户、员工、卓越、团队、责任（ethics, customer, employees, excellence, teams, accountability）；4 个重点战略主题，包括居民健康和安全、社会教育和经济机会、成长管理和环境、有效和高效的政府。

⑤ Institute of BSC. Mecklenburg County Case Study [EB/OL]. http://www.theinstitutepress.com. (2013-08-21) [2018-03-15].

意大利地方政府也采取了多阶段会议探讨的方式，第一阶段由市长和地方议员参与，主要确定该市的战略主题与对应的战略目标；第二阶段在次年 4 月进行，由地方议员参与，探讨对主要政策的看法，并针对每一层级目标制定多维衡量指标。①

2. 构建合理的绩效指标体系

评价指标的确定一直是预算绩效管理的重点和难点。在平衡计分卡应用过程中，评价指标的确定同样面临着困难。一方面，由于政府涉及的顾客和利益相关主体关系复杂，提供的服务多样，难以使用统一的指标来进行衡量，不像企业绩效那样可以简单地采用财务指标来加以测度；另一方面，政府的战略目标作为平衡计分卡应用中的核心点，如何在设定指标时对定性与定量指标加以权衡取舍，以全面且有效地对其进行衡量，也是需要反复斟酌的。

在指标设定的原则上，由分析平衡计分卡的具体实践可以发现，大多强调以结果为导向（results-based management），并将绩效评价的结果与实际业务相关联。但在制定战略时，往往将重点放在实现项目和计划清单而不是战略成果上，难免存在依据表现较差的绩效考核结果来制定惩罚措施的倾向，以致未能将平衡计分卡与总体战略联系起来。因此，不能仅仅关注结果测量，也要关注未来并制定一套综合措施，在整个组织内传达未来战略，并确定实现结果的方法。②各类公共组织应该明确为了实现服务目标到底需要哪些机构来协调计划和活动，并且时刻立足于整体战略目标，做到短期目标和长期目标相互衔接，指标设立应以战略管理结果为导向。③

在指标的来源上，目前在使用平衡计分卡进行绩效评价指标的确定时，主要有两种做法：一是依据市民的满意程度来设定，如韩国富川市以公民满意度作为标准，针对绩效目标按照投入、过程、产出、结果等逻辑顺序，

---

① Farneti F. Balanced Scorecard Implementation in an Italian Local Government Organization [J]. Public Money & Management, 2009(05): 313-320.

② Pollalis Y, I Koliousis. An Enterprise Performance Measurement System: Using the Balanced Scorecard for Business Improvement[J]. Journal of Applied Systems Studies, 2003(05): 1-32.

③ Pollalis Y A, M Gartenberg, B Edmunds. Applying the Balanced Scorecard Methodology in the Public Sector: the Case of the Department of Defense in the United States[J]. Spoudai-Journal of Economics and Business, 2004(01): 33-58.

选取相应指标；二是直接根据专家研究小组的意见来设定，如梅克伦堡的核心管理团队结合最高层领导者制定的战略优先级次，通过会议讨论来确定绩效指标，并在后续实践中反复修正。①与之类似，澳大利亚维多利亚地方政府的工作人员认为，应该为每个部门制定一个指标清单，由部门选择自己认为最合适的指标组合，然后根据当前的发展状况设定相关的目标，从而保证具体业务部门应用上的灵活性。例如，业务部门可以通过监测缺勤程度来间接反映员工的满意度，而像人力资源部这样的部门则可以通过评估员工流动率来监控管理绩效。②此外，也可以通过专门设计的考评工具进行衡量。譬如，一些国家的地方市容保持机构在进行市容保持工作的评价时，采用拍摄测量法（photometric index）③，根据计算值来衡量市容保持项目在减少特定场所和社区整体垃圾排放方面的影响。④

3. 绩效评价结果的反馈及应用

在平衡计分卡框架下的绩效结果度量方面，除了采用五级分类指标进行打分外（非常好、比较好、一般、较差、非常差），很多地方政府还采取交通信号灯的颜色来加以区分（红色、黄色、绿色）。瑞典执法部门的评价指标就是通过交通信号灯颜色来报告的，绿色表示具有良好的表现（如完成度95%或以上）；黄色表示可以接受的情况（如完成度85%至94%）；红色表示低于可接受值（如完成度84%或更低）。⑤克罗地亚也采用类似方式，绿色表示相关绩效指标的战略目标和目标价值全面实现，黄色表示需要小

---

① Mcgillicuddy J. Case study: Using the Balanced Scorecard to Move from "Management By Experts" to Managing for Results Through Data-Driven Decisions [C]. Balanced Scorecard Institute, 2009.

② Kasurinen T. Exploring Management Accounting Change: the Case of Balanced Scorecard Implementation [J]. Management Accounting Research, 2002(03): 323-343.

③ 拍摄测量法（photometric index）：每年都对同一块固定面积的代表性场所（该场所能够代表社区收入水平，并且在土地使用上具有一定代表性）进行拍摄，照片拍好后，将其张贴在坐标地图上，根据每年照片中的垃圾方块数量，计算出测量值。

④ Poister T H. Measuring Performance in Public and Nonprofit Organizations[M]. John Wiley & Sons, 2003.

⑤ Carmona S, A Grönlund. Measures VS actions: the Balanced Scorecard in Swedish Law Enforcement [J]. International Journal of Operations & Production Management, 2003(12): 1475-1496.

心谨慎地实施管理，红色表示需要提高业务目标的绩效。①一些其他国家的地方政府在此基础上还增加了灰色，表示该指标正在开发或数据不可用。②通过这种方式，可以一目了然地观察到绩效指标的完成进度，便于管理者进行绩效追踪。

　　绩效评价的最终结果通常体现为年度绩效报告，报告有的对外公开（如意大利地方政府的公共部门社会责任报告③），也有的仅供内部使用（如澳大利亚维多利亚地方政府的内部年度报告④）。报告有助于利益相关者直接掌握各层级部门的目标完成情况，也能够有效帮助政府调整战略重心。这并不意味着仅仅发布最好或最差的结果，而是应考虑利益相关者的利益，确定优先事项，改进建议和公开进一步目标，如实地推进报告公开。⑤

　　绩效报告的结果不应该完全用于处罚，而应该更多地用于学习和改进。如果设定指标的对应目标值最终未能达到，也应该鼓励进行重新规划而不是一味地制定惩罚措施。⑥从结果中吸取教训进行学习，才是一个学习型组织不断进步的长远之计。⑦

　　（二）我国政府预算绩效管理中平衡计分卡应用的实践进展

　　近年来，各级政府对平衡计分卡的本土化应用进行了探索与尝试。从基本原理角度出发，平衡计分卡系统是在财务、客户、内部业务流程、学

---

　　① Budimir V, M J Raguž, M Župan. Development of the Balanced Scorecard Performance Management for Public Sector and Budgetary Users in Croatia[C]//6th International Conference, An Enterprise Odyssey: Corporate Governance and Public Policy-path to Sustainable Future, 2012.

　　② Institute of BSC. Mecklenburg County Case Study [EB/OL]. http://www.Theinstitutepress.Com. [2018-03-15].

　　③ Farneti F. Balanced Scorecard Implementation in an Italian Local Government Organization [J]. Public Money & Management, 2009(5): 313-320.

　　④ Farneti F, J Guthrie. Italian and Australian Local Governments: Balanced Scorecard Practices. A Research Note [J]. Journal of Human Resource Costing & Accounting, 2008(01): 4-13.

　　⑤ The Local Government in Scotland Act 2003 Best Value Guidance-Measures to Support Public Performance Reporting [EB/OL]. http://www.Gov.Scot/Publications/2005/01/20531/50061.(2005-01-20) [2018-07-02].

　　⑥ Niven P R. Balanced Scorecard: Step-By-Step for Government and Nonprofit Agencies[M]. City: John Wiley & Sons, 2011: 328-329.

　　⑦ Mcadam R, T Walker . An Inquiry into Balanced Scorecards within Best Value Implementation in UK Local Government [J]. Public Administration, 2003(04): 873-892.

习与成长四个维度的基础上，形成绩效指标体系并以此进行绩效测度的过程。而政府的主要职能、效力以及管理基础均不同于企业，①因此，基层政府在引入平衡计分卡时，大多对其四维框架进行了修正，注重战略目标与评价指标的紧密结合。譬如，黑龙江省海林市采用"利益相关者、财务、实现路径、自身建设"四个维度，在 2009 年战略执行地图中，在实现路径和自身建设层面将省考核目标与海林市重点关注目标有机结合，充分反映当年全市的工作重点。②广西钦州市则采用"百姓满意、政府产出、流程效率、能力与创新"四个维度，其交通运输局制定的 2017 年度平衡计分卡工作目标表中，除了"年度包村工作"等 6 项职能性工作、"应急工作"等 36 项共性工作外，还设置了"县县通高速公路项目""地方路网项目""治理车辆超限超载工作"等 25 项重点工作。③

此外，平衡计分卡在税务系统中的实践，将个人目标与单位战略目标有机结合，有力激发了系统中的人力资源潜力，有效促进了税务部门的作风转变。西安市税务稽查系统通过引入平衡计分卡，建立了四个层面战略要素之间的相互因果关系（如图 5-2）。④自 2014 年税务系统启动绩效管理以来，成熟定型的税务绩效管理体系逐步形成，目前已形成了党的全面领导、税收改革发展、工作运转保障、各方多维评价的考评指标"四大板块"。⑤这些指标不仅与《关于进一步深化税收征管改革的意见》的要求相对应，还在一定程度上反映了税务绩效管理的平衡计分卡，即分别对应"上级领导""服务对象""内部运行"及"干部发展"。⑥

---

① 冯楠.平衡计分卡在基层政府预算绩效管理中的应用——基于河北省保定市莲池区的实践探索[J]. 预算管理与会计，2022（10）：32-38.

② 李军. 平衡计分卡是落实科学发展观的有效工具——以黑龙江省海林市为个案剖析[A]. 中国领导科学研究会. 提高领导科学发展能力暨纪念新中国成立 60 周年理论研讨会论文集[C].中国领导科学研究会，2009：8.

③ 钦州市交通运输局. 2017 年度平衡计分卡绩效考评工作方案（钦交办〔2017〕51 号文印发）[EB/OL]. http：//www.qzjtys. gov.cn/index.php?m=content&c=index&a=show&catid=31&id=1776.（2017-11-09）[2018-03-15].

④ 袁红兵，徐栋菁. 平衡计分卡在深圳国税系统的实践[J]. 涉外税务，2004（06）：75-76.

⑤ 程俊峰. 优化税务绩效管理增强税收征管改革内生动力[J]. 中国行政管理，2022（03）：152-154.

⑥ 付树林，何强. 论平衡计分卡理论在税务绩效管理中的运用[J]. 税务研究，2022（05）：112-120.

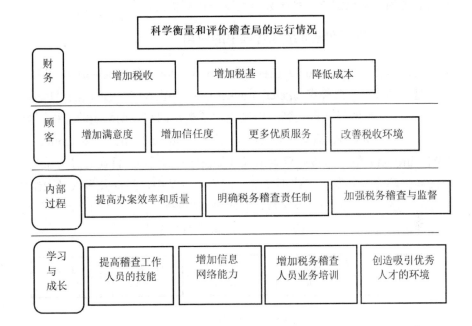

图 5-2 平衡计分卡因果关系层次图

　　最后，地方政府在进行预算绩效管理时，也采取了开发信息系统并实时以红绿灯展示指标项目完成进度的方法。青岛市着手开发了在线平衡计分卡管理系统，并在关键流程的各个步骤设置完成时限，将完成情况以交通灯示警，实现了绩效评估的高效在线动态化管理。[1]海林市也试运行了"平衡计分卡 IT 系统"，实时反映各承办部门工作的进展情况，一旦某一承办事项出现超时或差错，系统会自动亮起"红灯"。[2]近年来，随着各级政府预算一体化管理系统的逐步完善，"四色预警机制"已逐步融入预算绩效运行监控管理，成为利用平衡计分卡来创新预算绩效管理的重要实践表现。例如，浙江省宁波市财政局在预算一体化系统的绩效监控功能模块，将预算执行进度、绩效目标实现程度与计划值之间的偏离度按红灯、黄灯、蓝灯、绿灯设置四个预警等级，当预设的预算执行进度或绩效目标实现程度

　　① 侯永平. 平衡计分卡在青岛市创建高绩效机关中的实践[J]. 科学与管理，2008（03）：14-16.
　　② 薛万博. 绩效管理的"海林试验"——海林市平衡计分卡"中国化"模式试点侧记[J]. 党的生活（黑龙江），2010（09）：34-35.

偏离值达到一定范围时，系统会自动发出预警信息。①

三、逻辑模型在预算绩效管理中的应用

逻辑模型（logic model）也称为逻辑框架（logical framework），其概念可以追溯到彼得·德鲁克（Peter Drucker）20 世纪 60 年代提出的"目标管理"理论。②它是解释从投入到产出过程中各类短期和长期影响的流程图表，主要由投入（input）、活动（activity）、产出（output）、成果（outcome）及影响（impact）等五个核心要素组成（如图 5-3 所示），旨在通过一系列可控活动来解释现象发生（或不发生）的原因。其中，活动及投入是由组织主导的，属于组织内的可控区域，而成果、影响则是组织外的非可控区域，因此，这一部分往往也是研究与应用逻辑模型的重点。③

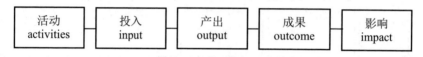

图 5-3 基本的逻辑模型

自 20 世纪 90 年代面向结果的绩效评价出现以来，逻辑模型在项目规划和管理中发挥了重要作用，在许多国际组织的技术援助项目中，已成为重要的标准项目评价方法。④运用逻辑模型方法进行项目的目标评价，可实现对目标、目的、产出和投入四个层次的评价。⑤目前，世界银行、经济合作与发展组织（OECD）发展援助委员会等机构，逻辑模型应用于绩效评价，已取得了有益的成果。

（一）逻辑模型在预算绩效管理中的总体应用

面向结果的绩效评价始于 20 世纪初叶，全球范围内的绩效影响和问责

① 宁波市财政局. 宁波："六个结合"创新绩效运行监控工作[EB/OL]. http://czj.ningbo.gov.cn/art/2021/12/29/art_1229052630_58883508.html.（2021-12-29）[2023-02-23].

② Greenwood R C. Management by Objectives: As Developed by Peter Drucker, Assisted by Harold Smiddy[J]. Academy of Management Review, 1981(02): 225-330.

③ 李月作. 基于逻辑模型的组织信息资源管理绩效评价研究[M]. 北京: 科学技术文献出版社, 2021: 71.

④ Harley K. Learning from Logframes:Reflections on Three Educational Development Projects in East and Southern Africa[J]. Compare: A Journal of Comparative and International Education, 2005(01): 27-42.

⑤ 陈朝晖. 逻辑框架法（LFA）在目标后评价中的应用[J]. 商业研究, 2003（11）: 8-11.

制越来越受到重视，这增加了各类组织关注绩效衡量的压力。许多公共组织管理者面对三个关键挑战：（1）组织可以在逻辑链上（活动、投入、产出、成果及影响）合理地衡量什么？（2）组织需要衡量什么才能对资助者负责？（3）组织如何通过衡量绩效来更好地实现其使命？这些问题的核心是公共部门特有的两个更深层次的分析问题：一是因果关系问题，即如何理解支出政策的因果关系？二是控制结果的问题，即管理者如何控制他们的干预指标和结果？[1]大多数复杂的公共机构都会产生许多结果。机构如何选择要跟踪哪些结果，以及如何使用它们来指导决策和改善内部流程？其主要工具就是因果链，也常称为逻辑模型。[2]

在 20 世纪 90 年代末期，几乎所有国际捐助机构都普遍接受了逻辑模型方法。人们认识到，逻辑模型提供了一套有用的设计工具，可以创造性地和参与性地用于规划、设计、执行和评价项目和方案。[3]目前，逻辑模型已被澳大利亚国际开发署（AusAID）、加拿大国际开发署（CIDA）、挪威发展合作署（NADC）、瑞典国际开发公司机构（SIDA）、英国国际发展署（DFID）、大不列颠平等资助委员会（Great Britain Equal Support Unit）、欧盟委员会（EC）等多边援助组织广泛使用。

除援助组织外，逻辑模型在政府部门也颇多应用。例如，早在 1979 年，一些农业和畜牧部门就使用了逻辑模型方法进行预算规划。[4]在 1997 年，加拿大的公共部门投资决策中，审计长办公室的审计长报告也使用了逻辑模型。[5]

在私营部门，逻辑模型也受到欢迎，例如在医疗保健方面，一些非政府组织向基层工作人员提供逻辑模型方法的培训。在英国，逻辑模型方法

① Ebrahim A S, V K Rangan. The Limits of Nonprofit Impact: A Contingency Framework for Measuring Social Performance[J]. Social Science Electronic Publishing, 2010(10): 10-99.

② Swiss J E, S K Straus. Implementing Results-Based Management in Local Government[J].Popular Government, 2005(03): 31-41.

③ Dearden P N. A Positive Look at Monitoring, Review and Evaluation-International Development Experiences Affecting Regeneration Work in the UK[R]. University of Wolverhampton, 2005.

④ Rosenberg L, L Posner. The Logical Framework: A Manager's Guide to a Scientific Approach to Design and Evaluation[R]. Practical Concepts Incorporated, Washington, DC, 1979.

⑤ The Office of the Auditor General of Canada,1997 Report of the Auditor General of Canada[R]. Office of the Auditor General of Canada, 1997.

于 1998 年被引入国家卫生行动区（HAZs）等方案和项目。[①]部分应用逻辑模型的组织整理如表 5-1 所示。

表 5-1 部分应用了逻辑模型的组织汇总

一、国际基金组织	三、政府机构
南非艾滋病基金会 AIDS Foundation of South Africa	澳大利亚国际开发署（AusAID） Australian Aid
曼德拉儿童基金 Nelson Mandela Children's Fund	比利时发展署 Belgian Development Agency
二、政府（部门）	加拿大国际开发署（CIDA） Canadian International Development Agency
丹麦大使馆 Danish Embassy	丹麦国际发展署（DANIDA） Danish International Development Agency
芬兰大使馆 Embassy of Finland	英国国际发展署（DFID） Department for International Development
爱尔兰大使馆 Embassy Of Ireland	四、私营部门
南非卫生和社会发展部 South African Department of Health and Social Development	思科 CISCO
	可口可乐 Coca-Cola
加拿大高级专员公署 High Commission of Canada	微软 MICROSOFT
开普敦市 City of Cape Town	西门子 Siemens

资料来源：Wildschut L P. Theory-Based Evaluation, Logic Modelling and the Experience of SA non-Governmental Organisations[R]. Stellenbosch Stellenbosch University, 2014.

（二）预算绩效管理中的逻辑模型具体应用

对于公共部门而言，逻辑模型的优点在于，它能够以整齐且容易理解的方式，系统且可视化地呈现与项目有关的所有基本和关键信息，有助于

---

① Dearden P N. Programme and Project Cycle Management(PPCM): Lessons from DFID and Other Organisations[C]//Symposium Conducted at the Meeting of the Foundation for Advanced Studies for International Development(FASID). Tokyo, Japan. February, 2001.

信息的系统化和实现必要的问责制。但随之而来的一个问题是，模型本身的严格框架形式限制了其灵活性。虽然逻辑模型方法可能是合乎逻辑的，但在大多数情况下，项目运行的复杂程度，远高于逻辑模型方法中可能包含的复杂程度，因此过于规整的逻辑形式往往是没有意义的。

此外，逻辑模型的参与度越高，也未必意味着它就更加灵活。即使将参与式进程作为逻辑模型方法的一部分，或者与项目参与方创建非常详细的协商计划，依然可能会导致更加僵化的逻辑模型。譬如，在中美洲的某个项目将建造一座新建筑，以扩展社会服务。当这一业务显然是亏本运营状态时，合作伙伴仍致力于履行逻辑模型中规划的计划。也就是说，逻辑模型方法的参与度越高，为达成共识制定框架所投入的努力越多，在实施过程中加以修改和优化有时反而会更困难。[1]

逻辑模型应该确定需要纳入评估的变量，并提供一个框架，用于讲述有关情况的连贯故事。因而，在设计图表时，应该以能够清晰地同参与者沟通展示问题为原则，既不能过于简化以至于忽略了重要的因素，也不能过于复杂以至于无法连贯地对整个因果过程进行概述。

以孟加拉国综合营养计划的影响评估为例。该计划每周对婴儿进行称重，然后为那些被确定为营养不良或体重不足的婴儿提供营养咨询和补充喂养。一开始，该项目的影响评估中未发现对营养状况产生重大影响的情况。经过因果关系测试才发现了如下问题：（1）许多负责称量婴儿的人无法正确解读体重图表，因此难以正确地分辨最需要该计划帮助的婴儿。（2）在许多情况下，参加该计划并接受营养咨询的母亲最终会受到家中长辈干涉的影响，不能落实所提供的营养改善建议。[2]

第四节　数字经济下公共预算绩效管理的方法变革

早在数十年前，阿尔文·托夫勒（Alvin Toffler）在《第三次浪潮》中就

---

① Bakewell O, A Garbutt. The Use and Abuse of the Logical Framework Approach: A Review of International Development NGOs' Experiences[R]. Stockholm: Swedish International Development Agency, 2005.

② White, Howard. Theory-Based Impact Evaluation: Principles and Practice[R]. International Initiative for Impact Evaluation Working Paper No. 3, 2009.

曾预言："如果说 IBM 的主机拉开了信息化革命的大幕，那么大数据则是第三次浪潮华彩的乐章。"数字经济作为未来科技发展的重要基础和趋势，深刻地改变着人们的生产和生活，同样也改变了人们看待事物的方式和思维。

当前，大数据的影响也深入到预算绩效管理的各个阶段和领域，主要体现为对于传统预算绩效管理理念的冲击、数据收集技术的推动、标准化的指标体系建设、实时性的绩效运行监控，以及自动化的绩效评价和结果应用等多个方面。

一、预算绩效管理的理念变革

预算绩效管理理念是贯穿绩效评价、管理以及预算编制和决策的核心。近年来，绩效理念和方法深度融入预算编制、执行、监督的全过程，注重结果导向、定性与定量相结合、外部评价与内部自评相结合等现代绩效理念，成为预算绩效管理发展的时代潮流。恰如大数据专家迈尔·舍恩伯格在《大数据时代》一书中所指出的，大数据也是一场重要的思维变革，改变了人们的生产生活理念。同样，大数据的思维方式、自动化分析理念也引爆了预算绩效管理的理念变革。

目前，大数据理念以及数据收集、数据存储和数据分析的相关制度和经验，已深入企业、社会生活和政府的诸多领域。同样，预算绩效管理也离不开数据的收集、处理和分析，大数据思维的冲击必定会带来预算绩效管理的理念变化。2016 年，"十三五"规划纲要明确提出实施"大数据战略"，目前在国家安全、医疗卫生、教育等领域都不断引入大数据理念。实际上，相比私人企业，政府部门运用大数据其实是困难最小而收益最多的。2019 年 5 月，财政部发布了《关于推进财政大数据应用的实施意见》，要求各部门推进财政大数据应用，以支撑建立现代化财政制度，这也是第一次从顶层设计层面对财政大数据的应用作出要求。

大数据的思维变革其实是一个渐推渐进的过程，就像大数据概念形成之初，因为需要处理的信息量已超过了普通数据处理中所能使用的内存量，由此推动工程师开发出新的数据处理工具和平台。大数据在政府和财政领域的发展也倒逼预算绩效管理中建立大数据思维，用大数据的技术和方法，建立以数据为基础导向的预算绩效管理新模式。其中就包括目标管理数据化、指标管理数据化、结果呈现数据化等多方面的内容，并随着大数据技术的不断进步，其评价方式和技术手柄也需要不断革新。

二、预算绩效管理的多样化数据来源

数据来源是预算绩效指标设置的原材料，也是评价过程实现的重要基础，只有具备了充分的资金投入、产出和结果的相关数据，才能对资金的使用情况进行绩效评价。绩效指标的数据可以来自调研的内容、问卷调查、访谈、日志记录、量表信息和自我评估等诸多方面。[①]收集而来的数据可能是定性的也可能是定量的，而数据的完善以及准确性对于绩效指标的设置以及之后的评价过程，都有着十分重要的影响。随着数据采集技术的不断发展，来自各个领域和各种结构的数据提取成为现实，为适应风起云涌的数据风暴，预算绩效管理需要持续更新数据收集技术，不断丰富绩效数据来源。

体量大和种类多是大数据的基本特征，从中央本级财政来看，早在2013年的数据体量就达到约40T，每年的数据增量约1T，而这仅仅是各类财政信息系统及数据库中的业务数据，也就是财政部门自己生产的结构化数据。如果扩展到文本、图片、音频和视频等非结构化数据，以及省市县乡多级财政部门，应该说财政数据规模早已跨上了大数据的门槛。[②]大数据有望打破政府间数据的信息孤岛和信息烟囱，促进各业务部门、财务、资产等信息互联互通，职能部门与财务部门实现信息共享，为全面实施预算绩效管理创造了条件。但同时，大数据时代数据数量的增加、结构多样以及数据形式的丰富，也对预算绩效评价的数据收集技术提出了新的挑战。

在传统的预算绩效管理中，评价数据主要来自具体支出部门的相关汇报以及数据统计，财政部门以及第三方评价主体的绩效评价也是建立在支出部门自评基础上的。然而在大数据时代，移动设备、远程感应、软件日志、射频识别（RFID）阅读器和无线传感器等硬件设备，为预算绩效数据的收集提供了新的方法。如果可以利用大数据技术，详细跟踪每一笔预算资金、每一个项目的具体使用流程，对每一阶段的使用情况详细记录并展开分析，进一步推进数据公开，就可以得到关于预算绩效的有效信息。2022年，共有102

---

① Corporation of National and Community Service. Collecting Performance Measurement Data[R/OL]. http://www.volunteermaine.org/shared_media/publications/old/A.5.%20Collecting_PM_Data.pdf.

② 财政部国库司. 大数据时代：推开财政数据挖掘之门[M]. 北京：经济科学出版社，2013：21.

个中央部门公开了年度决算以及"三公"经费、预算绩效管理等情况，各部门公开支出绩效评价结果的项目数达到 661 个，比上年增加 126 个，且首次公开了国有资本经营预算项目绩效评价情况。[①]部分省市将部门预算的公开范围从预算主管部门进一步延伸到所属各预算单位。[②]公开资金的每一步使用情况及其效果，合理运用相应数据进行预算绩效管理，是财政数据公开领域需要进一步发展的方向。

此外，过去已存在的以非数字化形式存储的信息（历史档案、视频影像、设计图纸等）以及呈现公民情绪、兴趣和观点的个性化互联网数据，也成为预算绩效评价中结果数据的重要来源。[③]为适应数据的增加趋势，就需要预算绩效评价的数据收集技术提升，从而实现对涵盖支付体系、非税征管体系、国库集中收付体系和税收征管体系等多个系统，以及互联网、传感器、媒体、公众调查等多个来源的数据进行收集，[④]使其成为预算绩效评价的基础数据，从而可以更加客观地分析项目、政策以及资金使用的绩效结果。

三、预算绩效管理的标准化指标建设

绩效指标的设置不仅构成了预算绩效评价的依据，也体现了政府管理的价值导向。大数据时代的数据存储以数据库为基础，可以对来源多样的数据进行集中储存和搜索使用，不仅为绩效指标提供更加丰富的数据来源，还可以从政府间数据共享的角度实现指标设置的标准化，以构建充分体现横向和纵向可比性的绩效指标库。

首先，基于数据库技术、网络技术和软件开发技术，优化和升级指标库的基础运行平台，是绩效指标生命周期内需要完成的重要工作。绩效指标数据库的建设应以共性指标结构为基础，将项目支出、部门整体支出和财政预算三个方面作为大分类项，并依照评价对象类别递进展开（如医疗

---

① 中华人民共和国财政部. 2022 年财政部政府信息公开工作年度报告[EB/OL]. http://www.mof.gov.cn/gp/xxgkml/bgt/202301/t20230128_3864014.htm（2023-01-28）[2023-03-22].

② 上海市财政局. 关于上海市 2017 年预算执行情况和 2018 年预算草案的报告[N]. 解放日报，2018-02-01（003）.

③ 井底望天，武源文，赵国栋，等. 区块链与大数据：打造智能经济[M]. 北京：人民邮电出版社，2017：12.

④ 刘琦. 大数据视阈推行财政预算绩效评价研究[J]. 改革与战略，2015（07）：72~76.

卫生、公共事务、社会保障等方面），运用 SQLServer、MYSQL、ORACLE、DB2、Sybase 等数据库语言形成系统数据库。在对指标数据进行比较和筛选的时候，应按照项目功能类别进行选择，挑选符合评价对象特点并体现绩效评价结果的绩效评价指标。

其次，政府间共享数据库的建设，是实现政府间数据共通、打破数据孤岛的重要形式，这也对预算绩效指标体系的设置提出了新要求。但指标库的形成，需要以标准化的指标设置为基础。目前各地方、各部门对于项目支出、部门整体支出等方面的绩效标准和指标的设置存在一定差异，而这种差异源于不同部门对相同指标的定义不同、评价标准不同或者评价信息使用不同。如果在评价指标名称、描述、测量方法及标准等方面各部门、各地区存在重大的差异，就会影响同类型项目和资金使用在各部门、各地区之间的横向结果比较，也容易误导部门对资金分配的相关决策。指标设置的标准化要求包括指标的定义、指标计算方法、标准值设置等多方面，从这个意义上讲，全国统一的预算绩效指标库建设，有可能成为大数据时代预算绩效管理的一个发展方向。

最后，预算绩效指标库的建设与推广是一个渐推渐进的过程，通过从个别不断推广到一般，最终形成全口径、全过程、全覆盖的预算绩效指标数据库。从数据库的形式来说，各省市的指标库多以 Excel 表格的形式呈现，这是数据库最基本的形式，且指标数据仅存在于数据层面，未能生成方便实际使用者的指标呈现方式。此外，目前的指标库形式也没有涉及各省市之间的比较衔接，缺乏对历史数据的追踪，难以对重点指标进行筛选。这就需要依托大数据技术，动态推进预算绩效指标的确定、分类以及指标标准、历史值、平均值等方面的计算，同时加强预算绩效评价工作人员对大数据技术的理解和使用。在指标库使用过程中，还应不断通过大数据分析技术对指标的使用进行分析，对数据库实时更新监测，不断修改问题指标，删除"僵尸"指标，加强指标体系的动态调整与测量结果的共享应用。

四、预算绩效管理的实时性绩效跟踪

资金的绩效运行监控是预算绩效管理的关键步骤，贯穿了资金从审批、下拨、执行到产出的全过程。在大数据时代，实时分析技术的不断进步，为资金使用的监控和资金产出及结果的动态反馈，提供了硬件和技术上的

支撑。实时性是大数据的重要特征之一，在计算环境中，实时数据处理意味着在数据可用后的几毫秒内对数据执行操作。目前，实时数据分析的功能经常用于监视故障和提高安全性方面，实时捕捉问题并及时处理。例如，当涉及监视安全状况、检测威胁并启动快速隔离响应时，可以在黑客破坏系统或窃取数据之前，就采取必要的响应措施来缓解网络攻击。在大数据时代对政府资金使用的数据监控上，也体现了实时性的特征。

在传统的绩效管理实践中，往往是在项目实施之前进行预评估（也可称为绩效前评估），在项目实施中进行中期评价，并在资金使用结束之后，进行总体绩效评价（或绩效后评价）。在财政资金使用可以做到实时跟踪的大数据时代，预算绩效评价可以突破传统的事前、事中、事后三个阶段评价方式，而是随着资金的动态流转随时对其产出和成果进行评价。例如，可以通过来自传感器等实时上传设备的数据端口，对绩效资金的使用数据进行及时捕捉和获取，同时上传到数据库，通过实时数据分析技术对数据进行筛选、处理和分析，可以在最短的时间内获得所需要的绩效信息，以实现对每一笔资金的变化和使用以及每一单位产出和成果的获取。

五、预算绩效管理的自动化评价与分析

绩效评价和结果的分析使用是预算绩效管理过程的最终阶段，也是实现动态预算循环的重要环节。绩效评价结果在预算决策中的有效运用，可以促使预算决策从"拍脑袋"决策转变为数据驱动、智能辅助、动态跟踪的科学决策方式。大数据的预测技术和机器学习为预算绩效的自动分析提供了可能，从而提高了绩效评价的客观性以及结果呈现的多样性。

预测分析是大数据的推动力，预测功能是大数据技术的重要内容之一，大数据使用历史数据结合客户反馈来预测未来事件，并使用预测分析和数据挖掘技术将历史视图转换为前瞻性视图。[①]此外，机器学习是人工智能（AI）的一个领域，通过软件应用程序的智能化学习来提高预测结果的准确性。大数据的机器学习和自动分析技术为预算绩效评价提供了新的技术手段。

---

① Beal V. Predictive Analytics [EB/OL]. https://www.webopedia.com/TERM/P/predictive_analytics.html. (2019-09-30)[2020-04-01].

　　从目前的预算绩效评价实施来看，评价结果及报告具有较多的主观决定色彩，大多是通过绩效自评、部门评价或者专家评价之后，由评价人员撰写评价报告，并提出相应的整改意见，这就难免存在人为干预的问题。由于绩效提升的长期艰巨性与部门负责人员任职短期性的矛盾，即使相对客观的绩效评价结果，也可能会面对某些非理性化的因素。[①]随着信息时代的不断成熟，公众愈发确信通过数字绩效信息的有效供给，可以改善公共服务的供给效率，这就有可能在一定程度上解决预算决策非理性化的问题。

　　随着新兴技术的不断发展，可以考虑使用人工智能的机器评价作为预算绩效管理的探索方向。对评价指标的各项结果进行系统性的机器分析，并对绩效结果报告设定统一的格式和内容，由机器评价后直接生成格式统一、类别丰富、内容齐全的评价报告，避免因评价人员主观标准不同而带来的评价差异，这种做法也便于资金分配和使用部门对绩效报告的后续反馈和应用。

重点术语

　　成本—收益分析法　作业成本法　平衡计分卡　　逻辑模型　大数据　数字经济

思政专栏

思政专栏 5

中共党史中的预算绩效管理

　　在中国共产党百年历史中，"绩效管理"这一名词的提出尽管较晚，但是追求绩效的思想在中国共产党成立初期就已经萌芽。[1]在革命战争时期提出的"节省每一个铜板为着战争和革命事业，为着我们的经济建设，是我们的会计制度的原则"[2]，新中国成立之初设立财政监督专职机构改善财政管理、堵塞财政漏洞，都是绩效管理的体现。改革开放后，伴随着

---

① Curristine T. Government Performance: Lessons and Challenges[J]. OECD Journal on Budgeting, 2005(01): 127-151.

党对经济体制改革的不断探索，确立了分税制财政管理体制，使全国财政获得了极大的管理绩效。而今，进入中国特色社会主义新时代，全面实施预算绩效管理成为健全现代财政制度的重要举措，努力把钱花好，实现宏观层面的资源优化配置，又要把钱用对，从微观层面确保资金使用效率。

在革命战争时期，财政的核心任务在于保障战时供给，其工作方针主要围绕如何调动群众积极性展开。在支出方面提倡节约，尽可能把办公费减少到最低限度。随着根据地的扩大和巩固，党逐渐认识到必须依靠经济建设以获得更多的财政资源。当时采用的一些灵活性的财政措施，成为当时甚至新中国成立后很长一段时间内党和政府发展经济和落实政策的重要抓手。

新中国成立初期，毛泽东同志就曾指出："国家的预算是一个重大的问题，里面反映着整个国家的政策，因为它规定政府活动的范围和方向"[3]。为了更好地发展经济，迫切需要稳固国家财政，此时财政职能的定位与新中国建设息息相关，迫切需要将每一分钱都花在刀刃上。1951 年12 月 1 日，中共中央作出的《关于实行精兵简政、增产节约、反对贪污、反对浪费和反对官僚主义的决定》中指出，"用一切方法挤出钱来建设重工业和国防工业"。在整个计划经济时期，财政主要服务于为国家计划集中财力。为了提高财政资金的使用效率，邓小平同志要求"财政工作人员要善于节约，善于把钱用到主要方面去"[4]，并提出了财政工作的六条方针：一是归口；二是包干；三是自留预备费，结余留用不上缴；四是精减行政人员，严格控制人员编制；五是动用总预备费须经中央批准；六是加强财政监察。这六条方针旨在"把国家财政放在经常的、稳固的、可靠的基础上"[5]，促使国家财政集中力量保证社会主义工业化建设和社会主义改造的需要。值得一提的是，新中国成立之初邓小平同志就提出了加强财政预算管理和财政监察的工作建议，这是保障财政资金合理应用、节约财政资源的重要思想。

随着改革开放和社会主义市场经济体制的确立，不断释放改革红利的同时，对于预算管理和财政监督的机制建设愈加重视。党的十八大以来，党的十八届三中全会通过《中共中央关于全面深化改革若干重大问题的决定》，赋予"财政是国家治理的基础和重要支柱"的重要定位，首次提出建立现代财政制度。实施预算绩效管理成为优化财政资源配置、提升财政资金使用效益的重要举措，也是把党和政府带头过"紧日子"要求落到实处的重要抓手。

资料来源：[1]刘尚希，傅志华，等．百年大党的人民财政观[M]．北京：人民出版社，2022：208.

[2]许毅．中国革命根据地财政经济史长编：下册[M]．北京：人民出版社，1982：527.

[3]毛泽东．毛泽东文集：第六卷[M]．北京：人民出版社，1999：24.

[4]邓小平．邓小平文选：第一卷[M]．北京：人民出版社，1994：200.

[5]邓小平．邓小平文选：第一卷[M]．北京：人民出版社，1994：195.

课后思考题

1. 简述绩效评价方法的演进过程。
2. 简要总结成本—收益比较的主要方法。
3. 简要总结作业成本法在预算绩效评价中的实践应用
4. 简要分析逻辑模型在预算绩效管理中的具体应用。
5. 简要分析大数据对预算绩效管理的主要影响。

推荐阅读

1. 财政部国库司．大数据时代：推开财政数据挖掘之门[M]．北京：经济科学出版社，2013.

2.马蔡琛，赵笛．大数据时代全过程预算绩效管理体系建设研究[J]．经济纵横，2020（07）：114-122.

3. 马蔡琛，桂梓椋．平衡计分卡在政府预算绩效管理与指标设计中的应用[J]．华南师范大学学报（社会科学版），2019（06）：102-112.

4.马蔡琛，李明穗．作业成本法在政府预算绩效评价中的应用[J]．会计之友，2017（02）：25-28.

5. 加里·柯金斯．作业成本管理：政府机构手册[M]．甘荣坤，译．北京：经济科学出版社，2006.

第六章
公共预算绩效指标框架的构建

本章主要探讨预算绩效指标设计的指导原则、评价标准设定的逻辑及应用等关键技术问题，进而对指标框架构建过程中的风险节点展开分析，并对指标赋权方法的选择进行了较为系统的考察。通过本章的学习，应熟悉公共预算绩效指标设计的指导原则，了解公共预算绩效评价标准设定的逻辑，掌握绩效指标框架构建的关键节点。

第一节　公共预算绩效指标设计的指导原则

恰当的指标框架设计与指标选取是预算绩效管理成功的前提条件，绩效监测、绩效评价和绩效报告都是在绩效指标的基础上进行的。研究表明，选取绩效指标是绩效管理过程中最大的挑战。[①]2016 年经济合作与发展组织（OECD）的调查显示，OECD 成员国中有 26 个国家设立了标准的绩效预算框架，但仅有 8 个国家设立了标准的预算绩效指标体系。[②]绩效指标的选取是构建预算绩效指标框架的核心环节，本节将从高质量绩效指标的特征入手，探讨选取绩效指标的指导原则及方法。

一、绩效指标选取原则及方法的发展与演进

关于选取高质量绩效指标的指导原则，各个国家、组织和研究者逐渐达成了共识，并倾向于用一些字母缩写来加以表示，诸如 SMART 原则、

---

① Vahamaki J, M Schmidt, J Molander. Review: Results Based Management in Development Cooperation[EB/OL]. https://www.sida.se/globalassets/global/rbm-review-120105-final.pdf.(2011-11-30) [2018-10-20].

② OECD. 2016 OECD Performance Budgeting Survey: Integrating Performance and Results in Budgeting[R]. OECD, 2016.

CREAM 原则等。①同时，在具体应用中，也会根据自身特点对其进行修正和补充，以最大限度地实现其在绩效指标选取过程中的指导作用。

（一）绩效指标选取的基本原则

目前来看，SMART 原则是使用最为广泛、认可度最高的绩效指标选取原则。SMART 原则最初由乔治·多兰（George Doran）于 1981 年提出，应用于机构或组织的目标选取。SMART 原则强调，制定的目标应该是特定的（Specific，针对某个领域进行改进）、可测量的（Measurable，能够量化或者至少提供衡量进展的指标）、可问责的（Assignable，确定由谁来做）、现实的（Realistic，在现有的资源条件下可以实现何种结果）以及与时间相关的（Time-related，明确何时实现目标）。②随后，一些研究者为 SMART 原则增加了更多的元素，丰富了其含义。例如，SMARTTA（增加了可追踪和一致同意的，Trackable and Agreed）③、SMARTRR（增加了现实性和相关性，Realistic and Relevance）④等。逐渐地，SMART 原则被广泛地应用于绩效指标的设计与选取。当然，在具体应用过程中，一些国家、组织和研究者对 SMART 原则进行了细微的调整，使其更加符合绩效指标框架设计的要求。例如，联合国开发计划署（UNDP）将绩效指标选取的 SMART 原则定义为具体的（Specific）、可测量的（Measurable）、可实现的（Attainable）、相关的（Relevant）和可追踪的（Trackable）。⑤ 理查德·博伊尔（Richard Boyle，2009）在对澳大利亚、加拿大、爱尔兰和美国绩效报告的研究中，将 SMART 原则界定为具体的（Specific）、可测量的（Measurable）、可实现的（Achievable）、相关的（Relevant）、有时限的（TIme-bound），并对上述四国绩效指标遵循 SMART 原则的情况进行了报告，如图 6-1 所示。⑥

---

① Manuel Fernando Castro. Defining and Using Performance Indicators and Targets in Government M & E Systems[R]. World Bank, 2011.

② George T D. There's a S.M.A.R.T. Way to Write Management's Goals and Objectives[J]. Management Review, 1981(11): 35-36.

③ Judith D, H Nicole. Management Strategies and Skills[M]. McGraw-Hill Education (Australia)Pty Ltd,2013:333.

④ Atkinson M, R T Chois. Step-by-Step Coaching[M]. Exalon Publishing,LTD, 2012.

⑤ UNDP. RBM in UNDP: Selecting Indicators[EB/OL]. http://web.undp.org/evaluation/documents/ methodology/rbm/Indicators-Paperl.doc. [2018-10-23].

⑥ Richard Boyle. Performance Reporting: Insights from International Practice[R]. IBM Centre for the Business of Government, 2009.

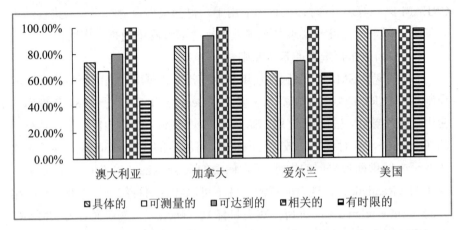

图 6-1　澳大利亚、加拿大、爱尔兰、美国绩效指标遵循 SMART 原则的情况

资料来源：Richard Boyle. Performance Reporting: Insights from International Practice[R]. IBM Centre for the Business of Government, 2009.

　　此外，萨尔瓦多（Salvatore Schiavo-Campo）于 1999 年提出的 CREAM 原则，也是当前接受度较高的绩效指标选取原则。[①]CREAM 原则由清晰性（Clear）、相关性（Relevant）、经济性（Economic）、充足性（Adequate）、可监测性（Monitorable）等若干原则构成，要求选取的绩效指标是准确且无歧义的、与当前目标相适应的、成本在合理范围内的、能够提供充足的绩效信息、易于监测并能够进行独立考核的。[②]对比 SMART 原则和 CREAM 原则的具体内容，我们会发现，它们共同强调了绩效指标的相关性和可测量性。当然，二者之间也有些细微的差别，SMART 原则更加侧重绩效指标的时限性，而 CREAM 原则更强调绩效指标的成本合理性。

　　除去上述两类绩效指标选取的基本原则之外，一些研究者也对绩效指标的指导原则进行了归纳。例如，哈特里（Hatry，2007）提出了以下几条重要原则：相关性（与项目的目标、使命、结果等相关）、重要性（指标需要衡量重要的结果）、可行性（能够合理收集有效的数据）、可理解性（报

　　① Salvatore S C. "Performance"in the Public Sector[J]. Asian Journal of Political Science, 1999(02): 75-87.

　　② Jody Z K, C R Ray. Ten Steps to a Results-Based Monitoring and Evaluation System[R]. World Bank, 2004.

告的使用者能够理解）、独特性（与其他指标不重叠，能够反映某一独特的方面）、不易操纵（不要选择那些项目人员易于操纵的指标）、全面性（涵盖顾客关心的各种关键问题，包括正面的和负面的）。①米克塞尔（Mikesell，2014）概括了选择成果类绩效指标的六个原则：关注外部、切实可度量、成果导向、显著性、可管理的、已证实的，并对其进行了详细的描述和解释。②

（二）绩效指标选取原则的发展演进

随着绩效管理的发展演进，愈来愈多的国家和国际组织开发了自己独特的绩效指标选取原则。其中绝大部分是依据指标使用者和绩效指标衡量内容的特殊性，对 SMART 原则进行的完善和补充。

从国际组织的情况来看，亚洲开发银行（Asian Development Bank）强调了绩效指标必须是实用的、仅测量最重要的事项、将指标的数量限制在能够测量各种结果所需的最低限度、确保测量方法的成本是低廉的等四项原则。③一百多个援助机构（包括双边的和多边的）和发展中国家签署的《关于援助有效性的巴黎宣言》开发了 12 个指标来帮助监测和促进援助活动，这些指标是基于以下五大原则提出的：所有权、协同性、和谐性、面向结果、共同责任。④联合国艾滋病规划署（UNAIDS）规定了单个指标的选取原则为：指标是必需且有用的、指标具有技术优势、指标能够被完全定义、能够收集该指标的信息并进行分析、该指标已经过测试或在实践中使用过。此外，进一步强调指标体系除满足上述原则外，还应该保证体系内的目标是连贯且平衡的。⑤

我国财政部预算评审中心在实际操作中明确了选取绩效指标应该遵循基本的 SMART 原则、全面性（即不遗漏子项目或活动）和独特性（能够

---

① Harry P H. Performance Measurement: Getting Results[R]. 2007: 58.

② John L Mikesell. Fiscal Administration: Analysis and Applications for The Public Sector (Ninth Edition)[M]. Wadsworth Cengage Learning, 2014.

③ Asian Development Bank. Guidelines for Preparing a Design and Monitoring Framework[R]. Asian Development Bank, 2016.

④ OECD. The Paris Declaration on Aid Effectiveness and the Accra Agenda for Action[R]. OECD, 2005/2008.

⑤ UNAIDS. Indicator Standards: Operational Guidelines for Selecting Indicators for the HIV Response[R]. UNAIDS MERG, 2010.

反映受评政策的特点）等原则。①湖北省财政厅（2015）指出，绩效指标的选取需要遵循相关性、重要性、可比性、系统性和经济性原则。②延伸至预算绩效指标体系和指标库建设的层面，部分省市和部门也设立了相应的指导原则。财政部出台的《预算绩效管理工作规划（2012—2015 年）》提出要构建体现相关性、重要性、系统性、经济性原则的绩效评价指标体系。③海南省则依据价值导向、科学性与实用性相结合、全面性与简明性相结合、定性与定量相结合、通用性与专用性相结合五个原则，设计了相应的绩效评价指标体系。④广东省 2018 年发布的预算绩效指标库突出了实用性、兼容性和可扩展性三大原则。⑤

二、预算绩效指标框架设计的总体原则

（一）相关性原则

所谓相关性原则是指，预算绩效指标要与绩效目标相联系，并能够准确地反映预算成果。这就要求加强预算绩效目标管理，建立绩效目标和绩效指标的有机联结机制，并提高成果指标在预算绩效指标体系中的比重。2015 年，财政部颁布了《中央部门预算绩效目标管理办法》，指出"绩效指标按中期指标和年度指标分别填列，其中，中期指标是对中期目标的细化和量化，年度指标是对年度目标的细化和量化"，强调了绩效指标和绩效目标的对应性。⑥随后，各级地方政府相继出台了预算绩效目标管理办法，均强调了绩效指标和绩效目标的关联性。但从实践来看，在具体的预算绩效目标申报表中，这种对应性体现得并不充分（具体示例参见表 6-1）。究其

---

① 财政部预算评审中心. 中国财政支出政策绩效评价体系研究[M]. 北京：经济科学出版社，2017：151-152.

② 湖北省财政厅. 省财政厅关于加强省直部门预算支出绩效指标体系建设的通知[EB/OL]. http://www.ecz.gov.cn/ysgl/zdjs/zgwj/63279.htm.（2015-07-22）[2018-10-23].

③ 财政部. 预算绩效管理工作规划（2012—2015 年）[EB/OL]. http://www.sxscz.gov.cn/cms_find.action?id=4028b38f4ffb11ff0150156eb9fa0dda.（2015-10-08）[2018-10-23].

④ 海南省人民政府. 财政支出项目绩效评价指标体系设计[EB/OL]. http://www.hainan.gov.cn/data/news/2010/06/105486/.（2010-06-23）[2018-10-23].

⑤ 广东省财政厅. 关于印发《广东省财政预算绩效指标库》和《广东省财政预算绩效指标库管理暂行办法的通知》[OB/OL]. http://www.enping.gov.cn/zwgk/xxgk_ep/epsczj/201809/t20180929_1685253.html.（2018-06-25）[2018-10-23].

⑥ 财政部. 关于印发《中央部门预算绩效目标管理办法》的通知[EB/OL]. http://yss.mof.gov.cn/zhengwuxinxi/zhengceguizhang/201506/t20150610_1255854.html.（2015-05-21）[2018-11-01].

原因，主要是受表格样式的影响。由表 6-1 不难发现，在预算目标申报表中，预算绩效目标与预算绩效指标是分开填写的，表中并没有任何信息体现这二者之间的关联，需要使用者自己将预算绩效指标和绩效目标关联起来。由于不同使用者的思维偏差，很可能会造成绩效目标和绩效指标的关联错误，从而影响对预算绩效目标实现情况的判断。或许我们可以考虑调整预算绩效目标申报表的样式，在绩效指标前设置绩效目标一栏，以强调二者之间的相关关系，调整后的样表如表 6-2 所示。此外，目标分级是加强绩效指标与绩效目标相关性的重要影响因素。目标分级越细，越容易甄别出与之相关度高的绩效指标，从而达到更好的绩效衡量效果。因此，预算绩效管理应进一步加强绩效目标管理，设立多层级的预算绩效目标体系。

表 6-1　湖南省韶山市自然资源局 2022 年度部门整体支出预算绩效目标申报表

部门整体支出预算绩效目标申报表（2022 年度）				
部门基本信息	略			
年度主要工作任务实现的目标	目标 1：加快推进国土空间规划编制			
	目标 2：科学合理划定耕地保护红线，编制耕地保护专项规划			
	目标 3：落实土地卫片整改，保质保量完成问题图斑的整改和违法用地查处			
	目标 4：做好"十四五"基础测绘规划编制工作			
	目标 5：全面实现"交房即交证"			
	目标 6：加大土地报批和闲置用地处置力度，新增和盘活建设用地 1000 亩以上			
	目标 7：开展国土绿化行动，启动废弃矿山、杨林风电场生态修复			
	目标 8：做好地质灾害防治工作，守护人民群众生命财产安全			
部门整体支出年度绩效指标	一级指标	二级指标	三级指标	指标值及单位
	产出指标	数量指标	新增和盘活建设用地	1000 亩
		质量指标	交房即交证	100%
			问题图斑的整改和违法用地查处	100%
		成本指标	保障部门正常运转	541.58 万元
		时效指标	村庄规划编制	2022 年 3 月取得市人民政府批复
			耕地保护专项规划	2022 年 3 月完成

部门整体支出预算绩效目标申报表（2022 年度）

效益指标	经济效益指标	对经济发展、民生改善和社会和谐发挥了重要的作用	对经济发展、民生改善和社会和谐发挥了重要的作用
	社会效益指标	耕地保护工作	严守耕地红线
		用地报批工作	为城市建设和经济发展提供服务
	生态效益指标	土地违法案件的查处	保证耕地安全
	可持续影响指标	地质灾害的预防和治理工作	有效预防和减少地质灾害
	社会公众或服务对象满意度	发放不动产证、交房即交证	减少矛盾纠纷
其他	略		

资料来源：韶山市人民政府网. 2022 年部门整体支出绩效目标表[EB/OL].
http://www.shaoshan.gov.cn/11727/11731/15780/15781/content_1007490.html.（2022-02-16）
[2023-03-20].

表 6-2　预算绩效目标申报表变更示例

预算绩效目标			预算绩效指标	
一级目标	二级目标	…	一级指标	…
目标 1	子目标 1	…	指标 1	…
		…	指标 2	…
	子目标 2	…	指标 1	…
	…	…	…	…
目标 2	子目标 1	…	指标 1	…
	子目标 2	…	指标 1	…
		…	指标 2	…
		…	指标 3	…
	子目标 3	…	指标 1	…
	…	…	…	…
目标 3	子目标 1	…	指标 1	…
	…	…	…	…
…	…	…	…	…

（二）可衡量性原则

所谓可衡量性原则是指，预算绩效指标是能够量化的，尽量避免主观因素的影响（如"是"与"否""好"与"坏"的选择），而是选择用一种相对理性的衡量方式，通过客观数据或客观事实来说明预算绩效目标的完成情况。如何量化指标一直是预算绩效管理的一大挑战。从目前来看，设定指标的目标值是相对比较有效的量化方法。目标值的作用在于，表明想要实现目标的程度，将注意力集中于结果，为绩效监测提供基础，进而提升公共问责水平。可以说，目标值为预算绩效是否达标划定了一个客观的范围，且目标值在指标设立之初便一同确定，没有特殊情况是不能更改的，这在一定程度上保证了绩效指标衡量结果的客观性和真实性。相对而言，那些没有设定目标值的指标，在最终决定其是否合格时，便具有较大的弹性，给予了利益相关者实施机会主义行为的空间。

结合国际经验来看，可以从以下几个方面考虑目标值的设定：（1）目标值应该与项目或政策挂钩；（2）目标值应该有时限；（3）目标值的确定应该基于严格的分析；（4）一般情况下，目标值应该采用变化率、改进率或绝对值来表示，在极少数情况下，如政策和结果之间的因果关系极其薄弱，目标值则可以采用表示变化方向的词语，如增长、减少等；（5）由于目标值不用于比较不同项目的绩效，因此可以采用数值区间的表示方式；（6）允许在实施期间修订目标值，但修订应该在固定的日期进行，且有合理可验证的缘由，并向社会公开。[①]特别地，为了保证目标值与实际值之间的差异，能够体现为指标评分和真实绩效之间的唯一差异，可以考虑在指标得分为满分（达到目标值）和指标得分为零分（支出绩效的下限值）之间设定中间值，并依据指标特征明确扣分方式（例如，线性扣分、等级扣分或关键因素扣分等）和扣分比例。[②]

（三）可比性原则

所谓可比性原则是指，预算绩效指标要实现在横向（同一年度的不同部门或项目）和纵向（同一部门或项目的不同年度）两个维度上的可比，通过对比来表明各部或各项目的绩效变化情况，从而为绩效改善指明方向。

---

① Europese Commissie. Outcome Indicators and Targets — Towards a New System of Monitoring and Evaluation in EU Cohesion Policy[R]. Europese Commissie, 2011.

② 刘国永，蒙圆圆. 财政支出绩效评价技术标准体系建设路径探究[J]. 中国财政，2018（11）：6-9.

　　若想实现指标的横向可比，设定共性绩效指标是较为可取的办法，其关键在于指标的普遍适用性。2013 年，财政部发布了《预算绩效评价共性指标体系框架》，建立了项目支出绩效评价共性指标体系框架、部门整体支出绩效评价共性指标体系框架和财政预算绩效评价共性指标体系框架，从项目投入、过程、产出和效果四个方面设置了绩效评价指标，为各级政府设立共性指标提供了指导和参考。随后，各地以此为蓝本并结合自身特点进行拓展，设立了自己的共性指标体系。例如，广东省财政预算绩效指标库中包含了 76 个共性指标，涉及 10 个用途方向，其中预算执行（奖补资金）三级指标 4 个，调查研究三级指标 4 个，会议培训三级指标 5 个，政府采购（设备购置）三级指标 6 个，宣传报道三级指标 12 个，课题研究三级指标 9 个，信息系统建设运维三级指标 9 个，基建工程三级指标 18 个，监督检查三级指标 4 个，生态环保三级指标 5 个。①

　　若想实现指标的纵向可比，设定标准是较为有效的办法。但就目前来看，某些预算绩效指标库中大多并未包含标准的内容。今后需要进一步拓展绩效标准的应用，使各类预算绩效指标库都能够含有标准的信息，提高绩效指标的纵向可比性。在确定绩效标准时需要注意两点：一是标准要选取最新的，例如某一个绩效指标自 2018 年便开始采用，其 2018 年以来的数据信息都是可获得的，故在对其 2023 年的绩效进行考核时，就要选取时间距离最近的数据作为标准（若数据收集周期为一年，则选取 2022 年）；二是当一个指标可以进行细化分类时，需要依据不同的分类方式设立多个标准，例如当某个指标可以依据性别分类并收集数据时，就需要提供男性和女性两个标准，以便对不同主体的绩效情况进行更加细致的衡量。②以公共卫生间的建设为例，有研究表明，女性的如厕时间约为男性的 2.3 倍，排队时间可达男士的 20 倍，因此在设置该指标时，可以对城市公厕男女厕位设置两种不相同的数量标准，以此提升公共资源的配置和使用效率。③

　　（四）经济性原则

　　所谓经济性原则是指，在选取预算绩效指标时要注意成本收益的平衡，

---

　　① 广东省财政厅. 关于印发《广东省财政预算绩效指标库》和《广东省财政预算绩效指标库管理暂行办法》的通知[EB/OL]. http://www.enping.gov.cn/zwgk/xxgk_ep/epsczj/201809/P020180929422454028489.pdf.（2018-06-22）[2018-10-29].

　　② USAID. Monitoring Toolkit: Performance Indicator Baselines[R]. USAID, 2017.

　　③ 马蔡琛. 中国社会性别预算改革：方法、案例及应用[M]. 北京：经济科学出版社，2014：133.

只有收益大于成本的指标才是有意义的、可推广的。预算绩效管理施行之初，绩效指标的成本问题往往容易被忽视。一方面，绩效指标数据收集和分析的难度越高，使用的方法越复杂，耗费的人力物力资源就越多；另一方面，绩效指标的数量越多，由于信息超载，工作人员反而难以从中获取有用的信息。譬如，在一些实施绩效导向预算的经济合作与发展组织（OECD）成员国中，因为与绩效有关的信息补充了传统的财务信息，立法机关就存在收到太多信息的风险。①

从目前来看，大多数部门和地区的预算绩效指标数量较为庞杂，且未区分指标的优先级，难以快速且准确地获取最为关键的信息。譬如，某省2018年出台的财政预算绩效指标库收录了20个行业大类的共2589个绩效指标，可细化为52个子类和277个资金用途。与其他国家对比来看，韩国共有1033个预算绩效指标，法国、日本、新西兰的绩效指标个数在500—600个之间，瑞典仅有48个绩效指标。②如此看来，某些绩效指标库中的指标数量，远远多于许多已施行绩效预算多年的国家。如此庞大的指标库，其在指标的使用和指标库的更新维护方面，都需要耗费大量的人力物力资源。

因此，精简指标数量并设立关键绩效指标（以下简称KPI），是当前预算绩效指标框架和指标库建设中亟待解决的问题。在选取KPI方面，可以考虑通过先行确定战略绩效目标，进而分解出关键绩效领域，并据此分解关键绩效因素，最后筛选KPI并赋予相应的权重（参见专栏6-1）。③值得注意的是，与普通的绩效指标不同，KPI能够起到事半功倍的效果，其重要性不言而喻。因此，需要对关键预算绩效指标的信息进行公开和报告，并阐明选择理由。

专栏6-1

关键绩效指标的选取

关键绩效指标（KPI）是经过对组织战略目标进行层层分解而产生的，其依据为"二八"原则或"黄金分割率"原则，KPI能够以少治多、以点

---

① 伊恩·利纳特，郑茂京. 预算制度的法律框架：国际比较视角[M]. 马蔡琛，赵铁宗，张莉，等译. 北京：经济科学出版社，2021：120.

② OECD. International Budget Practices and Procedures Database[EB/OL]. http://www.oecd.org/governance/budgeting/internationalbudgetpracticesandproceduresdatabase.htm. [2018-10-29].

③ 刘安长. 关键绩效指标设计在财政支出绩效评价中的应用——以某市义务教育支出为例[J]. 地方财政研究，2013（06）：30-33.

带面，实现组织的战略目标。[1]KPI 最初应用于企业，后来逐渐被预算绩效管理所采用。在实际应用中，将 KPI 和普通绩效指标区分开来是选取 KPI 的核心。不同于广泛的绩效指标，KPI 是一个部门或组织用来定义成功或追踪战略目标的手段，更加侧重于战略和长期目标。[2]KPI 的特征具有及时性、实用性、可比性、避免不正当激励、全面性、平衡性等特征。[3]

在实践中，可以从与组织目标和优先性相关、与组织的活动有关、能够影响组织决策、与广泛使用的基准一致、对利益相关者有意义等五个方面，来考虑 KPI 的选择。[4]在这一过程中，标杆基准法与平衡计分卡通常作为选择 KPI 的重要方法。使用标杆基准法的关键在于确定最优绩效标准，以其为牵引，确定组织活动的关键领域，选择适合本组织且能够追赶超越标杆组织的 KPI。[5]使用平衡计分卡首先要明确总体战略目标，从而建立总体 KPI；其次是分析绩效驱动因素，依据总体 KPI 分解成各部门的 KPI，同时设定相应的评价标准；最后对 KPI 进行审核，确保这些绩效指标能够全面客观地反映被评价对象的绩效，且易于操作。[6]对于 KPI 而言，数量过多反而会导致失去战略重点。因此，选择 KPI 的数量变得尤为重要，既要保证衡量的全面性，又要保证重点突出。对于一个组织而言，4—10 个 KPI 是较为理想的选择。[7]

资料来源：[1]方振邦. 战略性绩效管理[M]. 北京：中国人民大学出版社，2014：48.

[2]USAID. Developing Key Performance Indicator: A Toolkit for Health Sector Managers[R]. USAID, 2013.

[3]Australia Government Department of Finance. Performance Information and Indicators[R]. Australia Government Department of Finance, 2010.

[4]Office of the Auditor General of British Columbia. Guide for Developing Relevant Key Performance Indicators for Public Sector Reporting[R]. Office of the Auditor General of British Columbia, 2010.

[5]饶征，孙波. 以 KPI 为核心的绩效管理[M]. 北京：中国人民大学出版社，2002：51-52.

[6]王奇珍，王瑛. 赢在绩效：KPI+BSC 技巧与绩效结果运用[M]. 北京：中国物资出版社，2011：63-64.

[7]Doug Hadden. How to Create Government KPIS[EB/OL]. https：//freebalance.com/
uncategorized/how-to-create-government-kpis/.（2017-02-18）[2023-04-20].

第二节 公共预算绩效评价标准设定的逻辑及应用

一、绩效评价标准的概念界定及区分

在对绩效评价标准展开探讨之前，首先需要对评价标准的概念进行界定。荷兰学者布拉姆·索比尔（Bram Sorber）曾经提出，就业绩测评的不同功能而言，可以使用与过去比较、跨界面比较、实际业绩比较与业绩标准比较等。①理论上，绩效测评需要体现出业绩的优劣，指标的可比性就十分重要。在联合国开发计划署（UNDP）的结果框架下，并没有明确的评价标准概念，相应较为类似的概念为基准值（baseline）和目标值（targets），基准值通常描述某一指标的基准状态，而目标值则描述指标应达到的理想状态。②世界银行国家援助计划也通过基准值和目标值两个维度，来划定具体指标所衡量内容的基准值和预期值，从而反映具体指标所体现绩效的可比性。指标、基准值及目标值之间的具体形式，如表 6-3 所示。

表 6-3 世界银行国家援助战略结果框架中的指标、基准值及目标

目标指标			补充性过程指标		
指标一	基准值： ** （2014）	目标值： ** （2020）	阶段性指标一	基准值： ** （2014）	目标值： ** （2020）
指标二	基准值： ** （2020）	目标值： ** （2020）	阶段性指标二	基准值： ** （2020）	目标值： ** （2020）

资料来源：Word Bank Group. Results Frameworks in Countries Strategies—Lessons from Evaluations[R]. Word Bank Group，2014.

---

① 阿里·哈拉契米. 政府业绩与质量测评：问题与经验[M]. 张梦中，丁煌，译. 广州：中山大学出版社，2003：8.

② United Nations Development Programme. Evaluation Office. Handbook on Monitoring and Evaluating for Results[M]. Evaluation Office, 2009.

尽管评价标准的概念较为普遍使用，但并未形成统一明确的认识。绩效评价标准在研究领域，也有多种不同的表述方法。如在一些文献中的"指标要素"也具有某种评价标准的色彩，指标要素和具体指标同属一个层次，都是基本指标的进一步具体化。在绩效评价过程中，指标是评价的直接对象，指标要素只是为评价者在把握评价尺度和程度方面，提供一种范围与内容的参照。① 虽然不同的研究采用了不同的称谓，但其核心思想都是使指标可比并有所参照。而英文语境下的 standards for evaluation 是整个绩效评价过程的标准，主要强调对绩效评价整体质量的控制。联合国评价小组2017 年发布的《评价规范和标准》，对绩效评价的体制框架、评价职能管理、评价能力、评价的开展以及评价的质量作出了详细规定。为了避免概念混淆，本节所讨论的绩效评价标准主要是指，预算资金绩效评价中，用于比较指标所测分值的绩效水平的参照，而这一广义的评价标准可以细分为业绩标准、指标基准、评分标准等更加具体的概念。

二、遴选绩效评价标准的基本原则

绩效评价标准需要在组织的战略规划框架内制定，并为其提供详细的指导，以便保证绩效评价指标的有效应用。科学、权威、客观的标准是财政部门、预算单位、评价机构首要的参照标尺。遴选绩效评价标准需要把握的基本原则主要包括以下几点：

第一，绩效评价标准设置的出发点在于对预算绩效进行质量控制。

绩效评价是为了提高政府绩效而开发的工具，进而帮助政府控制预算开支，随着绩效评价实践的广泛应用，对评价质量控制的要求逐渐提高。经济合作与发展组织（OECD）为此开发了《指导手册》，以期在整个评价过程中执行质量控制，具体的控制手段取决于评价的范围和复杂性，并通过内部（或外部）机制进行。②从某种程度来说，评价质量的参差不齐，影响了预算绩效管理的权威性和客观性，同时制约了评价结果的有效应用。③

---

① 卓越. 公共部门绩效评估[M]. 北京：中国人民大学出版社，2004：37.

② OECD DAC. Quality Standards for Development Evaluation[R]. Development Assistance Committee, OECD, 2010.

③ 赵敏，王蕾. 财政支出绩效评价的质量标准及控制体系研究——国际绩效评价的经验与启示[J]. 财政研究，2016（10）：76-84.

绩效评价被称作以证据为支撑、以目标为导向的管理工作，但从不同维度分析，影响评价质量的因素众多，包括评价的体制框架、评价计划、评价能力、评价的开展、评价范围和目标、评价方法等多重因素。质量保证机制一般在评价的设计和最后完成阶段进行。①而评价标准则贯穿于绩效预算的编制、执行以及评价的始终，并需要以大量的数据作为依据，因此评价标准的客观性则成为提高评价质量的重点。一方面，各国普遍在事前的预算编制过程中，运用定额标准对预算绩效进行控制。例如，英国、澳大利亚等国都制定了预算支出的定额标准。另一方面，在绩效评价过程中，指标基准可以从每个指标的微观角度，对绩效进行业绩追踪以及比较，进而控制整个绩效评价的质量。例如，一些国际组织在对项目进行评估时，对每个指标的基准值均作出明确规定。故绩效评价标准的科学设定，可以提高整个绩效评价的质量，并保证绩效管理的实践应用。

第二，绩效标准需要以事实为基本依据进行构建。

20 世纪末发展起来的循证实践（Evidence-Based Practise），在医学及人文社会科学领域迅速渗透，其基本理念为"遵循证据进行实践"。同样，循证学基于证据的实践，在经济管理领域也得到了延伸。②根据联合国评价小组的定义，评价应该提供以事实根据为基础的信息，这些信息必须可信、有用，并能够使评价的发现、建议与经验及时地纳入组织和利益相关者的决策过程之中。③要运用预算项目活动与预期结果间关系的调查、运用中间目的和措施，来显示绩效结果取得的进步或贡献。在过去的业绩上，运用基准值与趋势数据，来明确多年期目标下的目标业绩水平，运用行政资料、调查问卷或训练有素的观察员来测评业绩。④可以说，绩效标准的设定必须具有客观的事实依据，基于大量的历史或现实的样本基础数据进行计算和预测，同时需要考虑趋势的变化与发展，不同样本之间的差异性，并结合宏观经济环境、社会环境、政策实施等因素综合考量，从而得出客观科学

---

① Norms and Standards for Evaluation (2016). [EB/OL]. http://www.unevaluation.org/document/detail/1914. (2016-06)[2018-11-12].

② Reynolds S. Evidence-Based Practice:a Critical Appraisal[M]. John Wiley & Sons, 2008.

③ Norms and Standards for Evaluation (2016). [EB/OL]. http://www.unevaluation.org/document/detail/1914. (2016-06)[2018-10-30].

④ 纽科默. 迎接业绩导向型政府的挑战[M]. 张梦中，李文星，译. 广州：中山大学出版社，2003：29.

的绩效标准。

第三，标准设置应立足于实践中的有效应用。

各类预算绩效评价体系的必备要素包括具体评价指标、评价标准、指标权重、指标评分规则等。其中评价标准是整个评价体系中必不可少的一部分。从逻辑的顺序出发，除了每个指标存在具体的指标基准，在指标框架选定之后还必须有明确的评分标准，该评分标准使绩效指标框架能够得出具体的结果。在得出评分结果之后，还需要一个可参照的业绩标准，以判定整体绩效的优劣。此外，设定可比较的绩效目标值（targets），也是为了使绩效具有明确的参照系。根据一些国家的实践经验，标杆管理是体现业绩标准和目标相结合的典型应用模式。在类似的项目计划中，取得较好绩效水平的单位或机构被称为标杆（benchmark），标杆管理使项目可以与已经达到较好绩效水平的单位进行比较，从而使得绩效标准在实践中得到具体运用。

三、构建预算绩效评价标准体系的具体实践

（一）预算绩效评价标准与指标、目标的衔接

任何形式的绩效评价标准都不是孤立的，在一个完整的评价体系中，它与绩效指标和绩效目标有着密切的联系。

第一，绩效评价标准是指标体系不可缺少的重要环节，通常情况下，在选定绩效指标之后就需要对指标的基准值进行确定。根据世界银行开发的以结果为导向的绩效评价体系"十步法"（如图 6-2 所示），在选择关键绩效指标之后，下一步即为收集指标基准数据。基准数据提供的证据，使得决策者能够衡量相应政策、程序或项目的绩效。[①]在十步法的第四步中，包含建立基准信息、确定指标数据的来源、设计和比较数据采集的方法以及进行试点等建立指标基准值的重要内容。经济合作与发展组织发展援助委员会（OECD/DAC）针对其发展合作机构的绩效管理系统，归纳了以结果为导向的七步经验。这七步分别为：（1）制定目标；（2）识别指标；（3）设置目标值；（4）监测结果；（5）检查并报告结果；（6）整合绩效评价；（7）使用绩效信息。其中基准值的设定居于第二步和第三步之间，在选择关键

① 乔迪·扎尔·库塞克，雷·C 瑞斯特. 十步法：以结果为导向的监测与评价体系[M]. 梁素萍，韦兵项，译. 北京：中国财政经济出版社，2011：88.

的绩效指标之后，与目标值的设定同步进行。而指标的选择会造成一些绩效评级方面以及标准设定的问题，如世界银行开发的新平衡计分卡指标框架，由于其绩效水平需要在多层级和纵向水平上进行测量和评估，因而更多低层级的指标、标准及目标值需要划定。①

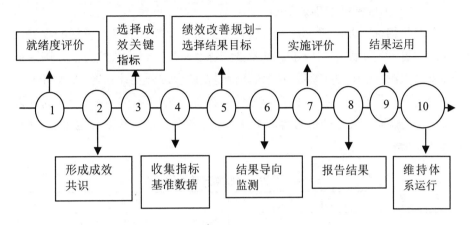

图 6-2 世界银行十步法示意图

资料来源：乔迪·扎尔·库塞克，雷·C瑞斯特. 十步法：以结果为导向的监测与评价体系[M]. 梁素萍，韦兵项，译. 北京：中国财政经济出版社，2011：88.

第二，基准值与目标值的设计紧密衔接。目标值的设定一直是绩效评价体系构建中的难点。目标值设置得过低则无法起到绩效激励的目的，设置得过高则又会形成"空中楼阁"式的方案，进而使整个绩效评价系统丧失意义。因而在国际上，绩效标准的设定通常与绩效目标值的设定相互联系。目标值是指在给定时间范围内完成的指标之特定值（例如，到2026年，儿童免疫率增加到95%）。目标有助于明确何时需要完成的工作，可以帮助指导和激励项目人员和管理人员完成承担的任务。经济合作与发展组织发展援助委员会（OECD/DAC）反复强调，一旦确定了指标，就应该为每个指标收集实际基准值，并为指标设定明确的目标，且基准值的设置最好是在项目开始之前。在缺乏基准值的情况下，建立合理的绩效目标是很困难

① Binnendijk A. Results-Based Management in the Development Co-operation Agencies: A Review of Experience. [R]. DAC Working Party on Aid Evaluation Report, 2000.

的（甚至不可能）。①联合国开发计划署（UNDP）也指出，指标一经确定，利益相关者就要为其期望的变化水平建立基准值，并设定目标值。基准值一经建立，就应设定目标值，且基准值和目标值应当与指标保持清晰一致，并使用同样的量纲单位。②

（二）绩效标准的确定基础

评价指标需要基于大量的基础数据来进行比较，而针对证据的收集，在绩效管理的实践中形成了多种数据来源及常规的证据收集方法。国际货币基金组织（IMF）贷款项目绩效评价以及联合国开发计划署（UNDP）普遍应用的数据来源包括：报告或文件、案卷研究、面访、座谈会、问卷调查、实地调研、关键知情者等。不同的证据收集方法其优缺点也有所不同，具体如表 6-4 所示。

表 6-4　常用证据收集方法的优缺点

方法	优点	挑战
现有报告和文件	成本划算	书面证据通常难以进行大量或有针对性的分析，难以验证数据的可靠性和有效性
问卷调查	针对广泛的主题，可以迅速并低成本收集描述性数据；易于分析；回答者可以匿名	自我填报可能导致有偏见的报告；获得的数据可以提供整体图景，但缺乏深度；不可能提供充分的背景信息；受样本误差影响
访谈	促进更全面、更广泛、更深入地了解针对一个题目的信息	耗时且难以分析；成本高；受访人的主观偏见容易影响证据的客观性
现场观察/实地调研	能够观察到计划的实际执行情况，获得一手数据	成本高；可能难以分类或对观察到的行为进行解释；可能会选择不适当的现场
座谈会/小组访谈	以快速、可靠的方式收集不同利益相关者的观点、判断	可能获得较多无关信息；难以对回应进行分析；需要受过专业培训的组织者；组织安排上可能有困难；参与者可能存在主观偏见

① Binnendijk A. Results-Based Management in the Development Co-operation Agencies：A Review of Experience [R]. DAC Working Party on Aid Evaluation Report, 2000.

② United Nations Development Programme. Evaluation Office. Handbook on Monitoring and Evaluating for Results[M]. Evaluation Office，2009：75.

方法	优点	挑战
关键知情者	能够对问题性质提出见解，对解决方案提出建议；能够对单个议题或多个议题提供不同的观点	会遇到抽样误差；必须通过某种方式对信息进行验证或确认
专家小组	增加可信度；可作为额外（专家）信息来源，从而进行更加深入的分析；能够验证或证实主题领域的信息和结果	咨询费用及其他可能的支出必须确保公正性以及没有利益冲突
案例研究	有助于充分探讨对产出和效果作出贡献的因素	需要相当的时间和资源，一般不适用于委托评估；难以分析

资料来源：United Nations Development Programme. Evaluation Office. Handbook on Monitoring and Evaluating for Results[M]. Evaluation Office，2009；财政部国际财金合作司. 国际金融组织贷款项目绩效评价操作指南[M]. 北京：经济科学出版社，2015：52.

随着技术的发展，传统的数据收集方法已经不能满足实践的需要，受当代社会对数据需求日益增加的影响，信息科学、管理工程、企业管理等领域内的实践者与研究者，在传统证据收集方法的基础上，又开发出新的信息挖掘理论与工具。典型的数据挖掘方法如数据挖掘（DM）、数据库知识发现（KDD）、数据组合处理法（GMDH）等，为绩效信息的数据基础提供了更加有力的工具。[①]

（三）绩效评价标准的运用

1. 政府业绩的标杆管理

在理论研究中，通常将公共部门标杆定义为：为了实现组织绩效改进而采用的，用于衡量、比较、评价和理解组织的产品、服务、功能和工作流程的连续系统的过程。[②]也有研究者将标杆管理（benchmarking）用来描述某种创新行为，这种创新行为的目的在于，对组织的绩效作出初步评估，

① 尚虎平. 基于数据挖掘的我国地方政府绩效评估指标设计[M]. 北京：经济管理出版社，2013：4.

② Spendolini M. The Benchmarking Book[R]. 1992: 7.

而无须同其他组织比较，也就是所谓基线管理（baselining）。①可以说，标杆管理是将理论上的标准比较用于实践的一个典型案例。

在应用层面，目前已经形成较为丰富的实践经验。在欧洲、北美和澳大利亚，许多传统服务领域都进行了重新评估和重组，并采用了来自私营部门及其他国家的标杆及质量标准。②尤其是一些欧洲国家已经大规模地采用标杆管理法。例如，标杆管理作为一种以顾客导向为目标的管理理论，成为英国全面质量管理（TQM）的基石。③瑞典的标杆管理实践，形成包括各种主题（例如儿童保育、学前教育等）的八个标杆地区，并覆盖了该国南部（主要是人口密集地区）的 49 个城市（以及斯德哥尔摩地区），并于2010 年扩展成为一个全国性的标杆项目。④德国于 1996 年建立了标杆单位制度，超过 200 个自愿标杆单位进行了绩效比较，涉及几乎所有地方政府任务，到 2010 年大约有 720 个地方政府机构组成了 75 个标杆区域。

虽然标杆管理在政府部门得到了广泛应用，但由于私营部门与政府部门的标杆管理实施环境有所差异，其具体应用也受种种因素的局限。其一，标杆管理在具体国家中的运用，需要做许多适应性的改进。经济合作与发展组织（OECD）成员国之地方政府对其绩效进行比较和衡量的方式差异很大。以欧洲为例，目前欧洲地方政府标杆计划的治理、覆盖面以及影响，在很大程度上取决于各自行政系统的制度特征。有迹象表明，由于欧洲的财政危机以及需要削减公共部门成本的现状，许多国家倾向于强制性的大规模标杆项目。⑤其二，由于地方政府提供服务的多重性，可能导致相互冲突的目标。例如，城市交通部门为了提高交通运行效率所做的努力，可能会与安全或空气污染方面的目标产生冲突。⑥在标杆管理的过程中，确定具

① 阿里·哈拉契米. 政府业绩与质量测评：问题与经验[M]. 张梦中，丁煌，译. 广州：中山大学出版社，2003：182.

② Ferlie E, P Steane. Changing Developments in NPM[J]. International Journal of Public Administration, 2002(12): 1459-1469.

③ Wald M. The Benchmarking Book [J]. Monthly Labor Review, 1993(06): 66.

④ Sveriges Kommuner Och Landsting, and Rådet för främjande av Kommunala Analyser. Inga Resultat–Ingen Kunskap: Kvalitetsmått I Kommunal Verksamhet[R]. 2010.

⑤ Kuhlmann S, T Jäkel. Competing, Collaborating or Controlling? Comparing Benchmarking in European Local Government[J]. Public Money & Management, 2013(04): 269-276.

⑥ 阿里·哈拉契米. 政府业绩与质量测评：问题与经验[M]. 张梦中，丁煌，译. 广州：中山大学出版社，2003：183.

体利益相关者的诉求至关重要，因为结果会根据目标而变化，故成功的标杆项目需要充分考虑到内部和外部利益相关者的诉求。

另外，标杆管理活动的本质需要通过对比来衡量具体活动的绩效，但一次性的评估并不意味着任务完成。事实上标杆管理成功的一个重要经验就是持续衡量一组单位的绩效，并实现流程持续改进的过程。在实践中，一些机构开发出了一个典型的标杆管理连续循环过程模型（如图6-3所示），该模型将标杆管理过程分为计划和目标值设定、比较和分析、行动、评估四个部分，其中每个阶段的活动都会进入下一个阶段。①

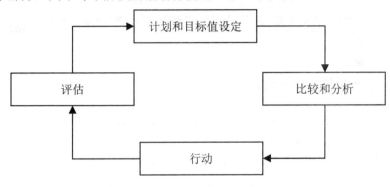

图6-3　标杆管理过程循环步骤

资料来源：Rondo-Brovetto P, Saliterer I. Comparing Regions, Cities, and Communities: Local Government Benchmarking as an Instrument for Improving Performance and Competitiveness[J]. The Innovation Journal: The Public Sector Innovation Journal, 2007(03): 1-18.

2. 预算支出的标准化实践

在部门预算管理中，预算项目支出的标准化建设是全面公开透明预算制度的重要支撑。各国在实践中已经开始按照相应的支出标准来进行预算拨款。例如，英国预算支出就按照部门、功能、经济和地区进行分类，对各部门的经费控制主要通过制定预算支出的标准，来限制各部门经费的增

————————————

① Rondo-Brovetto P, Saliterer I. Comparing Regions, Cities, and Communities: Local Government Benchmarking as an Instrument for Improving Performance and Competitiveness[J]. The Innovation Journal: The Public Sector Innovation Journal, 2007(03): 1-18.

长，主要包括支出上限标准、效率标准、削减标准等。①

在预算项目支出的标准化运用中，一些国家的预算支出已然细化到每个部门的项目，并拥有比较详细的涵盖具体参数的分配公式。②在项目支出标准的制定中，利用成本收益法对项目支出额度进行划定，是项目支出采用的理想方法，项目的价值（例如计算桥梁或道路之未来利益的整体流量）必须证明社会成本是合理的，③但成本收益法中如何选择最优贴现率，也是一直以来颇具困扰的一个问题。④

第三节　公共预算绩效指标框架构建中的风险控制

一、预算绩效指标设计的风险界定

在经济分析的视野中，风险的基本内涵在于损失或收益的不确定性。根据英国财政部 2018 年修订的《中央政府对地方政府绩效评价和评估的指导绿皮书》，风险是在绩效评价的设计、规划和实施中出现的具体不确定因素。风险成本是指在预期可能性基础上估算的相关成本，包括避免风险、分担风险和降低风险的成本。⑤预算绩效指标构建中的风险，狭义上可以理解为指标设计中的不确定性，这种不确定性会导致绩效评价不能有效评估政府行为，并会形成高昂的成本费用。预算绩效指标框架的风险成本及可能产生的损失，可以分为经济损失和非经济损失。

（一）经济损失

经济损失的直接表现为公共资源的浪费。党的十九大报告中提出"全面实施绩效管理"，若要做到"全面"，绩效评价要覆盖五级政府、四本预

---

① 王淑杰. 英国政府预算制度[M]. 北京：经济科学出版社，2014：100-104.

② 上海财经大学中国公共财政研究院. 预算项目支出标准体系研究[R]. 上海财经大学中国公共财政研究院，2016：12.

③ Barro R J. Government Spending is no Free Lunch[J]. Wall Street Journal, 2009(22): 17.

④ Zhuang J, Z Liang, T Lin. Theory and Practice in the Choice of Social Discount Rate for Cost-Benefit Analysis: a Survey[R]. ERD Working Paper Series, 2007.

⑤ Treasury H M. The Green Book Central Government Guidance on Appraisal and Evaluation [EB/OL]. https://www.gov.uk/government/publications/the-green-book-appraisal-and-evaluation-in-central-governent. (2018-10-18)[2018-10-05].

算，要对预算部门及预算单位进行全面评价，需要覆盖所有财政性资金及各类财政支出政策。仅就预算资金而言，2021 年，全国一般公共预算支出为 246322 亿元，决算数已达 19880.24 亿元，①由于被评价资金体量巨大，评价过程中发生的交易费用也会不菲。若贸然采用某一绩效评价指标体系或某一具体模式，而对其风险点未能很好地控制，仅就评价过程中发生的交易成本来说，就会形成巨大的经济损失。

间接的经济损失，则表现为由于绩效评价结果不合格或者指标框架构建不合理，而导致的各种间接性经济损失或机会成本。例如，1996 年世界银行提出了"重债穷国计划"，乌干达因在指标监测与评价方面的明显进步而得到更多的债务减免；相反，阿尔巴尼亚、马达加斯加和坦桑尼亚等国，因在建立和实施以结果为导向的监测与评价体系方面的工作不力，而难以加入这一计划。②又如，到 2008 年 1 月为止，美国管理和预算办公室（OMB）利用绩效评级工具（Project Assessment Rating Tool，简称 PART）对 98% 的项目和 2.6 万亿美元的政府支出进行了绩效评价，③但后来的研究表明，该举措并未起到提高绩效信息使用的效果。管理和预算办公室（OMB）对 PART 的关注，导致其降低了判断支出时更加分析性地思考分配资金效率的能力，形成了巨大的机会成本。④

（二）非经济损失

非经济损失则相对更为广泛，包括指标框架及具体指标失灵造成评价结果的失真，以及对相关利益主体造成的逆向激励。

从评价对象的角度来看，主要表现为对被评价单位产生逆向激励。戴维·奥斯本等就曾指出，绩效管理的核心在于将可测量的绩效结果与奖励挂钩。⑤激励可以分为正激励（奖励）和负激励（惩罚）。逆向激励是指政

---

① 中华人民共和国财政部. 2021 年全国一般公共预算支出决算表[EB/OL]. http://yss.mof.gov.cn/2021zyjs/202207/t20220728_3830482.htm.（2022-07-28）[2023-03-21].

② 乔迪·扎尔·库塞克，雷·C 瑞斯特. 十步法：以结果为导向的监测与评价体系[M]. 梁素萍，韦兵项，译. 北京：中国财政经济出版社，2011：7.

③ Frisco V, O J Stalebrink. Congressional Use of the Program Assessment Rating Tool[J]. Public Budgeting & Finance, 2008(02): 1-19.

④ Moynihan, P Donald. Advancing the Empirical Study of Performance Management: What We Learned from the Program Assessment Rating Tool[J]. The American Review of Public Administration 2013(05): 499-517.

⑤ 戴维·奥斯本，彼得·普拉斯特里克. 政府改革手册：战略与工具[M]. 谭功荣，译. 北京：中国人民大学出版社，2004：201.

策设计初衷与实际执行效果呈现"事与愿违"的现象，如有的单位在惩罚上层层加码、在奖励上却一概回避，挫伤了工作积极性。逆向激励效应一旦被激发，不仅会导致现状恶化，还会损害政策制定者的信誉。[1]在绩效指标设定时，就宏观层面而言，激励目标可以设定为所提供服务或产品数量的增加、效率的提高、服务质量的改进、组织影响力的提升、服务成本的减少等。但要落实到微观层面，就需要对一项活动的各项绩效目标进行评价。不合理的指标设定，可能导致具体执行人员为了规避惩罚，或追逐奖励高的指标，最终形成逆向激励的恶性循环。

值得一提的是，惩教组织面临着一个很有意思的激励问题：改造罪犯和他们的经济利益是相违背的。因为成功的改造会减少他们的监禁服务，因此所签订的绩效合同能够提供适当的激励和绩效指标是很重要的。[2]私营监狱的绩效问题，我们将在专栏 6-2 中进行讨论。

专栏 6-2

私营监狱的绩效问题

20 世纪 80 年代以来，美国面临着囚犯人数急剧增长的问题。1985 年，有超过 74 万人被监禁，相较于十年前增长了约 22 万人。到 1990 年，这个数字达到 110 万，1995 年达到接近 160 万，美国公共政策智库"监狱政策倡议"2021 年发布报告显示，目前美国在押犯人数量已增长至约 200 万。为了应对由此带来的监狱拥挤和监禁成本高居不下的问题，开始了监狱私有化运动（prison privatization）。

如今，私营监狱已成为世界各地刑法理论和管理实践的重要组成部分。与政府监狱相比较，它有三大优势：第一，更快地减轻监狱拥挤压力。私营监狱建造的速度更快，往往只需要花费政府建造监狱一半的时间。第二，更低廉的成本。因为私营监狱可以将来自许多偏远地区的囚犯集合到位于土地和建筑成本较低之地区的设施中，并且工资较低，它会比政府运营监狱花费更少。第三，更好的服务质量。竞争压力策略会促使承包商抑制成本并提供优质服务，因为合同续签将取决于绩效。

但私营监狱也面临着绩效风险与现实局限。尽管私营监狱可以在短期

---

① 李浩燃. 向"逆向激励"说不[N]. 人民日报, 2016-12-21.

② Stephanie C. Larger Inmate Population is Boon To Private Prisons[N]. The Wall Street Journal, 2008-11-19.

内有效应对囚犯人数增长的问题，再犯惩罚或囚犯改造才是减少囚犯数量的长久之计。事实上，无论是政府经营还是私营，监狱一般都不会安排能够应对再犯或改造罪犯的计划。就前者而言，其管理人员一般倾向于满足现状，因为除非有越狱等丑闻被大众关注，他们很少会受到纪律处分。而私营监狱作为营利性公司，它的主要目标是最大化利润，在缺乏基于绩效的激励措施的情况下，它也不会改造罪犯或提供额外的计划。

而要判断私人监狱效率和绩效必然涉及绩效目标问题。在基层，监狱有三个主要目标：保护公众、将囚犯关押在安全的环境中和促进囚犯改造。英国的国家罪犯管理处还强调良好的员工工作条件。这些目标复杂又互相重叠，因而构建一个衡量它们的模型是具有挑战性的。通常来说，监狱的绩效是通过再犯（recidivism）、成本效益（cost-effectiveness）、囚犯权利和监禁质量来衡量的。罗格（Rogge）等人基于以上绩效目标进行调整后，提出了一套监狱绩效衡量的指标框架（参见下方表格）并指出应在可能的情况下，更多地将消极产出指标（negative output）转变为积极产出指标（positive output）进行衡量。例如，使用不在过度拥挤的牢房中囚犯的数量指标（而不是在过度拥挤的牢房中囚犯的数量）和判处 12 个月或以上并且不再犯罪的囚犯数量指标（而不是再犯的囚犯人数）。

罗格等人提出的监狱绩效衡量指标框架

绩效目标	绩效指标
实现就业和定居	①获释人数 ②获释后成功受雇人数 ③获释后成功定居人数
合理的容量利用率	①平均监狱人口 ②不在过度拥挤的牢房中的平均囚犯人数
良好的监狱生活质量	①净资源支出 ②平均监狱人口 ③严重攻击数量 ④每周有目的活动的总小时数
有效的囚犯重新犯罪改造	被判处少于 12 个月并且不再犯罪的囚犯人数

资料来源：Rogge N, Simper R, Verschelde M, et al. An analysis of Managerialism and Performance in English and Welsh Male Prisons[J]. European Journal of Operational Research, 2015(01): 224-235; Williams W, J W Evans. The Politics of Evaluation: The Case of Head Start[J]. The Annals of the American Academy of Political and Social Science, 1969(01)118-132; Schultz C. Prison Privatization: Driving Influences and Performance Evaluation[J]. Themis: Research Journal of Justice Studies and Forensic Science, 2015(01): 5.

从决策者的角度来说，非经济损失表现为造成某些必要项目的削减，导致资源配置的失效，以及由此可能产生的不能满足某些公共需求的负外部效应等。例如，美国联邦政府资助的"先行一步"（Head Start）项目，于 1969 年雇用了一家公司（Westinghouse Learning）评价该项目，评价结果表明该项目对儿童学习的长期正面影响很小。这进而导致政府根据这些报告宣布，进行下一研究之前，不再增加对任何联邦扶贫项目的投资。[①]然而在 2010 年的测试中，结果表明该项目对弱势儿童带来显著的正面影响。[②]可见，绩效评价的结果应用，对于资源的分配具有相当程度的影响，但其评价结果却难免存在失误的风险。

二、预算绩效指标设计的主要风险因素

在绩效指标框架的设计与使用中，影响最终成败的因素很多，任何一个环节的失误，都可能造成绩效管理最终无法达到预期。其间的风险可能由于某一因素的失调而发生，也有可能由于多因素之间的相互影响所引致。因此，从战略性的角度出发，若不能整体控制风险的发生，就应该将决策分解成一个详细的有效单元来加以剖析。绩效指标框架及具体指标的设计离不开评价对象、评价模式、方法选择等具体要素。本节以一般逻辑绩效评价体系确定的顺序为线索，根据可能导致风险产生的潜在节点，将预算绩效指标设计中需要着重考虑的因素分为战略性因素、技术性因素和应用障碍。

（一）绩效指标框架构建中的战略性因素

绩效评价最初源自企业人力资源的绩效评定，后被公共部门引入。从企业的角度来看，绩效指标作为企业与部门、部门与员工的衔接环节，在

---

① Williams W, J W Evans. The Politics of Evaluation: The Case of Head Start[J]. The Annals of the American Academy of Political and Social Science, 1969(01): 118-132.

② Head Start(program)[EB/OL]. https://en.wikipedia.org/wiki/Head_Start_(program). [2018-10-02].

企业管理中居于战略性地位。①同样，在预算绩效评价领域，由于评价指标的价值导向对政府行为具有重要的引导作用，相应指标框架的构建也需要站在战略性的高度进行考量。

1. 预算绩效指标框架的创新问题

20 世纪 80 年代以来，各国致力于开展绩效评价工作，已形成了多种相对完整、成熟的评价指标体系。

综观当前世界各国的绩效指标框架，主流模式可以分为两种，一是国际组织设立的指标框架，如世界银行开发的以结果为导向的监测与评价体系，国际货币基金组织（IMF）开发的贷款绩效评价指标体系等。二是一些主权国家构建的绩效指标框架。由于不同组织、不同国家之间的内生性差异，各自采用的指标框架也颇为不同。

第一，国际组织和主权国家绩效评价的侧重有所不同。国际组织的绩效评价更侧重于项目的评价。而主权国家不仅需要注重项目的绩效，更要考虑各利益主体的均衡，因此在绩效指标设计方面更为困难。根据英格兰和威尔士的经验，尽管绩效指标框架在不断完善，但追求完美即会招致失败，没有一套指标可以满足利益相关者的多样性，绩效指标框架的简约性与完整性之间也很难调和。②但过于简约的指标框架又无法完全覆盖各利益相关者的需求。例如，有研究者认为，加拿大安大略省卫生部门平衡计分卡设计的 27 个绩效指标过于局限和狭窄，无法真正反映卫生系统正在进行的绩效改进举措的全部范围。③

第二，不同主权国家之间也有很大差异。预算绩效指标也是随着时代变迁而逐渐演变的，且在不同国家之间的应用也有所差异。从横向比较来看，不同国家之间（甚至国家内部）也有颇多差异。例如，英格兰在 20 世纪 80 年代绩效指标激增，中央和地方政府以及大多数公共服务供给主体都形成了相应的绩效指标体系，而苏格兰和威尔士对绩效指标的使用则相对

① 丁宁宁，路军. 绩效指标体系设计中的跨层次整合[J]. 中国人力资源开发，2007（12）：19-21.

② Boyne G A. Theme: Local Government Concepts and Indicators of Local Authority Performance:an Evaluation of the Statutory Frameworks in England and Wales[J]. Public Money and Management, 2002(02): 17-24.

③ Tawfik-Shukor A R, N S Klazinga, O A Arah. Comparing Health System Performance Assessment and Management Approaches in the Netherlands and Ontario, Canada[J]. BMC Health Services Research, 2007(01): 7-25.

较少。①与之相比，欧洲其他国家则没有使用具有相同强度的绩效指标。在德国，"新指导模型"（New Steering Model）强调了绩效指标的重要性②，然而，改革只适用于一些大城市（big cities）、城邦（city-states）和州（länder）。③在挪威，经过各机构的调整和转化，目标和结果管理系统（Management by Objectives and Results System）已被广泛采用。④在瑞典，由于公共部门权利高度分散，故绩效测量仅在指导各个具体机构中发挥作用。⑤

在过去数十年中，许多发展中国家已然开始尝试以结果为导向的绩效预算改革，以使政府更具竞争力。但制度环境之间的冲突和不相容是不可避免的，所谓主流的以结果为导向的绩效改革，通常有许多内生的制度假设，且往往与发展中国家固有的政治、社会和文化制度未必相容。⑥例如，智利的监控和绩效评价系统相对成功⑦，但它拥有非常完备的公务员制度以及高度集中的政府体系和财政部门，这在其所处的拉丁美洲并不具有普遍

---

① Hood C. Public Service Management by Numbers Why Does it Vary Where Has it Come from What are the Gaps and the Puzzles[J]. Public Money and Management, 2007(02): 95-102.

② "新指导模型"（New Steering Model）是新公共管理浪潮中德国版本的改革措施，受到荷兰地方政府（更准确地说是蒂尔堡市）现代化的启发而形成。由 KGSt（地方政府的市政管理联合机构）推动，迅速成为公共部门现代化建设的主要模式。与其他欧洲国家相反，德国的公共管理改革是一种主要由当地"企业家"驱动的自下而上的运动，而联邦和大多数州政府长期以来一直不愿意实施这些改革。该模型包括内外两个维度：外部维度包括标杆管理、绩效比较、客户导向、质量管理和一站式机构；内部维度包括行政机构和政策及实施。其中，行政机构维度分为过程创新、组织创新和人力资源创新。政策及实施维度关注议员的战略决定、行政管理、政治合同/控制、产出导向的预算。资料来源：Kuhlmann S, J Bogumil, S Grohs. Evaluating Administrative Modernization in German Local Governments: Success or Failure of the "New Steering Model"[J]. Public Administration Review, 2008 (05): 851-863.

③ Naschold F, J Bogumil. Modernisierung des Staates. New Public Management in Deutscher und Internationaler Perspektive [M]. Auflage. Opladen, 2000.

④ Lægreid P, P G Roness, K Rubecksen. Performance Information and Performance Steering:Integrated System or Loose Coupling?[M]. London, Performance Information in the Public Sector. Palgrave Macmillan, 2008: 42-57.

⑤ Van Dooren W, G Bouckaert, J Halligan. Performance Management in the Public Sector[M]. Routledge, 2015.

⑥ Ho A T K, T Im. Challenges in Building Effective and Competitive Government in Developing Countries: An Institutional Logics Perspective[J]. The American Review of Public Administration, 2015 (03): 263-280.

⑦ 智利的监控和评价系统在 1994 年即拥有 1600 个常规指标，并用于为国会准备的正式报告中以及为各种评估提供数据。

性。①从国际经验来看，由于不同国家的制度差异，或许并不存在一个最佳的绩效指标框架。相反，一国绩效评价指标框架成败的关键在于，能否根据本国情况作出充分的创新，使国家意图通过具体绩效指标而得以体现，与政府治理能力相匹配。

2. 绩效指标框架逻辑上的合理性

综观现代政府预算的演化进程，总体上呈现出从"控制取向"逐步走向"绩效导向"的发展趋势。而绩效评价演化至今，也逐渐转变为以结果为导向，以激励为目的。但如何通过指标体系激励绩效结果，仍然是一个世界性难题。由于影响结果的原因过于多样化，对结果进行准确测量，本身就具有相当大的难度，在产出和结果之间建立因果关系则更加困难，这导致绩效指标框架建立过程中更容易偏向产出指标。譬如，在新西兰，健康、教育和社会福利领域的临时评估，更加强调产出而较少强调结果。在其1989年颁布的《公共财政法案》中，并未能将结果纳入部门的直接责任，因为让公共项目经理对结果负责，在实践中其实是较为困难的。②

鉴于指标框架需要对结果加以有效反映，这就对绩效指标体系的逻辑合理性提出了较高的要求。绩效指标体系和具体指标的设计，需要基于绩效评价的基本原理以及指标在评价活动中的具体应用情况来加以构建。也就是说，绩效指标体系的建设需要具有统一的标准。指标框架内容是否科学，也是关系绩效评价成败的关键，其中包括不同绩效指标内容的不均衡、侧重点不清等问题。例如，传统的绩效测量模型是在20世纪20年代几个大型工业企业中发展起来的，其关注的重点在于若干有限财务指标的达成率，如每股收益（EPS）、投资回报率（ROI）等。③而这一系统因过于重视财务指标，却无法衡量和监控多维度绩效而备受争议。

（二）绩效指标开发的技术因素

绩效指标并不能单独地存在于绩效评价系统当中，必须与其他具体指标相结合。因而，技术性因素成为绩效指标框架构建及具体指标设计中必

---

① Mackay K. Evaluation Capacity Development[M]. World Bank, Operations Evaluation Department, 2006.

② Mascarenhas R C. Searching for Efficiency in the Public Sector: Interim Evaluation of Performance Budgeting in New Zealand[J]. Public Budgeting & Finance, 1996(03): 13-27.

③ Brignall S, J Ballantine. Performance Measurement in Service Businesses Revisited[J]. International Journal of Service Industry Management, 1996(01): 6-31.

须考虑的问题。影响绩效评价的关键技术性问题主要包括：指标体系的效度、信度以及数据支撑。

1. 效度与信度

效度（validity）即有效性，它是指测量工具或手段能够准确测度出所需测量事物的程度，测量结果与要考察的内容越吻合，则效度越高；反之，则效度越低。①效度是一个具有相对性的概念，也就是说，在评价某测验的效度前，需要明确测验的目标及功能，当结果与目标一致时，测验才算有效。②因此，绩效指标框架效度反映了绩效测试结果与绩效目标的符合程度。指标设计的首要步骤是确定绩效目标，绩效目标的合理确定，在很大程度上影响指标框架的效度。效度分为三种类型，分别为表面效度（face validity）、准则效度（criterion validity）和建构效度（construct validity）。③其中，建构效度常采用皮尔逊（Pearson）相关系数法、因子分析法等方法进行测量。

信度（reliability）反映的是研究工具的可靠性，包括重复测量值保持不变的程度、测量值随时间的稳定性、在给定时间内测量的相似性等。④例如，用同一台体重秤测量一个人的体重，若测量多次的结果均相同，说明这台体重秤的信度很高。因此，指标框架信度是指运用某一具体指标框架进行测试，所得结果的前后一致性程度。若在考虑不同测试者及测量时间的情况下，前后测试的结果相同，则信度较高，表明指标框架是稳定可靠的；反之则信度较低。大部分信度均可通过相关系数 r 来表示，具体分为再测信度（test-retest reliability）、复本信度（parallel-forms reliability）和折半信度（split-half reliability）。一般来说，相关系数小于 0.3 为弱相关，0.3—0.5 为中等相关，大于 0.5 为强相关。⑤

2. 绩效目标及指标效度

根据世界银行对指标的定义，指标通过阐明项目影响、结果、产出和

---

① 袁方. 社会研究方法教程[M]. 北京：北京大学出版社，1997：187-198.

② 陈慧慧，方小教. 社会调查方法[M]. 合肥：中国科学技术大学出版社，2019：80-81.

③ 表面效度侧重于评价指标与目标之间的适合性和逻辑相符性；准则效度是对原有测量方式进行替换，从而比较两次结果，若结果一致，则说明新的测量方式具有准则效度；而建构效度则是对原有测量理论进行替换，若两次结果一致，说明原测量理论具有建构效度。

④ Golafshani N. Understanding Reliability and Validity in Qualitative Research[J]. The Qualitative Report, 2003(04): 597-607.

⑤ Heale R, Twycross A. Validity and Reliability in Quantitative Studies[J]. Evidence-based Nursing, 2015(03): 66-67.

投入之间关系的方式来组织信息，并帮助识别阻碍项目目标实现的问题。[①]目前，普遍认同的绩效指标的合理有效设定，是要将政府的战略计划、工作活动与岗位职责等复杂、多元的绩效目标，转化成具体可控、可考核评估的绩效指标。可见，绩效目标与绩效指标之间存在密切的关联性。

总的来说，指标是依据目标进行设定的，指标体系作为绩效管理的核心，绩效指标的质量取决于其对应的目标。[②]绩效指标对绩效目标的反映，通常通过指标的效度来体现。然而，在定义结果目标方面存在多种困难。

第一，结果目标需要在长期利益和短期利益、公共利益和机构利益、内部利益和外部利益等不同利益主体的诉求之间，作出取舍和配比，这需要多方面的权衡考虑。以长期目标与短期目标为例，如果过分关注短期目标，就会挤占实现其他目标所需要的资源，并影响最终目标的实现，甚至可能牺牲长期目标的效果。例如，坦桑尼亚为了实现联合国千年发展计划规定的 2015 年普及教育目标，他们的入学率提高了，但中学教育的成绩却下降了。[③]

第二，若结果目标制定得过于宽泛，则无法确定指标和结果之间的因果关系。例如，假定关注穷人普遍面临的问题会使穷人更多受益，然而在谁真正受益方面，仍然缺乏证据。在马来西亚，水质量改善只降低了非文盲人群的婴儿死亡率。[④]印度通过增加农村自来水接入率，期望提高儿童的健康水平，然而自来水管的延长并未增加贫困家庭儿童的健康水平，尤其是贫困家庭母亲受教育程度较低时，健康收益就更低。农村地区的自来水无疑比许多其他水源更安全，但通常需要将其煮沸或过滤并妥善储存才算安全饮用。对于贫困家庭未受到良好教育的母亲来说，这可能是一种负担，她们会认为，由此花费的时间和因自来水花费的金钱，本来会有"更好"的用途。[⑤]

---

① Mosse R, L E Sontheimer, W Bank. Performance Monitoring Indicators Handbook[M]. World Bank, 1996: 1.

② Mackay K. Institutionalization of Monitoring and Evaluation Systems to Improve Public Sector Management[M]. World Bank, 2006.

③ 维诺德·托马斯，骆许蓓. 公共项目与绩效评估[M]. 北京：中国劳动社会保障出版社，2015：93.

④ Quisumbing A R. Food Aid and Child Nutrition in Rural Ethiopia[J]. World Development, 2003(07): 1309-1324.

⑤ Ravallion M, J Jalan. Does Piped Water Reduce Diarrhea for Children in Rural India[J]. Journal of Econometrics, 2001(08): 153-173.

3. 指标框架构建与指标信度

绩效指标框架既要满足战略层面上的需求，又要具有实际应用中的可操作性。一个科学合理的指标框架，对测量的稳定性和可靠性有很高的要求。而这种测量的稳定性和可靠性，可以通过指标体系的信度来统一表示。指标信度能够反映测量指标各组成部分与整体间的一致性，而影响指标框架评价结果前后一致性的因素，主要包括以下几方面：

第一，测量工具选择不当导致不同指标的分配维度不均。当下比较常见的有逻辑模型、平衡计分卡、模糊评价法等测量工具，这些大多是从企业管理中借鉴而来的，其在公共部门的应用也大多处于探索阶段，其中较突出的问题体现在绩效指标的设计上。①例如，平衡计分卡方法中的四个维度包括财务视角与客户满意度、内部业务流程、学习和发展等三项非财务视角，②但该方法是针对企业设计的，而从预算资金绩效的角度来看，现代预算制度的功能主要为控制功能、政策功能、管理功能和民主功能，③显然平衡计分卡的各个维度，与预算绩效评价应关注的维度存在一定的出入。

第二，具体指标的类型选择带来的负面影响。例如，综合指标就可能带来误导。联合国发布的人类发展指数（HDI）是由预期寿命、受教育程度和收入状况三个维度加权平均构成，根据此法构建的综合指标，一个预期寿命正在下降的贫穷国家，其 HDI 值仍可能因为经济增长而提升。④又如，整体绩效通常通过估计定性指标和定量指标的价值来进行衡量。⑤有些评价体系更倾向于选择大量的定量指标，由于定量指标较为直观，这样一来评价结果则清晰明了，但现实中必然存在一些被评价因素无法完全量化，只能通过定性的方式来表达，故而评估体系中会存在一定比例的定性指标。⑥某一指标框架下定性指标过多，则会影响该指标体系测量结果的稳定性。美国绩效评级工具（PART），按 25 个正式问项和附加问项来撰写书面报告，

---

① 刘安长. 财政支出绩效评价关键指标设计的研究[J]. 财政监督，2013（04）：33-36.

② Kaplan R S, D P Norton. Linking the Balanced Scorecard to Strategy[J]. California Management Review, 1996(01): 53-79.

③王雍君. 预算功能、预算规制与预算授权——追寻《预算法》修订的法理基础[J]. 社会科学论坛，2013（08）：126-135.

④ Ravallion M. Troubling Tradeoffs in the Human Development Index[R]. The World Bank, 2010.

⑤ Popova V, A Sharpanskykh. Modeling Organizational Performance Indicators[J]. Information systems, 2010(04): 505-527.

⑥ 陈新. 中国政府绩效评估方法理论与实践[M]. 天津：天津人民出版社，2016：59.

再由管理和预算办公室（OMB）邀请专家按单位报告打分，[1]由于指标都是定性的，缺乏数据支撑且极易造假，也成为该指标框架后来颇受诟病的原因之一。[2]

第三，指标权重设定缺乏理论依据。随意的权重分配，会使指标失去严谨性，把不同维度的指标相加未必能得到一个可靠的结果。指标权重决定指标的价值，但在百分比设计下，各指标的权重分配是彼此消长的关系。在很多情况下，指标权重的分配并未作出理论上的说明。例如世界银行的国家政策与制度评估（CPIA），在经济管理、结构政策、社会包容与公平政策、公共部门管理和制度四个方面，其分配公式分别赋予前三个维度 8%的权重，而赋予治理 68%的权重，这使得治理评级较高的国家获得了资金，也使得有些国家失去了资金支持。但有研究显示，实际上哪些国家受益，不仅取决于其治理得更好，还取决于治理评级与其他评级之间的差别。[3]

4. 具体指标的数据支撑

数据是绩效指标的基础，无论是指标数据缺乏真实性，还是具体指标缺乏相应的数据支撑，都属于实践中可能遭遇的难题。例如，公共部门的大多数绩效指标，都是假设其将在效率和公平方面产生效益的情况下实施的，但对这些计划的潜在成本关注得较少。[4]又如，一些指标逻辑上的有效和实践中的数据支撑缺失之间存在的冲突，可能影响该指标在实践中的运用。在来自经济合作与发展组织（OECD）中 23 个成员国的专家共同指导的卫生质量指标项目中，提出了两组指标，分为建议保留的指标和不建议保留的指标，如表 6-5 所示。虽然其中一些指标被认为在科学上是合理的，但由于数据的可用性达不到标准，而被建议排除在卫生质量指标的考虑之外。[5]

---

① Frisco V, O J Stalebrink. Congressional Use of the Program Assessment Rating Tool[J]. Public Budgeting & Finance, 2008 (02): 1-19.

② White J. Playing the Wrong PART: The Program Assessment Rating Tool and the Functions of the President's Budget[J]. Public Administration Review, 2012 (01): 112-121.

③ Van W E. Selectivity at Work: Country Policy and Institutional Assessments at the World Bank[J]. The European Journal of Development Research, 2009 (05): 792-810.

④ Smith P. On the Unintended Consequences of Publishing Performance Data in the Public Sector[J]. International Journal of Public Administration, 1995 (2-3): 277-310.

⑤ Mattke S, E Kelley, P Scherer, et al. Health Care Quality Indicators Project: Initial Indicators Report[R]. Paris: OECD, 2006.

表 6-5 OECD 卫生质量指标项目待选指标

建议保留的指标		不建议保留的指标
乳腺癌生存率 乳房 X 线摄影筛查 宫颈癌的生存率 宫颈癌筛查 直肠癌生存率 疫苗可预防疾病的发生率 基本疫苗接种的覆盖范围	哮喘死亡率 AMI 30 天病死率 中风 30 天病死率 等待股骨骨折手术的时间 65 岁以上成人的流感疫苗接种 吸烟率	血红蛋白 A1c 测试 血糖控制不佳 糖尿病患者的视网膜检查 糖尿病患者的截肢状况

数据缺失的原因可能有很多，且不同种类的数据也会因不同的原因缺失。例如在调查问卷中，一个人可能拒绝回答问题，或者他们可能不理解问题，或者他们可能会终止面谈。[①]数据也可能因为种种原因随机丢失，但如何处理缺失的数据也可能影响绩效评价的结果及结论。

（三）绩效指标在预算中的应用障碍

第一，绩效指标的数量及提供方式，将影响指标框架在预算决策过程中的应用。早在 20 世纪 60 年代，北美地区如密尔沃基（Milwaukee）、威斯康星（Wisconsin）和纽约州拿骚县（Nassau County，New York）等制定的预算中包含了数百个将成本（或员工工时）与产出联系起来的单位成本核算指标，但由于数量庞大的指标所提供的信息，远远超过外部用户所能承担的极限，这些产出导向的指标报告最终被弃置了。[②]并且，当一些州政府开展结果导向预算的编制工作时，他们以一种极其枯燥的形式，向立法者提供了大量指标和数据（包括产出和结果指标且有时混合在一起），因此阻碍了绩效指标的使用。[③]由此可见，绩效指标体系可能会因过于烦琐复杂而引起使用者的抵触，也会因为数量的庞杂而使重点模糊，进而妨碍绩效信息的充分利用。

---

① Oropesa R S, N S Landale. Nonresponse in Follow-Back Surveys of Ethnic Minority Groups: An Analysis of the Puerto Rican Maternal and Infant Health Study[J]. Maternal and Child Health Journal, 2002 (01): 49-58.

② Hatry H P. Performance Measurement- Getting Results[M]. The Urban Insitute, 2006: 4.

③ Hatry H P. Performance Measurement- Getting Results[M]. The Urban Insitute, 2006: 4.

第二，在预算执行及决算后的评价中，绩效指标和绩效结果的反馈与应用也值得关注。在预算执行过程中，可能存在乐观主义倾向，评价人员可能对包括资本成本、运营成本、项目持续时间和利益交付在内的关键项目参数过于乐观，过度乐观地估计可能锁定无法达到的目标。①英国的《中央对地方政府绩效评价和评估的指导绿皮书》中就曾建议对乐观倾向进行具体调整。例如，对于之前低估的成本，按一定的百分比进行增加，调整应基于组织自身对乐观性偏差的历史水平。英国财政部为调整绩效评价中的乐观性偏差，对一些类别项目的一般价值作出了规定，覆盖了一系列环保技术、土地价值、能源效率和温室气体、生命与健康、旅行时间等方面。②

三、预算绩效指标设计中的风险防控

（一）采用多套指标框架，共同形成完整的绩效指标体系

在发展以结果为导向的绩效评价时，需要考虑到创新带来的风险。政策制定者面临的挑战在于，如何在既有评价系统中寻找到能够发挥正向激励的适当平衡，但又不过度改变现有的制度，以免由于过多的阻力和不相容问题，导致绩效管理改革失败。改革者必须对其独特的制度约束保持敏感，并根据不同利益相关者和特定社会文化背景认真调整改革措施。③考虑到我国幅员辽阔、评价对象体量巨大、利益主体多元等特异性因素，在预算绩效指标框架构建过程中，需要构建覆盖不同区域、不同支出类型、不同财政层级的预算绩效指标库的建设与运行方案。

第一，在全面实施预算绩效管理的改革进程中，根据目前需要进行绩效评价的对象而言，可以分为一般公共预算、政府性基金预算、国有资本经营预算、社会保险基金预算。在全面实行预算绩效管理的启动阶段，在

---

① Green Book Supplementary Guidance: Optimism Bias[EB/OL]. https://www.gov.uk/government/publications/green-book-supplementary-guidance-optimism-bias.(2013-04-21)[2018-10-05]

② Treasury H M. The Green Book Central Government Guidance on Appraisal and Evaluation[EB/OL]. https://www.gov.uk/government/publications/the-green-book-appraisal-and-evaluation-in-central-goverment. (2018-10-18)[2018-10-05]

③ Ho A T K, T Im. Challenges in Building Effective and Competitive Government in Developing Countries: An Institutional Logics Perspective[J]. The American Review of Public Administration, 2015 (03): 263-280.

整体框架构建方面，可以先就一般公共预算来构建相应的绩效指标框架，国有资本经营预算、社会保险基金预算、政府性基金预算则应考虑运用政府财务会计和政府管理会计框架进行评价。因为这三本预算更偏重财务上的考量，以及管理规则的精细化与标准化。财务会计以计量和传送信息为主要目标，以会计报告为工作核心，以公认会计原则为基本原理，直接采用财务会计基本上可以充分把控财政支出的合法合规，并能够做到全过程监控及结果问责效力。

第二，及时更新预算绩效评价的相应法律法规，并据此形成标准的绩效指标库。目前，我国的预算绩效评价的行政性规章为 2020 年发布的《项目支出绩效评价管理办法》。相比于 2011 年修订的《财政支出绩效评价管理暂行办法》，该版本对指标权重以及指标分值区间等问题进行了完善，进一步落实项目支出绩效评价的方法和整体流程。但仍存在一些尚待完善之处。例如，该办法对绩效评价标准仅笼统规定了计划标准、行业标准、历史标准及其他标准，但并未细化说明。为确保绩效评价工作落到实处，取得成效，在持续完善现有绩效评价管理办法的基础上，一方面，需要加快构建通用的绩效评价准则体系；另一方面，规定制度的适用期限，以消除各利益相关方的不确定性。预算绩效评价最终的目的是要提高预算资金的使用效率，激励决策者与一线管理人员更加关注绩效结果。只有激励指标具有明确的使用、调整、废除等时间期限，在纵向的时间维度上，才可以激励被评价对象依具体指标所引导的价值导向行事。

（二）厘清绩效指标框架的构建逻辑，保证指标选择合理

宏观层面的战略目标，必须落实到每个微观的绩效指标上，否则再有意义的政策定位及目标分解，都难以促进绩效的改善。在构建指标框架时，应避免追求事无巨细、绝对完整的指标框架。完美的测量需要完美的知识系统，但就目前而言，这一系统并不存在，且很难拥有足够数据构建一个完美模型，没有完美的模型则无法构建出面面俱到的绩效指标框架。[①]因此，应避免把所有指标都设计在一套系统中，故需要针对不同的预算资金使用部门，根据各部门预算的预期功能来划分评价对象，根据被评价对象分解目标，从标准指标库中筛选对应的关键绩效指标。

---

① Smyrk J. The ITO Model: a Framework for Developing and Classifying Performance Indicators[C]. The International Conference of the Australasian Evaluation Society, 1995.

在此过程中，可以将绩效指标框架的构建过程划分层级，将一个完整的绩效评价指标框架拆分成单独的指标（individual performance measures）、指标组（set of performance measures）、整体指标框架（performance measurement system）。在单独的绩效指标层面，根据细分的绩效目标考虑选择什么类型的指标，所选指标的用途、成本、收益以及数据来源。在指标组层面，考虑是否覆盖了所有的必要元素，包括内部指标、外部指标、财务指标、非财务指标等；针对长期效益和短期效果的指标是否均衡；指标能否衡量绩效的改进；指标组内是否存在指标相互矛盾的问题。在整体指标框架层面，考虑是否与奖励结构相一致，是否适应内外部环境，是否考虑到顾客满意度，是否与评价对象的战略目标相一致。[①]由此，便可对每一层级的功能及预期进行界定，并从程序层面逐级控制技术风险的发生。

（三）着重关注指标信度、效度及数据支撑问题，提高指标框架的稳定性

第一，提高绩效指标框架的效度。一方面，必须合理定义绩效目标，检查制定的绩效目标和用于评估目标的指标是否充分涵盖项目的使命和战略。由于具体指标所能体现的信息较为单一，指标效度的高低在很大程度上取决于目标的确定性。因此，制定者必须从前瞻性、动态性、逻辑性的角度出发，将项目的绩效管理目标与操作流程有机结合起来，细化分解结果目标并关注特定目标群体。另一方面，关注结果目标和指标的一致性。由于绩效目标的多维性，很难存在完美的与目标相一致的绩效指标，而只能在多个具有局限性的指标中，选择更具有适当性的绩效指标。例如，澳大利亚在对社会和工业基础设施进行绩效评价过程中，所采用的 ITO 模型（Input-Transform-Outcome Model，输入—转换—支出模型）针对这一问题制定了相应的绩效指标选择条件，包括简单性（指标是否易于被使用者理解）、可接受性（指标是否被使用者确认与目标相关）、完整性（局部指标是否能够满足特定的目标要求）、指向性（指标所指向的具体目标是否明显）、简约性（对于一个特定目标，能否将指标组缩减至最小）。[②]这是具有

① Neely A, M Gregory, K Platts. Performance Measurement System Design: a Literature Review and Research Agenda[J]. International Journal of Operations & Production Management, 1995 (04): 80-116.

② Smyrk J. The ITO Model: a Framework for Developing and Classifying Performance Indicators[C]. The International Conference of the Australasian Evaluation Society, 1995.

一定参考价值的。

第二，保证预算指标框架的信度。在构建指标框架过程中，对其可靠性及可实现性进行判断，判断指标框架能否在不同外部和内部环境下提供稳定的测度结果。从单一维度的指标来看，其可靠性可以通过某一指标在对跨人群或环境评估时的结果稳定性来进行判断。就指标框架整体而言，不仅要对定性指标和定量指标的比重进行控制，还需选择合理的赋权方法，协调不同维度绩效指标的比重，并对不同指标维度之间权重设置的赋权理由加以必要的阐述与解释。同时，通过具体案例分析，来验证指标框架的科学性及实用性，对比评分结果与实际效果是否存在明显差异。

第三，关注预算绩效指标的数据支撑。从指标库中选择具体绩效指标来搭建指标组及指标框架时，应综合考虑当前可获取的数据来源。一方面，从数据产生的基础着手，增加数据的来源及质量（如完善政府成本会计系统）。绩效评价的可靠性和有效性，在很大程度上取决于对政府成本的准确计量。越重视政府绩效，则对成本会计系统的要求越高。[①]对一级政府而言，运作成本是衡量其绩效的重要指标，对于职能部门而言，无论是效率指标还是成本效益指标都离不开成本信息。[②]因此，为了得到真实有效的数据，需要尽快发展完善的成本会计系统。另一方面，关注指标选择的细节，将指标与具体的数据收集过程中的可实现性相联系。谨慎甄别目前尚难以获得的必要数据或者数据缺失的指标，并寻找数据基础较为完整充足的替代指标。如果某一指标就数据获取而言存在困难，则在选择时应更加审慎。对于有充分可靠数据的指标，标明其数据来源，并在指标库中构建与相应数据来源库的连通，保证每年的数据都是可持续提供的。

（四）加强指标在预算周期中的应用，优化指标的修正与反馈机制

预算绩效指标库的构建，不能仅是设计出单一的评价指标，而应该在预算周期内构建一个完整、可循环、可修复的系统，包括指标的设计、指标的选用、替换程序等。

1. 在预算编制过程中，加强绩效指标的应用

预算编制其实就是预算决策的过程，这是政府预算管理中非常重要的

---

① Gore A. From Red Tape to Results: Creating a Government That Works Better & Costs Less. Report of the National Performance Review[M] The Review, 1993.

② 刘笑霞. 我国政府绩效评价理论框架之构建[M]. 厦门：厦门大学出版社，2011：177.

一个环节。在预算编制过程中充分利用绩效信息，则可以从源头上加强绩效管理。

因此，一方面，要控制绩效指标的数量。尽管指标所提供的信息对于想要追踪其活动的技术效率的管理者和监察人员十分有用，但大量绩效指标可能造成使用人员应用上的障碍（包括心理上的抵触以及理解使用上的困难）。①在 20 世纪 60 年代到 90 年代，有研究者提出，要在形成结果的诸多因素中，选择具有足够代表性的指标从而达到一个可评估的结论，这意味着需要减少一些因素和其代表的价值，但艰难的问题是，选择什么？减少什么？如何减少？怎样才合理？②目前，已经有许多国家正在减少绩效指标的数量，以促进绩效信息的使用。法国、波兰、荷兰等国近年都对绩效指标的数量进行了缩减。③

另一方面，应该鼓励机构在制定和提交预算申请时，提供解释性信息以及过去的绩效衡量数据，丰富绩效指标框架及其所提供绩效信息的展现形式，从而加强指标框架的可用性。

2. 在实践应用结果的基础上，形成指标修正与绩效反馈机制

绩效目标和绩效数据作为绩效指标的上一层级和下一层级，都可以间接性地对绩效指标进行检验，并可据此予以反馈。三者之间相互贯穿，如图 6-4 所示。

在绩效目标层面，首先要做好目标界定及目标分解，在细化的目标上形成绩效指标，将绩效指标所测得之以往的产出、工作量、中间结果和最终结果等数据，与拟议中的预算绩效目标进行比较，对于异常高或低的产出或结果进行及时反馈，识别出可以提供更有意义和全面的综合性成果指标，并对目标解释度较低的"垃圾指标"进行识别并标注，在下一期绩效指标选择时提示慎重选择。

---

① World Bank Group. Toward Next-Generation Performance Budgeting[R]. World Bank Group, 2016；Performance Forum. Mission，Programs，Objectives，Indicators[EB/OL]. https：//www.performance-publique. budget.gouv.fr/sites/performance_publique/files/farandole/ressources/2017/DOFP/DOFP_2017_Tome_02.pdf. （2016-07）[2018-09-28].

② Scriven M. Evaluation Thesaurus[M]. Sage Pubn Inc，1991.

③ World Bank Group. Toward Next-Generation Performance Budgeting[R]. World Bank Group, 2016；Performance Forum. Mission，programs，objectives，indicators[EB/OL].https：//www.performance-publique. budget.gouv.fr/sites/performance_publique/files/farandole/ressources/2017/DOFP/DOFP_2017_Tome_02.pdf. （2016-07）[2018-09-28]

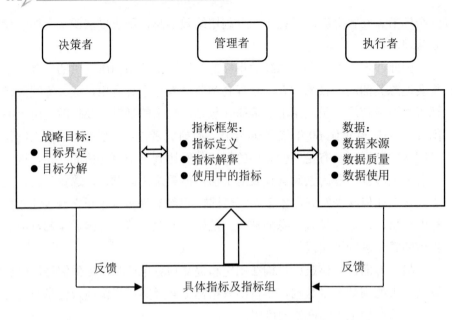

图 6-4　绩效指标的反馈与修正流程

在绩效数据层面，关注数据来源及数据质量，在数据使用中根据最近的绩效数据，识别预算年度预计产出（或结果）显著增加（或减少）的"异常指标"，并给予重点关注并分析具体原因。通过数据收集过程，检测难以执行的"僵尸指标"，保证指标与数据收集之间的交互联动。鉴于模棱两可的指标定义也会造成数据收集的困难，例如，在道路维护方面，有必要澄清对"维护车道里程数"指标的预期，因为一些人将其解释为管辖区对负有全部责任的里程数，而其他人则可能将其解释为在会计年度内实际进行维护的里程数。[①]因此，对于类似的问题，应及时作出反馈及修正。

第四节　公共预算绩效指标构建中的权重设计

"绩效"是一个颇具普适性的概念，与各类政府部门的职能紧密相关，但它并非实体概念，而是一个管理词汇。绩效管理的效果如何，尽管在相

---

① Kopczynski M, M Lombardo. Comparative Performance Measurement: Insights and Lessons Learned from a Consortium Effort[J]. Public Administration Review, 1999 (02): 124-134.

当程度上是可感知的，但要实际测度公共服务的质量和公共部门的绩效，则需要通过比较方能作出判断，而绩效可比性的实现离不开预算绩效指标体系及指标赋权。因此，指标权重的斟酌取舍，成为绩效管理能否发挥预期作用的重要命题。

一、预算绩效指标赋权的实践比较

统计学界对赋权问题做了很多探讨，开发了许多确定权重的统计方法，包括层次分析法（AHP）、逼近理想解排序法（Technique for Order Preference by Similarity to an Ideal Solution，TOPSIS）、多准则妥协排序法（VIKOR）、比较赋权法、二项系数赋权法、最小方差赋权法、客观权重赋权法（CRiteria Importance Through Intercriteria Correlation，CRITIC）、相似权法和属性 AHM 赋权法等。目前，较为统一的观点是将赋权方法分为主观赋权法和客观赋权法。在具体实践中，指标体系的构建、评价工具及权重设计等一系列问题具有内在的影响逻辑。因此，在绩效评价的框架下，就指标权重问题的一致性及差异性展开深入讨论，颇具现实意义。

（一）预算绩效指标赋权的一致性分析

就宏观层面而言，并不存在适用于所有公共服务测度的方法，但为了对某种服务进行评价，需要将其拆解成可以进行测量的小部分。[1]构建相应的指标体系，就是为了通过拆解的方法来解决服务不可测量的问题。基于此，在各国实践中，均基于不同方法构建了相应的指标体系，但如何选择指标以及如何将各种指标加总，仍存在各种微观层面上的技术问题。指标权重设计的不确定性问题就是构建预算指标框架中的共性问题，这种不确定性包括量化指标的不确定性、赋权方法的不确定性等。在一项综合评价方案中，权重系数能够体现各类指标在整个评价体系中的重要程度。在指标选择过程中，需要从大量的备选指标中，依据重要性甄别更具影响力的指标。然而，由于"绩效"这一概念缺乏明确严格的定义，无法像自然科学或者工程科学那样实现精准的量化，权重的确定难免带有一定的模糊性及不确定性。无论何种赋权方法都不可能完全客观地反映事物本身的固有

---

① Adcroft A, Willis R. The (un) Intended Outcome of Public Sector Performance Measurement[J]. International Journal of Public Sector Management, 2005 (05): 386-400.

性质，权重的确定往往会受具体问题、专家观点、赋权方法等因素的制约。[①]

（二）预算绩效指标赋权的差异性分析

不同赋权方法之间的差异，主要在于判断指标重要性的角度有所不同。在德尔菲法、专家赋权法等方法下，指标权重是专家基于比较和经验得出的，因此统称为主观赋权法。实际上，指标体系的构建也是一个策略博弈的过程，相关主体的利益取向往往反映到指标体系中。[②]主观赋权法也因之颇受指责，而客观赋权法更加注重通过客观数据来对指标进行赋权。尽管理论上绩效测评方法能够对可获得的数据进行客观公正的分析，但实践中关于绩效的主观解释更为常见，如果测量过程涉及专业技术人员，则更难以获得绝对客观的测量结果。[③]目前，在平衡计分卡、目标达成法等系统性评价方法中，仍需要更大程度地借鉴主观赋权法进行指标赋权。而数据包络分析法以独特的方式，以决策单元（DMU）各输入输出的权重向量为变量，从而避免人为赋权及指标量纲不同所带来的诸多困难。[④]

为了解决主观赋权的缺陷，形成了多种客观性较强的赋权方法。诸如层次分析法（AHP）、主成分分析法、因子分析法等都是基于统计学原理来计算各指标的权重。熵是来源于物理学的概念，熵值赋权法利用数据信息计算各项指标的熵值，判断所获信息的有序度，度量各指标对综合评价的贡献程度。模糊综合评价法则考虑到指标权重的模糊性，通过模糊数学的方法确定权重。虽然这些客观赋权法增加了赋权的客观性，但也同样存在弱点。例如，层次分析法（AHP）通过不同重要程度区分多个维度（标准）和指标（子标准），并将整体结果转换为统一度量标准，避免了管理者使用简单或临时赋权方法的缺陷，使具体指标框架中多维的绩效指标更具意义；[⑤]但AHP法也因为"排名逆转"（rank reversal）现象而受到批评，即当增加

---

① 胡丰青，郝萌萌，王济，等. 土壤质量模糊综合评价权重确定方法探讨[J]. 环境科学与技术，2013（S1）：355-360.

② 郑方辉，廖逸儿，卢扬帆. 财政绩效评价：理念、体系与实践[J]. 中国社会科学，2017（04）：84-108+207-208.

③ Adcroft A, Willis R. The (un) Intended Outcome of Public Sector Performance Measurement[J]. International Journal of Public Sector Management, 2005 (05): 386-400.

④ Cooper W W, Seiford L M, Zhu J. Data Envelopment Analysis[M]. Handbook on Data Envelopment Analysis. Springer, Boston, MA, 2004: 1-39.

⑤ Bentes A V, Carneiro J,da Silva J F, et al. Multidimensional Assessment of Organizational Performance: Integrating BSC and AHP[J]. Journal of Business Research, 2012 (12): 1790-1799.

或删除一个可替代的选择时，会使相对排序改变，TOPSIS 法、数据包络分析法（DEA）也同样受到这一问题的困扰。[1]

二、优化绩效指标权重设计的路径选择

（一）评价方法与赋权方法结合，构建全方位的预算绩效管理体系

首先，按不同支出领域细分评价对象，构建具体指标框架。一方面，按预算资金的不同支出领域进行横向划分，针对卫生、教育、文化、科技、农业以及基础设施建设等重点领域，细化支出项目、评价方案和指标框架。另一方面，由于我国幅员辽阔，区域间差异明显，应该更注重地方层面对评价方法及指标赋权的创新。

其次，在具体指标框架下，运用赋权方法完成指标赋权。从目前的地方实践来看，大多数方案直接给出了指标及权重，其中存在着赋权方法缺失、指标数量过多、各指标权重系数较小等问题，这可能会导致最终评价结果分值差异不大的问题。实际上，许多研究者已经研究了赋权方法在具体项目及部门决策中的应用。例如，有研究者利用 AHP 法和 VIKOR 法将不同标准予以赋权。同样在部门绩效评价方面，有研究者提出将 DEA 法和 AHP 法相结合来构建模型,在印度对国家研发机构的相对效率进行评估时,借此为政策制定者提供了一种更全面的方法。[2]

（二）通过制度及客观依据，促进指标赋权由主观向客观转变

1. 保证基础数据的质量

绩效信息是绩效评价的基础。要在实践中使用量化程度更高的评价方法，离不开绩效数据的支持。从国际经验来看，基于经济合作与发展组织（OECD）的调查问卷，大多数成员国在绩效数据的数量上已经取得了巨大的进步，但在数据质量和相关性上仍存在问题。[3]在理论上，绩效评价所需

---

① Wang Y M, Luo Y. On Rank Reversal in Decision Analysis[J]. Mathematical and Computer Modelling, 2009 (5-6): 1221-1229.

② Jyoti, Banwet D K, Deshmukh S G. Evaluating Performance of National R&D Organizations Using Integrated DEA-AHP Technique[J]. International Journal of Productivity and Performance Management, 2008(05): 370-388.

③ Curristine T. Performance Information in the Budget Process: Results of the OECD 2005 Questionnaire[J]. OECD Journal on Budgeting, 2006 (02): 87-131.

要的数据应能够提供相应的政策关联性。在线数据库工具可以在一定程度上缓解这一问题的紧迫性，但即便如此，也很难完全解决现存的问题。①因此，可以从以下两个方面谋划：

（1）加大数据质量方面的预算投入。在开展绩效评价的过程中，对信息技术进行大量投资，并形成庞大公共支出评价数据库，能够为评价各类支出项目的投入水平、效益情况和影响情况，开展历史的、横向的分析比较，进而提供有效的技术（数据）支持。这一过程需要大量的资金及人员投入，绩效数据相当于预算绩效评价领域的基础设施，提升该项基础设施的预算投入，才有望从根源上解决客观性不足的问题。

（2）整合地方政府、各部门及企业数据库，促进数据的共享互通。截至目前，中央及全国 36 个省、自治区、直辖市、计划单列市和新疆生产建设兵团已建设应用财政预算管理一体化系统。地方 3700 多个财政部门，60余万预算单位已应用财政预算管理一体化系统开展预算编制、预算执行等业务，初步实现了预算管理各环节的衔接贯通，以及上下级财政部门和预算单位的业务协同和数据共享。②因此，在现有财政预算管理一体化系统的基础上，可以对数据中心进行进一步的整合，提升预算绩效基础数据信息的质量。

2. 通过制定规则，促进主观评判的客观化

（1）促进绩效数据的共享，为主观评判提供客观基础。由于大量的数据需要技术人员的处理及分析，但实践中具备量化分析能力的研究者获取高质量数据的途径狭窄，而能够获取数据的政府部门一线工作人员缺乏相应的技术能力。目前，研究者在讨论评价方法及指标赋权时，更多地采用量化的方法，但许多技术性较强的方法并未很好地应用到实践中。因此，通过开放权限，实现政策制定者、一线管理者及评价部门和研究人员之间的数据共享，尤其在专家进行评判时保证绩效数据的互通，也是提高预算绩效评价的重要途径。

（2）对指标权重确定方法、流程设计原理等确定依据予以公示，相关

---

① Shaw T. Performance Budgeting Practices and Procedures[J]. OECD Journal on Budgeting, 2016 (03): 65-136.

② 中国新闻网. 财政预算管理一体化系统基本覆盖中国县级及以上行政区划 [EB/OL]. https://baijiahao.baidu.com/s?id=1757458584532203852&wfr=spider&for=pc. （2023-02-10）[2023-03-24].

数据存档予以备查。在方案设计阶段，针对评价方法选择、指标设定、权重设计等实际问题，就其科学性与现实性进行反复论证。对于一些因信息不对称产生的赋权问题，针对具体情况制定相应的应对措施。例如，从数量上增加专家测评组数，并将各组适当隔离，则可以适度降低其主观性。

重点术语

SMART 原则 CREAM 原则 标杆管理 绩效评价效度 绩效评价信度

思政专栏

思政专栏 6

《中华人民共和国预算法》（2018.12.29 修订）
《中华人民共和国预算法实施条例》（2020.8.3 修订）
关于绩效管理的论述

2014 年 8 月 31 日，十二届全国人大常委会第十次会议重新颁布了修订后的《预算法》，首次以法律形式明确了财政预算收支中的绩效管理。其中多次提到绩效问题。分别是：

第十二条 各级预算应当遵循统筹兼顾、勤俭节约、量力而行、讲求绩效和收支平衡的原则。各级政府应当建立跨年度预算平衡机制。

第三十二条 各级预算应当根据年度经济社会发展目标、国家宏观调控总体要求和跨年度预算平衡的需要，参考上一年预算执行情况、有关支出绩效评价结果和本年度收支预测，按照规定程序征求各方面意见后，进行编制。

各部门、各单位应当按照国务院财政部门制定的政府收支分类科目、预算支出标准和要求，以及绩效目标管理等预算编制规定，根据其依法履行职能和事业发展的需要以及存量资产情况，编制本部门、本单位预算草案。

第四十九条 全国人民代表大会财政经济委员会向全国人民代表大会

主席团提出关于中央和地方预算草案及中央和地方预算执行情况的审查结果报告。审查结果报告应当包括下列内容：

（一）对上一年预算执行和落实本级人民代表大会预算决议的情况作出评价。

（二）对本年度预算草案是否符合本法的规定，是否可行作出评价。

（三）对本级人民代表大会批准预算草案和预算报告提出建议。

（四）对执行年度预算、改进预算管理、提高预算绩效、加强预算监督等提出意见和建议。

第五十七条　各级政府、各部门、各单位应当对预算支出情况开展绩效评价。

第七十九条　县级以上各级人民代表大会常务委员会和乡、民族乡、镇人民代表大会对本级决算草案，重点审查下列内容：

（一）预算收入情况。

（二）支出政策实施情况和重点支出、重大投资项目资金的使用及绩效情况。

2020年8月20日，国务院发布了修订后的《中华人民共和国预算法实施条例》。其中也多次提到绩效问题，分别是：

第二十条　预算法第三十二条第一款所称绩效评价，是指根据设定的绩效目标，依据规范的程序，对预算资金的投入、使用过程、产出与效果进行系统和客观的评价。绩效评价结果应当按照规定作为改进管理和编制以后年度预算的依据。

第五十一条　预算执行中，政府财政部门的主要职责：

（八）组织和指导预算资金绩效监控、绩效评价。

第五十三条　预算执行中，各部门、各单位的主要职责：

（二）依法组织收入，严格支出管理，实施绩效监控，开展绩效评价，提高资金使用效益。

（四）汇总本部门、本单位的预算执行情况，定期向本级政府财政部门报送预算执行情况报告和绩效评价报告。

第七十三条　各级政府财政部门有权监督本级各部门及其所属各单位

的预算管理有关工作，对各部门的预算执行情况和绩效进行评价、考核。

课后思考题

1. 说明预算绩效指标总体框架设计原则的具体含义。

2. 简要分析常用证据收集方法的优缺点。

3. 简要陈述绩效评价标准的遴选原则。

4. 简要辨析绩效评价效度与信度的含义。

5. 在实践中如何优化绩效指标权重设计？

推荐阅读

1. 马蔡琛. 构建中的预算绩效指标框架 [M]. 太原：山西经济出版社，2020.

2. 财政部预算评审中心. 中国财政支出政策绩效评价体系研究 [M]. 北京：经济科学出版社，2017.

3. 马蔡琛，赵青. 预算绩效评价方法与权重设计：国际经验与中国现实 [J]. 中央财经大学学报，2018（08）：3-13.

4. 乔迪·扎尔·库塞克，雷·C 瑞斯特. 十步法：以结果为导向的监测与评价体系 [M]. 梁素萍，韦兵项，译. 北京：中国财政经济出版社，2011.

第七章
新时代公共预算绩效管理的前瞻与展望

党的十八大以来，中国特色社会主义进入新时代，预算管理制度改革开启了新篇章。2013年，《中共中央关于全面深化改革若干重大问题的决定》明确提出深化财税体制改革的总目标。2017年，党的十九大提出建立全面规范透明、标准科学、约束有力的预算制度，全面实施绩效管理，这是基于新时代社会主要矛盾变化提出的新要求。在这些纲领的指导下，预算绩效管理改革制度建设加速推进，全口径预算管理、全面实施预算绩效管理、试点编制中期财政规划等改革，取得了许多突破性进展，现代预算制度的主体框架基本确立，有力推动了国家治理体系和治理能力现代化。党的二十大报告从战略全局的角度要求"健全现代预算制度"，预算绩效管理作为现代预算制度的组成部分，国家治理体系和治理能力现代化的重要支撑，能够为全面建设社会主义现代化国家提供制度保障。

一、加快推进预算绩效管理改革的全面实施

在现实的中国，全面实施预算绩效管理这一改革方略的核心要义，可以概括为"全方位、全过程、全覆盖"三个关键词。

（一）构建全方位的预算绩效管理格局

在预算绩效评价的发展史上，受早期国际组织对发展中国家援助项目绩效考评的路径依赖影响，各国在引入绩效评价逻辑模型的早期阶段，通常更为重视项目支出的评价与管理。随着项目评价局限性的日益突显，从项目评价到公共支出政策评价，再到公共部门评价乃至政府预算的整体评价，大致勾勒出了预算绩效管理在全球范围演进的发展脉络。全方位预算绩效管理格局的提出，强调了政府预算整体、公共支出部门和单位、支出政策与项目的多层次绩效管理内涵，充分体现了现代预算绩效管理的发展

趋势。

在政策和项目预算层面上，将政策和项目全面纳入绩效管理，从数量、质量、时效、成本、效益等方面，综合衡量政策和项目预算资金使用效果。在部门和单位层面上，将部门和单位预算收支全面纳入绩效管理，赋予部门和资金使用单位更多的管理自主权，围绕部门和单位职责、行业发展规划，以预算资金管理为主线，统筹考虑资产和业务活动，从运行成本、管理效率、履职效能、社会效应、可持续发展能力和服务对象满意度等方面，衡量部门和单位整体及核心业务实施效果，推动提高部门和单位整体绩效水平。在政府预算整体层面上，将各级政府收支预算全面纳入绩效管理。各级政府预算收入要实事求是、积极稳妥、讲求质量，必须与经济社会发展水平相适应，严禁超出限额举借政府债务。各级政府预算支出要统筹兼顾、突出重点、量力而行，着力支持国家重大发展战略和重点领域改革，提高保障和改善民生水平，确保财政资源高效配置，增强财政可持续性。

（二）建立全过程的预算绩效管理链条

无论是预算绩效管理，还是政府预算决策过程，在现实中都不是相对静止的，而是一个在动态预算循环中不断变化调整的过程。

根据实时预算模型（real-time budgeting）的基本理念①，当预算中的其他组成部分或者环境发生改变时，决策的每一组成部分都应该作出调整。然而，在经典的实时预算模型中，并未涉及预算决策改变的依据（也就是为什么要作出预算决策的调整）。绩效评价结果在预算过程中的应用，将填补实时预算模型的这一缺陷。绩效指标的实现效果，将成为预算决策过程中资源配置结构调整的重要依据。在全面实施预算绩效管理的改革方略中，强调了建立绩效评估机制、强化绩效目标管理、做好绩效运行监控、开展绩效评价和结果应用，从而构建全过程的预算绩效管理链条。在建立绩效评估机制的过程中，强化绩效目标管理具有尤为重要的意义。通常意义上的预算绩效指标体系，是在预算绩效目标已基本明确的前提下，才可能提上议事日程的。也就是说，需要先有绩效目标，才有绩效指标，以目标来

---

① 鲁宾将由收入束（revenue stream）、预算过程束（budget process stream）、支出束（expenditure stream）、平衡束（balance stream）和执行束（budget execution stream）这五种预算决策束组成的预算决策模式，称作实时预算模型。实时是指在预算决策中，可以根据外部环境的变化及其他决策者的决策和信息，及时调整预算决策及资金分配，并及时评估这些资金的有效性。资料来源：陈庆海. 政府预算与管理[M]. 厦门：厦门大学出版社，2014：33.

引领指标，才能做到纲举目张。

（三）完善全覆盖的预算绩效管理体系

2015 年开始实施的修正后的《中华人民共和国预算法》，进一步确立了一般公共预算、政府性基金预算、国有资本经营预算和社会保险基金预算组成的全口径预算管理体系。在全面实施预算绩效管理的背景下，需要结合"四本预算"各自的特点，将之纳入预算绩效管理的总体框架之下来加以统筹考量。

一般公共预算是"四本预算"的重中之重，其他三本预算之间的衔接，均需要通过一般公共预算。一般公共预算的收入与支出占总财政收支的较大比重，如 2022 年一般公共预算支出为 260609 亿元，约占总财政支出的56%。因此，从全覆盖的视角来考察预算绩效管理，应重点关注一般公共预算的绩效问题。除了考核预算收入和预算支出的绩效之外，涉及一般公共预算等财政资金的政府投资基金、主权财富基金、政府和社会资本合作（PPP）、政府采购、政府购买服务、政府债务项目等，也应纳入预算绩效管理全覆盖的视野之中。

除一般公共预算外，还要将政府性基金预算、国有资本经营预算、社会保险基金预算全部纳入绩效管理，加强"四本预算"之间的衔接。对于国有资本经营预算、政府性基金预算、社会保险基金预算而言，在绩效管理的具体操作层面，可以考虑通过企业会计和政府基金会计改革来通盘考虑。其原因在于，绩效指标的制定以及项目完成情况的衡量需要大量的数据支撑，政府会计体系（尤其是权责发生制的政府会计）关于资产、负债、成本、现金流等各项信息的披露，对预算绩效管理的推行尤为重要。

国有资本经营预算在实际操作层面上，应该可以考虑采用企业会计核算系统来进行相应的考核管理。现代企业财务管理中已涌现大量相对成熟的资金效益测量方法（如杜邦财务分析体系等），借此即可基本完成国有资本经营预算的主要绩效指标测度。而政府性基金预算和社会保险基金预算则可以考虑通过基金会计进行管理。从会计的角度来看，基金并非仅指证券市场上的投资基金，而是具有特定目的和用途的公共资金或账户，是一种特定的会计主体。基金会计产生于 18 世纪，后来逐渐在世界范围内推广，目前在发达经济体的政府会计核算体系中，已形成比较完备的基金会计体系。对于政府性基金预算和社会保险基金预算的管理，也应以政府性基金和社会保险基金作为报告主体，对其单独编制基金财务报告，从而可对报告主体的财务受托责任履行情况进行评价。通过政府会计改革，针对国有资本经营预算、政府性基金预算、社会保险基金预算，建立起一套类似于杜邦财务分析体系的评价体系，从而实现全方位的预算绩效管理。

二、全面深化预算绩效管理的综合配套改革

（一）加强预算绩效结果的应用

绩效评价并非预算绩效管理的最终归宿，评价结果的应用才是落脚点。这是自 2011 年财政部发布的《关于推进预算绩效管理的指导意见》中确定全过程预算绩效管理链条以来，推进绩效管理的重点所在。2018 年 9 月公布的《中共中央　国务院关于全面实施预算绩效管理的意见》中提出的强化绩效管理激励约束和工作考核要求，更需要绩效结果的应用来加以实现。具体来说，各预算资金使用部门需要将本部门整体绩效与部门预算紧密挂钩，优先保障高效政策与项目，进而将绩效结果纳入干部政绩考核体系，作为干部选拔的重要参考，充分调动各部门开展预算绩效管理的积极性。激励各部门从"要我有绩效"向"我要有绩效"理念转变，严格把控预算执行过程，强化预算绩效管理，力争各项计划向预期目标靠拢，以期证明本部门的高绩效履责能力。

但是，如何将绩效评价结果与预算挂钩，目前来说，依旧是各国面临的共同难题。受各种环境因素的影响，各项目的投入—产出—效果的因果关系往往难以确定，若是简单地将评价结果与预算结合，结果不好就要削减预算，难免会造成一定的不公平性，也有可能加剧公共产品供需的不匹配性。①在实践中，可先从两方面着手考虑如何将绩效评价结果与预算对接：一方面，需要确定部门的绩效责任对象，这是形成相对客观的评价结果之前提。虽说绩效预算是以结果为导向的，效果指标更为重要，但效果往往是多因之果，难以确定是否由单一项目引发，也可能受多方因素影响，因此，预算资金使用部门往往愿意对项目的产出而非效果负责。针对此类问题，可将项目按照效果实现的概率进行类别划分。一般来说，像基本建设工程类等属于高概率的项目，可考虑采用产出与效果双重负责制，评价中

---

① 有些绩效结果不好的原因，有可能是预算资金还不足以支撑此项目的实施，若继续削减预算，就可能进一步恶化结果，导致需求迫切的公共产品更为短缺。

重点关注效果类指标。像社会类（如就业培训）低概率项目，可考虑让预算资金使用部门主要对产出负责，重点关注产出类指标。另一方面，需要注意，削减预算并不是绩效评价结果应用的唯一出路，对于评价结果应综合事前论证与事后循证来细化分析，分类处理低效问题（具体如图 7-1 所示）。可借鉴循证预算（evidence-based budget）模式以及新西兰实施的"政策建议过程"（policy advice process），设置状态、效果及风险三类指标，帮助预算决策者明确什么领域是政府应该关注和干预的，同时也可以测量出干预的效果如何。

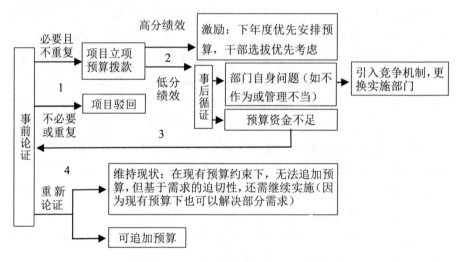

图 7-1 预算绩效评价结果应用简要流程图

（二）厘清预算绩效激励与控制的关系

绩效理念最早起源于企业管理，后因经济危机等多种因素而引发了财政紧张局面，许多国家开始陆续将其引入政府公共部门，以求一方面缓解财政赤字，一方面提升公共财政资源的配置效率。实际上，在企业中，绩效往往应用于人力资源方面，其目的在于通过设置相应的指标来激励员工的工作积极性，故绩效评价的重点在于激励而非控制。其实，控制与激励两者之间往往呈现"鱼与熊掌不可兼得"的关系，过多的控制会降低支出各部门的创造性与积极性。要想真正实现提升绩效的目标，就必须降低控制，向一线管理者赋权，同时引入优胜劣汰的内部市场竞争机制，确保公共服务水平的不断提升。

控制是有成本的，虽然监督缺位会造成资源的浪费，但过度控制同样会造成资源的损失，故如何权衡绩效与控制的关系尤为重要。可考虑在预算资金使用部门接受绩效考核与财政问责的前提下，适当赋予其分配资金的自主权，同时依托于大数据技术及政府会计计量核算体系，及时获取绩效信息及成本信息，进而开展成本收益对比分析，从而相对准确地测度预算支出的有效性。

（三）加快推进政府会计制度的改革

预算绩效管理的推行需要有适当的政府会计制度作为支撑，因为若想利用相关的绩效指标来测度绩效目标的完成情况，并将最终绩效结果与预算决策挂钩，那么数据的可获取性以及形成各项目间统一的成本核算方式尤为关键。

首先，加快推进以权责发生制为基础的政府会计改革，编制以政府收入费用表、资产负债表等为核心的政府综合财务报告，可以披露更多的当年以及跨年度的有关资产、负债、成本及现金流等信息，且不易受年末现金的操纵，这就奠定了预算绩效指标测算的数据基础，使预算绩效的精准量化成为可能。

其次，政府成本会计的实施，能够更加准确地界定政府提供的公共产品或服务以及项目的全部成本，这对预算绩效管理体系的构建尤为重要，有助于在投入—过程—产出—成果的逻辑链条中，获取相关的项目完全成本、单位成本、产出成本率、实际成本/预算成本等信息，从而进一步优化成本控制指标，具体可包括经济性成本控制指标（如实际成本/预算成本、行政成本与业务成本的比率）、效率性成本控制指标（单位成本、产出成本率）和效益性成本控制指标（在既定总成本下的质量指标）三类。

但需要注意的是，成本不仅是直接成本，还包括需要通过一定的分配方式才能归集到产品中去的间接成本，这就需要选择适当的成本核算方式。分步法、分批法以及按照比例进行分配的传统成本核算方法，由于不能按照投入与产出的归因关系来分配间接成本，使得归结到每项产出中的成本并不精确。而作业成本法则可在一定程度上克服这一问题。作业成本法是指先以资源动因将消耗归集到形成产出的分项作业成本库中，再以作业动因分配至不同产品中。这不仅有助于提升成本核算的精确程度，还能够基于时间维度，客观清晰地反映成本的流动路径和全部中间产出，从而提供更为完整的成本信息，而且还能帮助厘清绩效评价中投入与产出的因果关系，判定每项作业对产出的贡献率。

三、优化升级预算绩效指标体系

（一）突出项目绩效考评重点，提炼关键绩效指标

2018 年 9 月，《中共中央 国务院关于全面实施预算绩效管理的意见》中明确指出，要完善全覆盖的预算绩效管理体系。2018 年 11 月，财政部发布的《关于贯彻落实〈中共中央 国务院关于全面实施预算绩效管理的意见〉的通知》，再次强调"绩效管理要覆盖所有财政资金，延伸到基层单位和资金使用终端，确保不留死角"。若在具体实践中，为了推进全覆盖预算绩效管理并降低评价成本，可考虑采用"双重二八率"方式，对项目支出进行分类评价。[①]具体来说，第一重是指，对于 80% 的预算项目采取简洁性评价方法，如有可能，也可开发人工智能软件，对此类项目支出进行打卡扫描智能评价，[②]对于 20% 的重点项目或金额巨大的项目，则有必要设计一个相对系统的评价指标体系，采用全面评价方式。第二重是指，提炼与保留 20% 的高质量关键绩效指标（Key Performance Indicator，简称 KPI）。此类指标不仅要具备代表性、可获得性、可测量性的、可比性、及时性、低风险性等特征，还需清晰的目标值、基准值、数据来源、计算公式、收集频率等信息作为支撑。在具体应用中，可以从与组织目标和优先性相关、与组织的活动有关、能够影响组织决策、与广泛使用的基准一致、对利益相关者有意义等五个方面，来考虑 KPI 的选择。[③]

此外，关于 KPI 的构建，还需注意以下两个问题：其一，就 KPI 设置的具体数量而言，一个组织设置 4—10 个 KPI 是较为理想的选择。[④]指标过多会导致绩效评价报告的填报随意性增大，关注的焦点分散，从而降低绩效评价的决策辅助效果。其二，KPI 应与关键成果指标有所区分，关键绩

---

① 马蔡琛. 财政支出绩效评价方兴未艾[J]. 中国财政，2017（17）：1.

② 人工智能软件类似于考试选择题的题卡扫描，开发的前提在于绩效指标的量化，并提炼出各领域项目的必备常用指标，并细化绩效标准。

③ Office of the Auditor General of British Columbia. Guide for Developing Relevant Key Performance Indicators for Public Sector Reporting[R]. Office of the Auditor General of British Columbia, 2010.

④ Doug Hadden. How to Create Government KPIS[EB/OL]. https://freebalance.com/uncategorized/how-to-create-government-kpis/.(2017-02-18)[2018-10-28].

效指标是指那些能与某一主体紧密相连的指标，即责任可追溯。①就如同汽车里程表，行驶速度即为关键成果指标，因其是齿轮传动与发动机转数共同作用的结果，而温度表则是关键绩效指标，仅和发动机的运转过程相联系。对政府各部门而言，诸如应对紧急情况的反应时间、开展某活动的数量等由某些管理人员具体负责的指标可作为关键绩效指标，而诸如提供服务的有效性、公众满意度等需要多团体相互协作的指标，可作为关键成果指标。

（二）明晰主体权责边界，整合内外部绩效评价体系

全方位、全过程、全覆盖的预算绩效管理是一个庞大的系统工程，需要多主体（财政部门、预算资金使用部门及单位等）共同协作推进，而为了保证绩效评价结果的客观性，也需引进外部主体（人大、审计机关等），对预算绩效管理过程及评价结果进行监督考核。就内部评价主体而言，各部门单位负责对政策、项目开展绩效自评，各级财政部门负责对本级部门的整体绩效状况以及下级政府的财政预算综合情况加以考评，并对重大政策、项目进行预算绩效再评价，必要时可引入第三方机构参与。就内外部评价主体对比而言，内部主体要侧重于绩效事前管理与事中控制，从源头上优化预算资金的配置效率，及时纠正偏离问题；而外部主体可适当侧重于事后绩效考评，检验预算活动的真实绩效，强化绩效管理的监督问责。

沿着时间轴回望，新中国的预算制度建设走过了 70 余年的光辉历程，搭建起了现代预算制度的基本框架。预算管理也逐渐从一种国家体系内部的制度规范问题，发展成为社会各界关注的热点问题。展望未来，预算改革不仅要完善现有的制度，还要满足现代财政制度建设的动态需求。纵观百年预算史，尽管在各国实践中，公共预算往往被视为公共财政资源的一种配置工具，但是，"如果用好百姓钱"作为人类文明史演进中不得不回应的一个重要命题，从理论上说，应该是可以找到一条理性、审慎且和谐地配置公共资源的路径。因此，从这个意义上讲，作为国家治理现代化基础支撑的预算绩效管理改革，将会伴随全面深化改革的整个过程，成为实现国家治理体系和治理能力现代化的关键一招。

---

① 戴维·帕门特. 关键绩效指标 KPI 的开发、实施和应用[M]. 张丹，商国印，张风都，等译. 北京：机械工业出版社，2017：11.

重点术语

全方位的预算绩效管理格局 全过程的预算绩效管理链条　全覆盖的预算绩效管理体系　关键绩效指标

思政专栏

思政专栏 7

马克思主义经典作家的预算思想

首先，分析公共预算的最终受益方和受损方是马克思财政思想的一贯传统。在《英镑、先令、便士，或阶级的预算和这个预算对谁有利》中，马克思指出："辉格党人的财政政策就是这样一回事：他们凭着一套貌似冠冕堂皇实则支吾蒙哄、转弯抹角的低劣手法，一点一点地但却实实在在地给富人减轻负担而给穷人增加负担"。[1]所谓预算收入的削减带来的减税实际只会使得富人获益，而这部分赋税负担最终要落到工人阶级的身上。马克思接着全面地叙述了资产阶级公共预算的内容，并讽刺道，"格莱斯顿的预算是——用他自己的话、自己的说法来说——'为工商业阶级的便利'而编制的"。[2]通过分析预算各利益相关方的获益情况，是马克思抨击当时资产阶级国家公共预算虚伪性与欺诈性的有力武器。

其次，在预算的监督与管理上，马克思希望人民一旦夺取政权后，就建立"工人阶级的预算"。[3]列宁将这一设想付诸实践，提出："应当使工人进入一切国家机关，让他们监督整个国家机构……尽量把工人和农民输送到这种机关中去……学会自己管理。"[4]列宁在《关于扩大杜马预算权的辩论》一文中，猛烈抨击了沙皇政府颁布的《预算法条例》中对国家杜马预算审查权所设的一大堆烦琐限制。对于该《条例》中"讨论国家预算案时，凡根据现行法律、编制、计划以及各种按最高管理程序发布的圣旨而编入草案的收支项目，一律不得取消或更改"的规定，列宁批评道："这难道不是嘲弄吗？凡是合乎法律、编制、计划以及圣旨的东西，一律不得作任何改变！既然如此，还谈论俄国国家杜马的预算权岂不十分可笑吗？"

他犀利地指出，"俄国国家杜马是没有预算权的……颁布的所谓'根本法'是黑帮分子、沙皇和地主对人民代表机关的嘲弄"。[5]列宁认为，由全体人民赋予人民代表机关的预算权力，不应是阶级之间经济斗争妥协的手段，而应是体现人民财政、人民监督的制度化方式；人民代表机关审议、表决、监督预算，不应是政治"分肥"的过程，而应是"维护社会共同利益"的过程。

另外，马克思也十分重视公共支出投向的公平与正义。在评价资本主义国家的公共福利时，马克思曾指出："在现存的生产关系中，资产阶级的财富已经增长并继续增长，至于工人阶级，那就有大问题；他们的状况是不是因所谓的社会财富的增加得到改善还是疑问。"[6]政府所提供的公共产品（或服务）之于劳动者状况改善的效果，是马克思对于公共支出效率的关注重点。

资料来源：[1]马克思，恩格斯. 马克思恩格斯全集：第 12 卷[M].中共中央马克思恩格斯列宁斯大林著作编译局，译. 北京：人民出版社，1998 年，第 657 页.

[2]马克思，恩格斯. 马克思恩格斯全集：第 12 卷[M].中共中央马克思恩格斯列宁斯大林著作编译局，译. 北京：人民出版社，1998 年，第 660 页.

[3]马克思，恩格斯. 马克思恩格斯全集：第 12 卷[M].中共中央马克思恩格斯列宁斯大林著作编译局，译. 北京：人民出版社，1998 年，第 669 页.

[4]列宁. 列宁全集：第 38 卷[M].中共中央马克思恩格斯列宁斯大林著作编译局，译. 北京：人民出版社，1986 年，第 140 页.

[5]列宁. 列宁全集：第 16 卷[M].中共中央马克思恩格斯列宁斯大林著作编译局，译. 北京：人民出版社，1988 年，第 428 页.

[6]马克思，恩格斯. 马克思恩格斯文集：第 4 卷[M].中共中央马克思恩格斯列宁斯大林著作编译局，译. 北京：人民出版社，1958 年，第 136 页.

课后思考题

1. 简要陈述全面实施预算绩效管理的核心要义。
2. 预算绩效激励和控制的关系是什么？

3. 简要分析全面深化预算绩效管理的综合配套改革。

推荐阅读

1. 中共中央宣传部，国家发展和改革委员会. 习近平经济思想学习纲要 [M]. 北京：人民出版社，2022.

2. 刘昆. 健全现代预算制度 [N]. 人民日报，2022-12-12（007）

3. 马蔡琛，赵笛. 党的十八大以来预算制度改革的重要成就与展望 [J]. 财政研究，2022（08）：40-52.

参考文献

[1] 财政部干部教育中心. 现代预算制度研究[M]. 北京：经济科学出版社，2017.

[2] 财政部预算评审中心. 中国财政支出政策绩效评价体系研究[M]. 北京：经济科学出版社，2017.

[3] 晁毓欣. 政府预算绩效评价 TSE 模型及应用[M]. 北京：社会科学文献出版社，2016.

[4] 陈朝晖. 逻辑框架法（LFA）在目标后评价中的应用[J]. 商业研究，2003（11）：8-10.

[5] 陈慧慧，方小教. 社会调查方法[M]. 合肥：中国科学技术大学出版社，2019.

[6] 陈新. 中国政府绩效评估方法理论与实践[M]. 天津：天津人民出版社，2016.

[7] 程瑜. 政府预算契约论——一种委托—代理理论的研究视角[M]. 北京：经济科学出版社，2008.

[8] 邓彩霞. 第三方政府绩效评估主体再认识[J]. 社科纵横，2015（02）：49-52.

[9] 丁宁宁，路军. 绩效指标体系设计中的跨层次整合[J]. 中国人力资源开发，2007（12）：19-21.

[10] 冯楠. 平衡计分卡在基层政府预算绩效管理中的应用——基于河北省保定市莲池区的实践探索[J]. 预算管理与会计，2022（10）：32-38.

[11] 付树林，何强. 论平衡计分卡理论在税务绩效管理中的运用[J]. 税务研究，2022（05）：112-120.

[12] 高志立. 从"预算绩效"到"绩效预算"——河北省绩效预算改革的实践与思考[J]. 财政研究，2015（08）：57-64.

[13] 苟燕楠. 绩效预算：模式与路径[M]. 北京：中国财政经济出版社，

2011.

[14] 郭亚军. 综合评价理论、方法及应用[M]. 北京：科学出版社，2007.

[15] 何振一. 理论财政学[M]. 北京：中国社会科学出版社，2015.

[16] 侯永平. 平衡计分卡在青岛市创建高绩效机关中的实践[J]. 科学与管理，2008（03）：14-16.

[17] 李凤军. 论人大的监督权[M]. 北京：中国政法大学出版社，2015.

[18] 李黎明，李燕. 地方人大部门预算审查监督研究[M]. 北京：中国财政经济出版社，2016.

[19] 李银珠. 政府公共支出行为的成本—效益研究[M]. 北京：经济管理出版社，2007.

[20] 李月作. 基于逻辑模型的组织信息资源管理绩效评价研究[M]. 北京：科学技术文献出版社，2021.

[21] 刘昆. 绩效预算：国外经验与借鉴[M]. 北京：中国财政经济出版社，2007.

[22] 刘琦. 大数据视阈推行财政预算绩效评价研究[J]. 改革与战略，2015（07）：72-76.

[23] 刘希宋，方跃，邵晓峰，等. 新的成本管理方法——作业成本法：机理·模型·实证分析[M]. 北京：国防工业出版社，1999.

[24] 刘笑霞. 我国政府绩效评价理论框架之构建[M]. 厦门：厦门大学出版社，2011.

[25] 刘永泽，陈立军. 中级财务会计[M]. 大连：东北财经大学出版社，2014.

[26] 吕炜. 我们离公共财政有多远[M]. 北京：经济科学出版社，2005.

[27] 马蔡琛. 变革世界中的政府预算管理——一种利益相关方视角的考察[M]. 北京：中国社会科学出版社，2010.

[28] 马蔡琛，赵早早. 新中国预算建设 70 年[M]. 北京：中国财政经济出版社，2020.

[29] 马蔡琛. 现代预算制度的演化特征与路径选择[J]. 中国人民大学学报，2014（05）：27-34.

[30] 马蔡琛. 政府预算：第二版[M]. 大连：东北财经大学出版社，2018.

[31] 马蔡琛，陈蕾宇. 论预算绩效指标框架的构建——基于内外部评价主

体视角[J]. 云南社会科学, 2019（01）: 107-113.

[32] 马蔡琛, 桂梓椋. "十四五"时期中国预算绩效管理改革的路径选择[J]. 学习与探索, 2021（04）: 104-110.

[33] 马蔡琛, 桂梓椋. 预算绩效管理中第三方评价的现实困境与求解之道——基于责任界定与监管强化的思考[J]. 财经智库, 2021（02）: 110-136+143-144.

[34] 马蔡琛, 李明穗. 作业成本法在政府预算绩效评价中的应用[J]. 会计之友, 2017（02）: 25-28.

[35] 马蔡琛, 苗珊. 全球公共预算改革的最新演化趋势: 基于21世纪以来的考察[J]. 财政研究, 2018（01）: 92-100.

[36] 马蔡琛, 苗珊. 预算绩效管理的若干重要理念问题辨析[J]. 财政监督, 2019（19）: 29-37.

[37] 马蔡琛, 袁娇. 中期预算改革的国际经验与中国现实[J]. 经济纵横, 2016（04）: 114-120.

[38] 马蔡琛, 赵笛. 大数据时代全过程预算绩效管理体系建设研究[J]. 经济纵横, 2020（07）: 114-122.

[39] 马蔡琛, 赵笛. 新时代人大预算绩效监督的发展实践与政策建议[J]. 财政科学, 2021（02）: 5-13.

[40] 马蔡琛, 赵青. 预算绩效评价方法与权重设计: 国际经验与中国现实[J]. 中央财经大学学报, 2018（08）: 3-13.

[41] 马蔡琛, 赵青. 预算绩效指标框架构建中的风险识别与风险控制[J]. 理论与现代化, 2020（05）: 96-108.

[42] 马蔡琛, 朱旭阳. 从传统绩效预算走向新绩效预算的路径选择[J]. 经济与管理研究, 2019（01）: 86-96.

[43] 马蔡琛. 初论公共预算过程的交易特征[J]. 河北学刊, 2006（05）: 156-159.

[44] 马蔡琛. 构建中的全面预算绩效管理体系[J]. 中国财政, 2019（10）: 19-21.

[45] 马国贤, 任晓晖. 公共政策分析与评估[M]. 上海: 复旦大学出版社, 2012.

[46] 马国贤. 政府绩效管理与绩效指标研究——兼论政府绩效管理"德州

模式"［M］. 北京：经济科学出版社，2017.

［47］全国人大常委会法制工作委员会，全国人大常委会预算工作委员会，中华人民共和国财政部. 中华人民共和国预算法释义［M］. 北京：中国财政经济出版社，2015.

［48］尚虎平. 基于数据挖掘的我国地方政府绩效评估指标设计［M］. 北京：经济管理出版社，2013.

［49］王淑杰. 英国政府预算制度［M］. 北京：经济科学出版社，2014.

［50］王锡锌. 公众参与、专业知识与政府绩效评估的模式——探寻政府绩效评估模式的一个分析框架［J］. 法制与社会发展，2008（06）：3-18.

［51］王雍君. 公共预算管理：第二版［M］. 北京：经济科学出版社，2010.

［52］王雍君. 预算功能、预算规制与预算授权——追寻《预算法》修订的法理基础［J］. 社会科学论坛，2013（08）：126-135.

［53］井底望天，武源文，赵国栋，等. 区块链与大数据：打造智能经济［M］. 北京：人民邮电出版社，2017.

［54］谢莉莉. 美国政府会计准则制定机构的发展综述［J］. 财务与会计，2013（01）：66-67.

［55］薛万博. 绩效管理的"海林试验"——海林市平衡计分卡"中国化"模式试点侧记［J］. 党的生活（黑龙江），2010（09）：34-35.

［56］于树一. 经济新常态下发挥"四本预算"整体功能的探讨［J］. 财贸经济，2016（10）：22-29.

［57］俞荣根，莫于川. 观念更新、制度创新与人大监督［J］. 政治与法律，2000（03）：9-12+23.

［58］袁方. 社会研究方法教程［M］. 北京：北京大学出版社，1997.

［59］袁红兵，徐栋菁. 平衡计分卡在深圳国税系统的实践［J］. 涉外税务，2004（06）：75-76.

［60］赵敏，王蕾. 财政支出绩效评价的质量标准及控制体系研究——国际绩效评价的经验与启示［J］. 财政研究，2016（10）：76-84.

［61］郑方辉，陈佃慧. 论第三方评价政府绩效的独立性［J］. 广东行政学院学报，2010（02）：31-35.

［62］郑方辉，廖逸儿，卢扬帆. 财政绩效评价：理念、体系与实践［J］. 中国社会科学，2017（04）：84-108+207-208.

[63] 郑方辉等. 中国地方政府整体绩效评价：理论方法与"广东试验"[M]. 北京：中国经济出版社，2008.

[64] 中国财政学会绩效管理研究专业委员会课题组. 全面实施预算绩效管理的"北京模式"[J]. 审计观察，2019（04）：86-91.

[65] 中华人民共和国财政部预算司. 中国预算绩效管理探索与实践[M]. 北京：经济科学出版社，2013.

[66] 朱晓晨. 中长期预算体制的国际比较与启示[J]. 经济研究导刊，2010（15）：5-7.

[67] 艾伦·希克. 当代公共支出管理方法[M]. 王卫星，译. 北京：经济管理出版社，2000.

[68] 加里·柯金斯. 作业成本管理：政府机构手册[M]. 甘荣坤，译. 北京：经济科学出版社，2006.

[69] 尼古拉斯·亨利. 公共行政与公共事务：第七版[M]. 项龙，译. 北京：华夏出版社，2002.

[70] 乔迪·扎尔·库塞克，雷·C 瑞斯特. 十步法：以结果为导向的监测与评价体系[M]. 梁素萍，韦兵项，译. 北京：中国财政经济出版社，2011.

[71] 萨尔瓦托雷·斯基亚沃-坎波，丹尼尔·托马西. 公共支出管理[M]. 张通，译校. 北京：中国财政经济出版社，2001.

[72] 约翰·L 米克塞尔. 公共财政管理：分析与应用：第九版[M]. 苟燕楠，马蔡琛，译. 北京：中国人民大学出版社，2020.

[73] Adcroft A, Willis R. The (un) Intended Outcome of Public Sector Performance Measurement[J]. International Journal of Public Sector Management, 2005(05): 386-400.

[74] Bentes A V, Carneiro J, da Silva J F, et al. Multidimensional Assessment of Organizational Performance:Integrating BSC and AHP[J]. Journal of Business Research, 2012(12): 1790-1799.

[75] Boyne G A. Theme: Local Government Concepts and Indicators of Local Authority Performance:an Evaluation of the Statutory Frameworks in England and Wales[J]. Public Money and Management, 2002(02): 17-24.

［76］Brignall S, J Ballantine. Performance Measurement in Service Businesses Revisited[J]. International Journal of Service Industry Management, 1996(01): 6-31.

［77］Ebrahim A S, V K Rangan. The Limits of Nonprofit Impact: A Contingency Framework for Measuring Social Performance[J]. Social Science Electronic Publishing, 2010(10): 10-99.

［78］Ho A T, A Y Ni. Have Cities Shifted to Outcome-Oriented Performance Reporting?—A Content Analysis of City Budgets[J]. Public Budgeting & Finance, 2005(02): 61-83.

［79］Isaac Mwita J. Performance Management Model: A Systems-Based Approach to Public Service Quality[J]. International Journal of Public Sector Management, 2000(01): 19-37.

［80］John B Gilmour and David E Lewis. Does Performance Budgeting Work? An Examination of the Office of Management and Budget's PART Scores[J]. Public Administration Review, 2006(05): 742-752.

［81］Jyoti, Banwet D K, Deshmukh S G. Evaluating Performance of National R&D Organizations Using Integrated DEA-AHP Technique[J]. International Journal of Productivity and Performance Management, 2008(05): 370-388.

［82］Kopczynski M, M Lombardo. Comparative Performance Measurement: Insights and Lessons Learned from a Consortium Effort[J]. Public Administration Review, 1999(02): 124-134.

［83］Lu H. Performance Budgeting Resuscitated: Why is It still Inviable?[J]. American Journal of Hospital Pharmacy, 1998(11): 151-172.

［84］Mascarenhas R C. Searching for Efficiency in the Public Sector: Interim Evaluation of Performance Budgeting in New Zealand[J]. Public Budgeting & Finance, 1996(03): 13-27.

［85］Melnyk S A, U Bititci, K Platts, et al. Is Performance Measurement and Management Fit for the Future?[J]. Management Accounting Research, 2014(02): 173-186.

［86］Moullin M. Improving and Evaluating Performance With the Public

Sector Scorecard[J]. International Journal of Productivity & Performance Management, 2017(04): 442-458.

［87］Moynihan, P Donald. Advancing the Empirical Study of Performance Management: What We Learned from the Program Assessment Rating Tool[J]. The American Review of Public Administration, 2013(05): 499-517.

［88］Ringa Raudla. The Use of Performance Information in Budgeting Decision-Making by Legislators: is Estonia any Different?[J]. Public Administration, 2012(04): 1000-1015.

［89］Rivenbark W C, J M Kelly. Performance Budgeting in Municipal Government[J]. Public Performance & Management Review, 2006(01): 35-46.

［90］Ronald McGill. Performance Budgeting[J]. International Journal of Public Sector Management, 2001(05): 376-390.

［91］Rondo-Brovetto P, Saliterer I. Comparing Regions, Cities, and Communities: Local Government Benchmarking as an Instrument for Improving Performance and Competitiveness[J]. The Innovation Journal: The Public Sector Innovation Journal, 2007(03): 1-18.

［92］Wang X H. Conditions to Implement Outcome-Oriented Performance Budgeting: Some Empirical Evidence[J]. Journal of Public Budgeting Accounting & Financial Management, 1999(04): 533.

［93］White J. Playing the Wrong PART: The Program Assessment Rating Tool and the Functions of the President's Budget[J]. Public Administration Review, 2012(01): 112-121.

［94］Neely A, M Gregory, K Platts. Performance Measurement System Design: A Literature Review and Research Agenda[J]. International Journal of Operations & Production Management, 1995(04): 80-116.

［95］Yee-Ching Lilian Chan. Performance Measurement and Adoption of Balanced Scorecards: A Survey of Municipal Governments in the USA and Canada[J]. International Journal of Public Sector Management, 2004(03): 204-221.

［96］Yetano A. Managing Performance at Local Government Level: the Cases of the City of Brisbane and the City of Melbourne[J]. Australian Journal of Public Administration, 2009(02): 167-181.

后　记

　　预算是政府的血液，支撑着政府这个生命有机体的运行，而追求效率则是人类生活的永恒主题。自 2018 年《中共中央 国务院关于全面实施预算绩效管理的意见》颁布以来，预算绩效管理在中国取得了长足的发展，正呈现方兴未艾之势。党的二十大报告从战略和全局的高度，明确了进一步深化财税体制改革的重点举措，提出"健全现代预算制度"，为做好新时代新征程财政预算工作指明了方向，提供了遵循的基本原则。

　　公共预算绩效管理是理论性与实践性很强的一门课程，随着我国公共预算改革的不断深化，公共预算绩效管理的重要程度日渐提升。因此，对于经济管理类专业的同学而言，"公共预算绩效管理"是非常重要的一门专业课程。本书是南开大学教材建设改革项目的成果，旨在全面适应培养高素质技能型人才的要求，结合最新的公共预算绩效管理改革实践，梳理公共预算绩效管理全过程的脉络，为全方位、深层次提升公共预算绩效管理质量筑牢基础、提供思路。

　　在写作过程中，苗珊、朱旭阳、桂梓椋、赵笛、赵青、李明穗、陈蕾宇、管艳茹、朱雯瑛、马刘丁、白铂等同志，对本书的写作整理和后期校对工作付出的努力，张志超教授和丁宏副教授提供了诸多支持与帮助，在此一并致谢。

　　本书主要适用于高等院校财政学专业以及其他经济管理类专业的本科生和研究生专业课程使用，也可为有关工作人员提供学习参考。

　　感谢南开大学教材建设改革项目对于本书的资助。

　　感谢南开大学出版社王冰老师对本书的写作与出版给予的大力支持。

　　在本书的编写过程中，学习和参考了大量的中外文献与制度规范，吸收了国内外专家学者以及实践部门的研究成果，在此表示衷心感谢。

因时间和水平所限，本书难免有不尽如人意之处，恳请读者朋友们批评指正。

马蔡琛

2023 年 5 月于南开园